말콤 C. 펜윅의
자서전을 통해 본 **초기
한국침례교
역사** 1889-1906

말콤 C. 펜윅의 자서전을 통해 본
초기 한국 침례교 역사(1889-1906)

초판 1쇄 인쇄 2019년 4월 20일

지은이	오지원
발행인	이요섭
펴낸곳	요단출판사
기획	김성집
편집	강성모
디자인	서경화
제작	박태훈
영업	김승훈, 김창윤, 이대성, 정준용
	이영은, 김경혜, 최우창, 백지숙

등록	1973. 8. 23. 제13-10호
주소	07238 서울특별시 영등포구 국회대로 76길 10
기획 문의	(02)2643-9155
영업 문의	(02)2643-7290
	Fax(02)2643-1877
구입 문의	인터넷서점 유세근
	요단인터넷서점 www.jordanbook.com

ⓒ 요단출판사 2019

값 15,000원
ISBN 978-89-350-1743-0 03230

• 이 책은 저작권법에 따라 보호를 받는 저작물입니다. 무단전재와복제를금합니다.
• 파손된 책은 구입하신 서점에서 교환해 드립니다. 책값은 뒤표지에 있습니다.

말콤 C. 펜윅의
자서전을 통해 본

1889-1906

초기
한국침례교
역사

오지원

추천사

이번 외우(畏友) 오지원 박사가 쾌저 『초기 한국 침례교 역사』를 간행하셨습니다. 본서는 한국 침례교 선교의 창시자인 말콤 펜윅의 활동을 집중적, 체계적으로 서술해 나가고 있습니다. 펜윅의 삶과 발걸음은 우리들 옷깃을 여미게 합니다. 낯선 땅 한국이 어디인지도 모르고 찾아 왔다는 말이 있습니다. 펜윅는 조식(粗食)과 초의(肖衣)로 기한(飢寒)에 시달리면서도 열화와 같은 가슴으로 한국 선교에 나섰습니다. 한국 침례교회를 거대한 세계적 교회로 부상하게 한 데에는 펜윅의 헤아릴 수 없는 눈물과 기도가 있었던 것을 잊을 수가 없습니다. 그래서 우리는 그의 사적(史蹟)이 반드시 상재(上梓)되고 큼직하게 집성하도록 힘을 기울여야 합니다. 지난 역사의 곬마다 오늘의 침례교회를 생명력으로 팽대(膨大)하게 만든 피땀 어린 외침과 기도와 헌신을 오늘의 침례교회가 청동(靑桐)과 대리석으로 기념비를 세워야 할 것입니다. 그렇게 하면 그 분이 남긴 발자국은 그 향기가 진동하여 우리의 가슴속에서 그 전통은 더욱 창달하고 확장하는, 불같은 힘으로 계속 타 오르고, 다짐되어, 가중되며, 면면히 건네지게 될 것입니다.

이 대업을 수행한 것이 저자 오지원 박사입니다. 그는 흩어진 자료들 수집하느라 거리가 멀어도 달려갔습니다. 글의 문체가 유려하진 않지만 감동이 있는 문체로 독자의 가슴에 사라지지 않는 감격과 공감을 불러일으키는데 그의 정성을 기울였습니다.

저자는 펜윅의 침례교 선교 연구의 새로운 차원을 개척한 공로로 만인의 갈채를 받을 것임에 틀림이 없습니다. 왜냐면, 펜윅의 한국선교가 한국근대사와 어

민경배 박사
백석대학교 석좌교수

떤 관계에 있었던가를 주목하고, 그 선교가 어떤 방향으로 전개되었는지에 대한 정황을 아주 분명하게 구도화(構圖化)하는데 성공했기 때문입니다. 이런 작업은 자연 논리적으로 역사적 유추(類推) 방법론을 구사하지 않을 수가 없게 만듭니다. 저자는 초기 한국침례교 역사에 실선(實線)보다는 점선(點線)이 많다는 것을 직시했습니다. 어떠한 역사적 사건의 유기적 맥락을 무시하고 단독적인 사건으로 판단하여 그 사건을 전체 역사로부터 고립시키는 일이 있어선 안 된다고 본 것입니다.

따라서 사건(史件)의 정황과 유기적 구도를 일괄하여 상하(上下), 좌우(左右), 고저(高低), 명암(明暗), 성패(成敗), 이런 것들을 전망함을 통해 역사의 실상 자체를 정확하게 추출하기 위해 노력했습니다. 저자의 이런 방법론적 우수성은 한국침례교 역사를 한국 근대사의 커다란 정황(Milieu)속에 위치를 잡게 하는 역사 방법론적 탁월함을 보여줍니다. 이는 근래 보기 드문 업적으로 만강의 갈채를 받기에 넉넉합니다.

이 글을 쓰고 간행한 오지원 박사에게는 이 업적이 생의 또 하나의 준봉(峻峰)이 될 것이고, 우리 교회사의 귀중본 서고(書庫)에는 거대하고 묵직한 자리를 하나 차지하게 될 것입니다. 이 글이 읽혀져야 할 곳에 가서 펜위크의 눈물과 기도가 젖어들면, 초기 한국침례교 역사의 아우성과 감격이 다시 들려오게 될 것입니다. 그런 것이 바로 우리 교회나 사회에는 맑고 진실한 정신의 부흥과 생명을 기약하게 할 것입니다. 이런 대업을 이루신 오지원 박사에게 여기 다시 찬하의 글을 드립니다. 한국 침례교 뿐 아니라 한국 기독교의 초기 실태에 대해서 알기 원하는 모든 성도들에게 본 책을 강력히 추천합니다.

추천사

할렐루야!

우리 침례교는 130년 전 태평양 건너 캐나다에 사셨던 펜윅 선교사님의 내한에서 시작되었습니다. 그는 어머니의 눈물어린 가정교육을 통해 신앙인으로 거듭났고, 하나님으로부터 받은 소명에 이끌려 1889년에 한국 땅을 밟았습니다. 한때 펜윅은 서양인으로서 백인우월주의로 인해 여러 선교적인 시행착오도 있었지만, 복음을 전하면서 당시 한국과 한국인에 대한 참된 모습에 감동한 후 가장 한국적인 선교사가 되셨습니다. 이에 대해 한국교회사의 가장 탁월한 학자이신 민경배 교수님은 펜윅을 일컬어 "한국기독교 토착화의 거보(巨步)"라고 극찬하셨습니다. 그는 한국에 온 선교사들 중에서도 보기 드문 장기선교사로 약 43년간 이 땅에서 선교활동을 하셨고, 소천하실 때에는 자신의 무덤을 봉분(封墳)하지 말라고 유언할 정도로 오직 하나님께만 영광을 돌리는 겸손을 보여주셨습니다. 펜윅의 이 같은 복음에 대한 열정과 개척정신이 밑거름 되어 오늘날 우리 침례교단은 한국에서 유수(有數)한 교단으로 발전했습니다.

2019년 교단적으로 펜윅 선교사님의 한국선교 130주년을 기념하는 학술대회와 세계한인침례인대회(영적성장대회)를 준비하고 있는 이 때에, 침례신학대학교에서 교회사를 가르치시는 오지원 교수님이 펜윅과 관련된 초기 한국침례교 역사에 대해 출판하심을 진심으로 축하합니다. 초기 한국침례교 역사를 펜윅의 저서를 중심으로 서술한 것은 지금까지 없었던 매우 참신한 발상이며, 우리 한국 침례교 역사

박종철 목사
기독교한국침례회 총회장

의 자료부족을 한국 근대사와 교회사 연구를 통해 보완했다는 것은 아마도 이 책의 가장 큰 장점이라고 여겨집니다. 특히 우리 침례교와 관련된 새로운 역사적인 사료를 발굴하여 진술한 것은 한국침례교 역사연구 발전의 초석이 될 것입니다. 또한 앞으로 한국침례교회사 연구의 큰 발자취요 자산이 될 것입니다. 여러 모로 오지원 교수님의 저서는 초기 한국 침례교회사를 알고자 하는 목회자들과 평신도들에게 매우 유익할 것으로 확신합니다. 다시금 출판을 축하드리며, 이 책을 통해 많은 독자들이 펜윅 선교사님의 복음에 대한 뜨거운 열정과 개척정신을 본받아 이 시대의 각 분야에서 빛과 소금이 되기를 기원합니다.

차례

추천사 백석대학교 석좌교수 민경배 박사 ······ 4
기독교한국침례회 총회장 박종철 목사

인사말 ······ 11

머리말 ······ 16

제1장 프롤로그 한국 기독교의 시작 ······ 21

제2장 펜윅의 제1차 한국 선교(1889~1893) ······ 31
  1. 들어가는 말 ······ 32
  2. 내한 전 말콤 C. 펜윅(1863~1889) ······ 35
    1) 배경과 성장과정
    2) 회심
    3) 신앙훈련
    4) 선교사 소명
    5) 한국 선교 동기와 파송 과정
  3. 펜윅의 내한과 주요활동(1889~1893) ······ 60
    1) 내한 과정
    2) 서울 사역(1889.12~1890.가을)
    3) 소래 사역(1890.가을~1891.가을)
    4) 원산 사역(1891.가을~1893)
    5) 펜윅의 성경번역
    6) 산업선교
    7) 한국 선교 철수
    8) 평가
  4. 나오는 말 ······ 91

제3장 엘라씽기념선교회 한국 선교(1895~1901) ······ 95
1. 들어가는 말 ······ 96
2. 엘라씽기념선교회의 설립과 선교사 파송 ······ 98
   1) 설립과정
   2) 주요 특징
   3) 한국 선교사 파송
3. 엘라씽기념선교회 선교사 내한 ······ 107
   1) 폴링의 내한과 활동
   2) 폴링의 충청도 선교 동기
4. 폴링의 선교사역(1895~1899) ······ 119
   1) 강경 정착과 선교본부 설립
   2) 금강 주변 순회전도
   3) 금강 주변 학습반 형성
   4) 한국 선교 철수
5. 스테드맨의 선교사역(1896~1901) ······ 134
   1) 공주 선교본부 설립과 사역(1896.6~1899.12)
   2) 강경 선교본부 사역(1899.12~1901.4)
   3) 한국 선교 철수
   4) 평가
6. 나오는 말 ······ 150

차례

제4장 펜윅의 제2차 한국 선교(1896~1906) ······ 153
  1. 들어가는 말 ······ 154
  2. 귀국 후 펜윅의 활동(1893~1896) ······ 155
    1) 귀국 동기
    2) 나이아가라 사경회 참석
    3) 보스턴선교사훈련학교 수학과 목사 안수
    4) 한국순회선교회(CIM) 설립
  3. 펜윅의 제2차 내한과 주요활동(1896~1906) ······ 167
    1) 소래 사역
    2) 원산 정착과 자립선교 구축
    3) 초기 원산사역과 새로운 선교지 인수
    4) 인수한 선교지 상황
    5) 신명균과의 만남과 파송
    6) 사역의 부흥과 확장
    7) 교단 결성
    8) 평가
  4. 나오는 말 ······ 240

맺음말 ······ 242

참고문헌 ······ 245

부록 ······ 247
  부록(1) : 초기한국 침례교회 연표(1889-1906) ······ 258
  부록(2) : 해방 전 한국 침례교 관련 자료 ······ 261

인사말

　말콤 C. 펜윅이 최초로 내한했던 1889년부터 대한기독교회 교단이 시작된 1906년까지 약 17년간 초기 한국 침례교에 대한 실증적인 역사서술에 목적을 두고 있다. 2019년 올해는 국가적으로 3.1운동과 임시정부 수립 100주년이 되는 의미 있는 해로써 이를 기념하기 위한 각종 행사들이 전국적으로 실시되고 있다.

　올해는 한국 교회사와 한국 침례교회사적으로 펜윅의 한국 선교 130주주년이 되는 매우 뜻깊은 해이기도 하다. 이를 위해 교단 적으로도 여러 행사가 준비되고 있다.[1] 이 시점에서 교회사를 가르치는 교수로서 책임감과 사명감으로, 2019년을 침례교단 목회자로서의 마음과 초기 한국 침례교 역사에 대한 재인식의 필요성이 동기가 되어 본서를 집필하게 되었다.

　본서에 대한 기본적인 구상은 한국 교회사 세미나(2003년 박사과정)에서 비롯되었다. 펜윅과 관련된 연구논문 발표를 통해 체계적인 연구를 다짐했다. 이후 필자가 한국 교회사(역사신학) 전공으로 박사학위(Ph.D)를 취득한 후 백석대학교 한국 기독교문화연구원 연구편찬팀 전임연구원의 일원으로 문화체육관광부 주관 한국 기독교 역사문화자료 시범 DB구축 사업(2011-2012년)에 참여하면서 한국 기독교 역사문화 연구 및 연표를 만드는 작업을 했는

---

1) 기독교한국침례회 총회 주관 말콤 C. 펜윅 한국 선교 130주년 기념대회 (1) 말콤 C. 펜윅 한국 선교 130주년 기념 학술대회 -일시:2019년 4월 22일(월) -장소:침례신학대학교 아가페 홀 (2) 말콤 펜윅 선교 130주년 기념 침례교 세계 한인 침례인 대회(영적성장대회) -일시:2019년 4월 30일(화)~ 5월 3일(금) 대상:침례교단 목회자 부부 -장소: 대명 비발디 리조트(강원도 홍천).

데, 이 과정에서 초기 한국 침례교에 대한 여러 새로운 역사적 사료들을 접하게 되었고 정리하여 발표하리라는 마음을 가졌다.

한편, 필자는 한국 침례교 역사에 깊은 관심을 가진 열정적인 분들과 함께 2014년 7월 21일부터 22일까지 1박 2일간 경상도 지역에 있는 100년 이상 된 침례교회를 방문할 기회를 가졌다. 이 때 계원침례교회, 신계침례교회, 화진침례교회, 송라침례교회, 행곡침례교회, 용장침례교회 등을 방문하여 여러 자료들을 수집할 수 있었다. 2015년에는 8월 3일부터 6일까지 3박 4일간 울릉도에 입도하여 그곳에 있는 100년 이상 된 교회들(석포침례교회, 저동침례교회, 서달침례교회, 평리침례교회 등)을 방문했고, 울릉도의 목회자, 성도들에게 초기 침례교인들에 대한 여러 이야기를 나누었다. 이 대화를 통해 울릉도의 교회 중 과반수 이상이 침례교회이며, 이렇게 된 것은 초기 많은 신앙인들의 수고와 눈물의 결과물임을 알게 되었다.

이후, 기회가 닿을 때마다 강경침례교회, 꿈의교회(공주침례교회), 칠산침례교회, 점촌침례교회 등지를 방문하여 신앙 선배들의 증언을 들을 수 있었고, 각종 자료들을 수집하는 등을 통해 초기 한국 침례교 역사에 보다 많은 관심을 가질 수 있었다.

위와 같은 과정 중에 본서 집필을 위한 결정적 계기가 된 것은 바로 『칠산침례교회 120년사』 집필이었다. 2015년부터 시작된 칠산침례교회사 연구는 이듬해 무더운 여름을 지나면서 끝이 났다. 이 시기 필자는 칠산침례교회를 중심으로 초기 한국 침례교 역사를 세밀하게 들여다 볼 수 있었으며 침례교의 역사자료 뿐만 아니라 충청지역에서 활동했던 미남장로회, 미북감리회 선교사들의 영문 보고서와 개인 편지들도 함께 살펴보면서 지금껏 역사적 사료의 미비와 연구의 미진함으로 인해 점선일 수밖에 없었던 초기 침례교

역사의 많은 부분을 실선으로 만들 수 있게 되었다.[2]

본서는 다음과 같은 특징을 갖는다. 첫째, 펜윅이 1911년에 출판한 자서전 성격의 『The Church of Christ in corea : A Pioneer Missionary's Own Story』[3]를 토대로 서술했다. 초기 한국 침례교 역사가 그의 자서전에 고스란히 담겨 있다고 해도 과언이 아니기에 이를 중심으로 그의 1, 2차 한국 선교를 다뤘고, 그와 관련된 엘라씽기념선교회(The Ella Thing Memorial Mission)도 역사적으로 섬세하게 추적했다. 둘째, 한국 근대사, 한국 교회사와의 유기적 관계를 고려했다. 펜윅의 자서전은 그의 주관적 서술로 인해 이것으로 초기 한국 침례교 역사를 살피는데 한계가 있다. 여러 시간적 공백 및 역사적 인과관계가 뚜렷하지 않기 때문이다. 그러므로 이를 보완하기 위해 한국 근대사, 한국 교회사와의 병행 연구를 통해 그 간격을 채우고자 했다. 특히 엘라씽기념선교회 연구는 미남장로회와 미북감리회 자료(선교보고서, 선교사 편지 등)에서 많은 도움을 받았다. 셋째, '역사적 유추'(Historical analogy)를 사용했다. 초기 한국 침례교는 많은 부분이 역사적 측면에서 실선보다 점선이 많다. 이는 역사적 사료와 증언의 부재에서 비롯되었다고 할 수 있다. 타 교단에 비해 상대적으로 침례교단의 역사적 기록은 부족하고 전무하기 때문에 집필에 어려움이 많았다. 이에 필자는 역사적 유추를 적극적으로 사용하여

---

2) 칠산침례교회 120년사를 마친 후 필자는 여러 대학에서의 강의와 개교회의 강연, 연구논문 작성 등 바쁜 일정 속에서 시간을 쪼개어 초기 한국 침례교 역사 집필을 위한 큰 틀을 만들고, 각각의 부분을 설정한 후에 자료 수집과 연구를 병행했다.
3) 본서는 1911년에 영문판으로 출판되었고, 지금까지 출판된 한국어 번역본은 다음과 같다. ①말콤 C.펜윅, 『대한기독교회사: 펜윅 선교사의 자서전적 이야기』, 허긴 역. 대전:침례신학대학교출판부,1989; ②말콤 펜윅, 『한국에 뿌려진 복음의 씨앗』, 이길상 역. 서울:예영커뮤니케이션, 2004; ③말콤 펜윅《한국그리스도의 교회》, 『말콤 펜윅 선집』, KIATS번역팀 역. 서울: 한국고등신학연구원(KITS), 2016.

역사의 점선을 실선이 되도록 노력했다. 마지막으로, 새로 발견된 역사적인 사료를 적극적으로 반영했다. 예를 들면, 1900년대 초 한국 대부흥운동의 출발점인 원산부흥운동에 침례교가 함께했다는 것, 1905년 일제의 을사늑약에 맞서 항일적인 위국기도회에 서울의 침례교가 참여했다는 것을 예로 들 수 있다. 1928년에 발행된 『조선예수교장로회사기』와 1905년 11월 19일자 『대한매일신보』에서 이를 확인했다. 이를 통해 초기 한국의 침례교가 대부흥운동과 기독교적 민족운동에 적극적으로 가담했음을 서술하였고, 그 밖에 소소한 것들은 본문을 통해서 만날 수 있다. 아울러, 본서의 내용 중에는 이미 다른 곳에서 글이나 논문으로 발표된 것이 있다.[4]

본서가 나오기까지 많은 분들의 수고가 있었음을 밝히고자 한다. 먼저는 이 모든 영광은 하나님께 돌려져야 마땅하다. 그리고 필자가 강의와 강연, 집필에 전념할 수 있도록 헌신적으로 돕는 사랑하는 아내 강미경에게 깊은 감사의 마음을 전한다. 더불어 기쁘게 추천사를 써 주신 기독교한국침례회 총회장 박총철 목사님, 필자에게 한국교회사를 연구할 수 있도록 안목을 열어 주신 민경배 교수님, 필자가 한국침례교회사를 연구할 수 있도록 가르쳐주신 허긴 교수님, 침례신학대학교 김용국 교수님과 안희열 교수님, 필자 옆에서 연구를 위한 자극제와 자료 제공자가 되어 준 침신대 출판부의 이정훈 목사님, 조언과 격려를 아끼지 않으신 뱁티스트지의 송수자 목사님께도 감사

---

4) 본서의 제1장은 비록 간략하게 서술했을지라도 침례교 신앙인을 위한 교육 교양지인 『뱁티스트』에 발표 되었던 글들을 재구성했고, 제2장도 『뱁티스트』에 기고했던 글을 보완했으며, 제3장은 『한국 교회사학회지』에 발표했던 글을 보완했다. 제4장은 본서의 집필을 위해 필자가 자료수집 및 연구한 것을 토대로 새롭게 썼다. 본서의 글들이 각각의 논문으로 발표된 것으로 인해 때때로 내용상 중복된 부분들이 있을 수 있는데, 이에 대해서는 독자들의 양해를 구한다.

의 마음을 드린다. 그밖에 다 거론하기 힘들 정도로 필자 주변의 많은 선후배 동역자들의 도움이 이 책을 만들었다고 해도 과언이 아니다. 끝으로 무엇보다도 출판을 허락해 주신 교회진흥원 이요섭 원장님, 편집과 교열에 힘써 준 편집부 직원들에게도 이 자리를 빌려 깊은 감사를 드린다. 본서를 통해 여러 독자들이 펜윅과 초기 한국 침례교 역사에 대해 알게 되기를 소망한다.

2019년 3월에
펜윅 내한 130주년을 기념하면서

오지원 교수

머리말

지금으로부터 130년 전, 한반도에서 수천 킬로미터 떨어진 북미대륙 캐나다의 한 청년이 주님의 선교 명령에 순종하여 내한함으로 인해 한국 침례교가 시작되었다. 그는 말콤 C. 펜윅이다. 그가 살았던 19세기 북미대륙은 법적으로 종교의 자유가 보장 되었으며 대중사회 출현에 따른 대중적 기독교를 지향하는 가운데 대각성운동의 영향을 받아 미국과 캐나다 뿐만 아니라 전 세계를 향한 복음의 확산에 깊은 관심을 가졌다. 특히 19세기 후반 무디 부흥운동의 영향으로 미국은 해외 선교에 대한 관심과 지원이 급증함에 따라 선교에 대한 열정들이 높아지게 되었다. 이들의 신앙은 하나님의 말씀인 성경의 절대적 권위, 그리스도의 동정녀 탄생, 그리스도의 대속적 죽음, 육체적 부활과 재림 등에 관하여 '복음적 공감대'(evangelical consensus)를 가지고 있었으며 이와 같은 복음적 공감대는 19세기 미국 주류 개신교가 공유했던 신학적 기본요소가 되었다.[5] 또한, 부흥운동에 의해 선교에 대한 열정들이 고조되었고 많은 젊은이들이 선교사로 헌신하여 내한했다. 이들의 주된 특징은 대부분 북미지역 출신이었고, 중산층의 경제력을 소유하고 있었으며, 진보시대(Progressive Era)의 사람들로 행동주의적, 사회 개혁적 성향이었

---

5) 류대영, "초기 한국교회에서의 'evangelical'의 의미와 현대적 해석의 문제," 『한국 기독교와 역사』15(2001), 134.

고, 대부분 주류교단 소속이었다.⁶ 이 같은 초기 내한선교사들의 특징은 이후 한국 기독교 형성에 지대한 영향을 끼쳤다.

펜윅은 초기 내한 선교사들이 가졌던 특징들과는 다소 거리가 먼 인물이며, 한국 기독교 형성에서 주류적인 인물도 아니었다. 그는 동시대 다른 선교사들과 달리 중산층의 경제력을 소유하지 못했고, 주류 교단 소속도 아니었다. 그러나 그 역시 동시대 선교사들처럼 무디부흥운동의 강한 영향을 받은 복음주의적 신앙을 소유했으며, 오직 하나님만 철저하게 의지하는 종말론적 신앙으로 무장하여 내한했다. 그의 영향력은 당시 어느 선교사와 견주어도 결코 부족하거나 적지는 않다. 그의 사역이 오늘까지 회자(膾炙)되고 있는 것은 그가 소중한 신앙유산을 남겼기 때문이다. 26세의 젊은 선교사로 내한하여 72세에 별세하기까지 중간에 귀국했던 3년을 제외하더라도 약 43년간 한국에서 사역했다. 이런 사역은 한국 기독교 역사에 있어서 보기 드문 장기선교사역이었고, 그 결과 그에 의해 한국 침례교가 시작되었다.

본서는 다음 네 개의 장으로 구성되었다. 제1장은 프롤로그로 한국 기독교의 시작을 개괄적으로 다뤘다. 19세기 중반 서양이 동양을 지배하던 '서세동점'(西勢東漸)의 시기에 급박하게 돌아가는 당시 조선의 사상적 지형도를 그렸다. 보수적 유학자들은 외세 개항에 반대하는 '위정척사론'(爲政斥邪論)을 주장했고, 온건개화파는 서양이 동양보다 앞서 있는 일부의 학식을 차용하여 성장을 도모하자는 '동도서기론'(東道西器論)을 주장했으며, 급진개화파는 모든 문호를 적극적으로 개방하자는 '문명개화론'(文明開化論)을 주장했다.⁷

---

6) 류대영, 『초기 미국선교사 연구. 1884 1910』(서울: 한국 기독교역사연구소, 2007), 48-90.
7) 송길섭, 『한국신학사상사』(서울: 대한기독교출판사, 1997), 13-21.

이것들을 다루면서 이들 사상과 기독교 선교와의 관계성을 살펴보았다. 그리고 이 당시 중국과 일본을 통해 어떤 선교가 이루어졌으며, 어떤 선교라인이 형성됐는지도 살폈다.

제2장은 1889년부터 1893년까지 약 4년간 이루어진 펜윅의 제1차 한국 선교를 다뤘다. 그의 배경과 성장과정 그리고 회심과 신앙훈련을 통해 어떻게 선교사로 부름 받았고, 한국 선교를 하게 된 동기를 살펴보았다. 그는 캐나다의 한국연합선교회(CUM) 선교사로 내한했으며 이후 서울, 소래, 원산으로 이동하며 성경 번역과 산업 선교를 중심으로 사역했다. 이러한 펜윅의 모든 사역의 발자취를 밟았으며 글 말미에 펜윅의 1차 선교에 대해 평가했다.

제3장은 1895년부터 1901년까지 약 6년간 이루어진 엘라씽기념선교회의 한국 선교를 다뤘다. 엘라씽기념선교회의 설립과정과 주요 특징, 그리고 이곳에서 파송된 선교사들에 대해 살펴보았다. 먼저 폴링을 통해 강경에 선교본부와 교회가 설립되었고, 금강 주변의 순회전도를 통해 학습반과 예배처소가 만들어졌다. 2진으로 내한한 스테드맨 일행은 공주에 정착하여 선교본부와 교회를 설립한 후 강경의 폴링과 연대하여 순회전도에 매진했다. 그리고 1899년 폴링의 갑작스런 귀국으로 강경 선교본부로 이주한 스테드맨이 1901년 재정난으로 철수하기까지 사역을 살폈다. 마지막에는 엘라씽기념선교회의 한국 선교가 남긴 유산에 대해 평가했다.

제4장은 1895년부터 1906년까지 약 11년간 이루어진 펜윅의 제2차 한국 선교에 대해 다뤘다. 1906년까지 살핀 것은 이 시기가 펜윅이 새롭게 설립한 한국순회선교회(CIM)의 선교사로 활동한 시기였고 선교회 체제에서 교단의 총회 체제로 넘어가는 분수령이었기 때문이다.

이 장에서는 1893년 펜윅이 귀국할 수밖에 없었던 이유와 귀국한 후 그의 행적, 1895년 다시 내한함으로 시작된 제2차 한국 선교가 이전의 시행착오를 거울삼아 어떻게 준비됐고 실행됐는지 살폈다. 특히 지금껏 한국 침례교회사 관련 문헌에서는 언급되지 않았던 1903년 원산부흥운동의 참여와 1905년 위국기도회의 참여를 진술하여 본서의 역사적 가치를 높였고, 글 말미에 펜윅의 제2차 한국 선교에 대해 평가했다.

본서는 펜윅이 처음으로 내한한 이후 교단이 설립될 때까지 약 17년간의 초기 한국 침례교 역사를 다룬다. 이 시기는 한국 침례교회사에 있어서 매우 진취적이고 역동적인 시기이다. 더불어 이 시기는 펜윅의 선교역사라고 해도 과언이 아니다. 그에 의해 한국 침례교회사가 시작됐기 때문이다. 즉 그의 제1차와 제2차 한국 선교는 물론이요, 엘라씽기념선교회의 한국 선교 역시 펜윅의 요청에 의해 시작됐다는 측면에서 그렇다고 할 수 있다.

제1장

프롤로그
한국 기독교의 시작

제1장 프롤로그 한국 기독교의 시작

19세기 중반 조선의 사상적 지형도

　펜윅 내한 이전 한국의 기독교 선교는 19세기 중엽 조선의 혼란스런 사회상 속에서 시작되었다. 당시 조선은 서양이 동양을 지배하던 '서세동점'(西勢東漸)의 급박한 환경 속에서 다음과 같은 사상적 흐름이 형성됐다.
　첫째, 보수적 유학자들의 '위정척사론'(爲政斥邪論)으로, 건국이념인 성리학과 성리학적 질서를 수호하고, 그 이외의 모든 사상이나 종교를 사악한 것으로 규정하여 이를 배격했다. 서양문물 수용에 부정적 태도를 가졌던 보수파 혹은 수구파가 그 주류를 이루었다. 서양과 일본은 같은 부류라고 보는 '왜양일체론'(倭洋一體論)적 입장에서 외세의 강압에 따른 타율적 문호개방, 스스로의 준비 없는 문호개방은 국가를 패망의 길로 인도하는 것이므로 주체적으로 문호를 개방하자고 주장했다. 흥선대원군을 비롯하여 주로 향리(鄕里)에 거주하던 유학파들이 그 중심인물이었다.
　둘째, 온건개화파의 '동도서기론'(東道西器論)으로, 동양의 도(道)와 서양의 기(器)를 융합한 형태로 개화해야 한다는 입장이다. 주로 서양문물 수용에 중도적 태도를 취했던 온건한 개화파 중심의 사상이며, 중국의 정치체계와 사상을 유지하면서 서양의 과학기술 문명을 개방해야 한다고 주장했던 '양무론'(洋務論)적 사상에서 그 원리를 찾았다. 이들은 건국이념인 성리학의 정신은 기초적으로 유지하면서 서양의 기술문명을 수용하여 부국강병을 꾀해야 한다고 주장했는데, 주로 고종과 그의 측근 그리고 명성황후 측근(민영익과 그 일족들)들이 그 중심인물들이다.

셋째, 급진개화파의 '문명개화론'(文明開化論)으로, 조선이 전근대적(봉건적) 상태에서 벗어나려면 속히 서양문물을 적극적으로 받아들여 개화해야 한다는 입장이다. 이는 서양문물에 적극적이고 수용적인 태도를 가졌던 급진개화파 중심의 사상이며, 일본과 서양세력과는 다르다고 보는 '왜양이체론'(倭洋二體論)적 입장에서 일본의 메이지(明治)유신에서 그 원리를 찾았다. 이들은 중국 내에서 급진 개화를 주장하던 사람들의 이론인 '도기론'(道器論)을 기초로 지금껏 추종했던 중국 문명은 그 기력을 다했으므로, 새 시대에 필요한 서양문명의 적극적 수용을 통해 부국강병을 꾀해야 한다고 주장 하였으며 중심인물로는 김옥균, 박영효, 서광범, 홍영식 등이었다.

한국의 기독교 선교는 이렇게 구한말에 팽배했던 위 세 사상과 밀접한 연관이 있다. 즉 보수 유학자들의 위정척사론은 궁극적으로 서구에 대한 배척사상이 강했으므로 이전의 많은 천주교인들이 박해를 받았을 뿐만 아니라 기독교 선교 초기에도 이를 서교(西敎)로 여겨 배척했다. 한편, 온건개화파의 동도서기론과 급진개화파의 문명개화론은 초기 선교라인 형성에 직접적인 영향을 끼쳤다. 최초의 공식적인 선교라인은 미북감리회 선교사 맥클레이의 선교 요청에 급진개화파 김옥균의 주선으로 형성되었고(맥클레이-김옥균-고종), 새로운 선교라인은 미북장로회 선교사 알렌을 고종에게 소개한 온건개화파 민영익의 주선으로 형성되었다(알렌-민영익-고종).

서구 이양선의 출몰과 선교적 접촉 시도

칼 귀슬라프 선교사

이런 즈음 조선의 해안에는 여러 이양선들이 출몰했는데, 1816년(순조16년) 영국의 알세스트(Alcest)호와 리라(Lyra)호는 맥스웰(Maxwell)과 바실 홀(Basil Hall)의 지휘 아래 서해안 측량을 위해 황해도와 충청도를 시찰하면서 통상을 위해 접근했다. 통역사 겸 의사인 칼 귀츨라프(Karl F. A. Gutzlaff)가 승선했던 영국 동인도회사 상선 로드 암허스트(Lord Amherst)호는 1832년 7월 17일(순조 32년)에 황해도 장산곶 부근에 정박하여 조선과의 물물교환을 위해 조정에 청원서를 요청했다. 한편, 통역사로 고용된 로버트 토마스(Robert J. Thomas)를 태웠던 미국의 상선 제너럴셔먼(General Sherman)호는 1866년 8월 16일 평양의 대동강변에 도착하여 통상을 요구하다가 관군과 평양 시민의 저항을 받아 침몰했고, 토마스는 1866년 9월 2일에 순교하고 만다.

중국을 통한 유럽계 기독교의 북방 선교

토마스 선교사 순교 이후 조선의 선교는 중국을 통한 유럽계 기독교의 북방 선교와 일본을 통한 미국계 기독교의 남방 선교로 이어졌다. 먼저 북방 선교 루트는 스코틀랜드 성서공회 중국주재 책임자 알렉산더 윌리엄슨(Alexander Williamson)의 후원을 받은 스코틀랜드 연합장로회 소속 선교사 존 로스(John Ross)와 존 매킨타이어(John McIntyre)가 1874년 10월 만주의 고려문을 방문한 것을 계기로 의주 상인 이응찬, 백홍준, 김진기, 이성하 등을 만난 것으로 시작 되었다. 이들은 선교사들을 도와 신약 성경을 번역하는 중에 복음을 받아들여 수세(水洗)를 받음으로 1879년에 최초의 조선인 개종자가 되었다.

이들의 도움을 받아 번역된 신약성경이 압록강을 중심으로 만주와 의주에 보급되었고, 그 영향으로 신앙 공동체가 형성됐는데, 이것이 교회로 발전하여 초기 한국교회의 효시(嚆矢)가 되었다.

존 로스 선교사

북방 선교 루트는 상인과 민중계층을 중심으로 이루어졌고, 이들 대부분은 경제적 목적(생계수단)으로 기독교에 접근했다가 개종했다. 이들에 의해 한국교회의 민중적 신앙 형성(개인주의)에 기여했으며, 영혼 구원, 교회 건설에 지대한 관심을 가졌다. 모든 믿는 사람은 차별 없이 구원하시는 하나님과의 만남에서 시작되어 한국 기독교의 한 축을 형성하는데 지대한 영향을 끼쳤다.

일본을 통한 미국계 기독교의 남방 선교

한편, 남방 선교 루트는 온건개화파 민영익의 서생(書生)이요, 임오군란(1882) 당시 명성황후를 피신시킨 공로를 인정받아 국비 유학생으로 선발되어 1882년 9월에 도일(渡日)한 이수정(李樹廷)에 의해 시작되었다. 그는 일본 체류 중 친구 안종수로부터 소개받은 기독교 농학박사 츠다센(津田仙)을 통해 한문 신약성경과 『천도소원』(天道遡原)을 받아 탐독했다. 이듬해 나가다(長田時行)와 체계적인 성경공부를 받았으며, 노월정교회(露月町敎會) 야스가와(安川亨) 목사를 통해 불

이수정

교와 기독교의 차이에 대한 의문을 해소했다. 이후 세례문답을 거쳐 미북장로회 선교사 낙스(G. W. Knox)에게 수세 받음으로 한국인으로서 일본에서 세례를 받은 첫 번째 인물이 되었다. 이후 제3회 전국 기독교도 대친목회에서 신앙고백을 한 후 성경번역을 했고, 미국에 편지를 써서 조선에 선교사 파송을 강력하게 요청했다.

남방 선교 루트는 양반 관료와 지식인 중심으로 이루어졌고, 이들 대부분은 정치적 목적으로 기독교에 접근했다가 개종한 형태였다. 이들에 의해 한국교회의 민족적 신앙 형성(민족주의)에 기여했으며, 기독교를 통한 문명개화, 독립자강에 지대한 관심을 가졌다. 기독교를 서구문명의 담당자로 여긴데서 시작되어 한국 기독교의 한 축을 형성하는데 지대한 영향을 끼쳤다.

초기 한국 기독교의 독특한 특징

중국을 통한 유럽계 기독교의 북방 선교와 일본을 통한 미국계 기독교의 남방 선교를 통해 한국의 기독교는 세계 선교역사상 그 유래를 찾을 수 없는 세 가지 독특한 특징을 갖게 되었다.

첫째, 선교사가 내한하기 전에 성경이 한국어로 번역되었다. 만주에서 활동하던 로스와 매킨타이어 선교사에 의해 고용된 의주상인들이 이들 두 선교사의 어학선생으로, 때로는 성경번역에 적극적으로 참여했다. 그리하여 1882년에 『예수셩교 누가복음젼셔』를 출판했고, 1887년에는 신약성경 전체를 번역한 『예수셩교젼셔』가 출판되었다. 한편, 일본에서는 이수정이 개종한 이후 1883년 『신약성서 마태전』을 시작으로 『신약성서 마가전』, 『신약성서 로가전』, 『신약성서 약한전』, 『신약성서 사도행전』 등 5권의 성경이 각각

1,000부씩 출판 되었다. 이처럼 선교사가 내한하기 전에 이미 만주와 일본에서 한국어로 번역된 성경이 존재했고, 심지어 언더우드와 아펜젤러가 내한할 때 한글로 번역된 성경을 갖고 들어왔다.

둘째, 선교사 내한 전에 기독교 개종자가 생겼다. 만주에서 로스와 매킨타이어의 성경번역을 도왔던 이들이 성경을 번역하는 중에 자발적으로 복음을 믿고 개종하는 역사가 일어났다. 1879년에 김진기, 백홍준, 이응찬, 이성하, 김청송 등이 신앙을 고백하고 수세 받음으로 한국교회 최초의 신자가 되었다. 한편, 일본에서도 이수정이 츠다센(津田仙)을 통해 한문 신약성경을 받아 읽고, 나가다(長田時行)와 체계적인 성경공부를 받은 후 1883년 낙스(G. W. Knox)에게 수세 받음으로 일본 내 최초의 한국인 신자가 되었다. 이처럼 선교사가 내한하기 전에 이미 만주와 일본에서 복음을 믿고 개종하는 놀라운 사건이 일어났다.

셋째, 선교사 내한 전에 신앙 공동체(교회)가 형성되었다. 만주에서 로스와 매킨타이어에게 수세 받은 이들이 권서인(매서인)이 되어 번역된 성경을 보급했는데, 주로 압록강을 중심으로 이루어졌다. 이로 인해 백홍준을 통해 의주교회가, 김청송에 의해 집안현교회가, 서상륜을 통해 소래교회가 형성되었다. 한편, 일본에서도 개종한 이수정의 주도로 1883년 말 경에 유학생들을 중심으로 신앙 공동체가 형성되었고, 이것이 발전하여 동경 최초의 한인 교회가 설립되었다. 이처럼 만주와 일본에서 개종한 신자들을 중심으로 자발적인 신앙 공동체가 형성되었고, 이는 점차 발전하여 제도적인 교회가 되었다.

최초의 공식적 선교라인 형성

맥클레이 선교사

1882년 조미수호통상조약 이듬해 민영익을 중심으로 하는 보빙사[8] 일행이 미국을 방문했다. 마침 이들이 탄 미국 대륙횡단 열차에 미북감리회 목사 가우처(J. F. Goucher)가 동승하고 있었다. 보빙사 일행과 접촉한 후 가우처는 조선 선교에 관심을 갖게 되었고, 미북감리회 해외선교부에 2천 달러의 선교 자금을 약속하는 한편, 일본에서 활동하던 미북감리회 일본선교지부 책임자 맥클레이(R. S. MacLay)에게 조선 선교를 타진해 보도록 요청했다. 이에 부응하여 맥클레이는 1884년 6월 조선에 입국하여 가우처의 주선으로 보빙사 단장이었던 민영익과의 접촉을 시도했으나 실패했다. 이후 이전부터 친분이 있던 급진개화파 김옥균을 통해 고종에게 청원서를 올렸다. 며칠 후 맥클레이는 김옥균으로부터 고종이 간접선교를 구두(口頭)로 윤허했다고 전달 받음으로 최초의 공식적인 선교라인(맥클레이-김옥균-고종)이 형성되었다. 맥클레이는 조선을 떠나기 전 푸트 미국 공사에게 선교 부지를 예약했고, 일본으로 돌아가 본국 선교부에 의료와 교육에 필요한 선교사를 요청했다.

새로운 공식적 선교라인 형성

맥클레이가 조선 선교를 위해 분주하게 움직이고 있던 비슷한 시기, 중국 상해에서 활동하던 미북장로회 의료선교사 알렌(H. N. Allen)이 본국 선교부

---

8) 우호, 친선 및 교섭을 위한 보빙(報聘: 답례로 외국을 방문함) 명목으로 파견하는 사절단.

의 허락을 받아 1884년 9월 20일 미국 공사관 공의(公醫)로 내한했다. 선교의 기회를 포착하기 위해 조선 생활에 한참 적응하고 있던 12월 4일에 급진개화파에 의한 갑신정변이 발발했다. 이로 인해 온건개화파의 거두(巨頭) 민영익이 자상(刺傷)을 입어 거의 죽게 되었으나, 알렌의 정성어린 치료로 회복되었다. 이듬해 건강

알렌 선교사

을 회복한 민영익은 자신을 치료했던 알렌을 고종에게 소개함으로, 그는 일약 조선 정계에 주목받는 인물이 되었다. 평소 동도서기론적인 사상으로 서양의학에 관심을 가졌던 고종은 그에게 감사의 마음을 담아 사례금 10만 냥을 하사하고, 정이품 참판(嘉善大夫) 벼슬과 왕실 시의(侍醫)로 위촉했다. 뿐만 아니라 급진개화파 홍영식의 집도 주었는데, 이곳에서 한국 최초의 근대식 병원인 '제중원'이 시작되었다. 갑신정변의 부정적 영향으로 이전의 선교라인은 몰락하고 새로운 선교라인이 형성되었다(알렌-민영익-고종). 이후 내한한 선교사들은 새롭게 형성된 선교라인을 힘입어 입국했는데, 1885년 4월 5일 미북장로회 교육선교사 언더우드(H. G. Underwood), 4월 20일 미북감리회 의료선교사 스크랜턴(W. B. Scranton), 6월 20일 미북장로회 의료선교사 헤론(John W. Heron), 6월 26일 미북감리회 교육선교사 아펜젤러(H. G. Appenzeller) 등이 입국했다.

1884년 미북장로회 의료선교사 알렌이 입국한 이후 교파별로는 미북감리회 16.4%(1885), 호주빅토리아장로회 5.5%(1889), 영국성공회 5%(1890), 미남장로회 12.4%(1892), 미남감리회 11.9%(1895), 캐나다장로회 5.4%(1898), 러시아성교회 1.6%(1898) 순으로, 국가별로는 미국 69.3%, 영국 13%, 캐나

맥켄지 선교사

다 6.4%, 호주 5.6% 기타 5.7% 등의 국적을 소유한 선교사들이 내한했다.[9] 한편, 비슷한 시기에 초교파 선교사들도 내한했는데, 캐나다 토론토대학 기독청년회(YMCA)의 게일(1888), 캐나다 한국연합선교회(CUM)의 하크니스(1888)와 펜윅(1889), 캐나다 토론토대학 기독청년회(YMCA)의 하디(1890), 캐나다 교회 및 개인후원을 받은 맥켄지(1893) 등이 그들이다.

---

9) 김승태·박혜진 엮음, 『내한 선교사 총람:1884-1984』(서울: 한국 기독교역사연구소, 1994), 4-5.

제2장

펜윅의 제1차 한국 선교 (1889-1893)

제2장 펜윅의 제1차 한국 선교(1889-1893)

1. 들어가는 말

2019년은 한국 교회사와 한국 침례교회사적으로 매우 뜻깊은 해이다. 왜냐하면 말콤 C. 펜윅(Malcolm C. Fenwick, 1863-1935)의 한국 선교 130주년이 되기 때문이다. 그는 1884년 9월 미북장로회 의료선교사 알렌(Horce N. Allen)이 한국 최초의 개신교 주재(駐在)선교사로 입국한 이래 불과 5년 남짓 지난 1889년 12월 캐나다 한국연합선교회(Corea Union Mission, CUM)의 후원으로 내한하여 초기 한국 개신교 선교에 공헌을 했다. 또한 그는 약 43년간의 선교 활동을 한 내한 선교사들 중에서도 보기 드문 장기선교사였다. 그의 입국으로 이 땅에 침례교 선교가 시작됨에 따라 한국 침례교의 효시(嚆矢)가 되었다.

펜윅에 대한 선행연구는 대체적으로 다음 두 부류로 나눌 수 있다. 그의 생애를 개괄적으로 다룬 연구와[10] 그의 활동에서 이슈가 될 만한 것을 중심

---

10) 민경배, "말콤 펜위크의 韓國宣敎," 『현대와신학』 제17집 (1993), 59-81; 안희열, 『시대를 앞서 간 선교사 말콤 펜윅』 (대전: 하기서원, 2019).

적으로 다룬 것이 그것이다.[11] 이들 연구는 펜윅을 소개하고 알리는데 많은 기여를 했다. 그러나 펜윅의 어느 한 시기를 역사적 관점에서 집중적으로 다룬 글은 없었다. 그러므로 이번 장에서는 선행연구를 토대로 펜윅이 1889년 내한하여 1893년 귀국하기까지 한국에서의 활동에 대해 1911년 발간한 자신의 한국 선교에 대한 자서전[12]을 중심으로 그와 관련된 다른 문헌들을 참고하여 면밀하게 살펴보고자 한다.

펜윅 선교사

펜윅의 한국 선교는 두 차례에 걸쳐 이루어졌다. 먼저는 1889년 처음 내한했을 때부터 1893년까지 약 4년의 기간과, 1896년 다시 내한한 이후 그가

---

11) 이명희, "펜윅의 선교교육 정책," 『복음과실천』제14집 (1993), 175-201; 최봉기, "펜윅과 한국 침례교 관계 연구를 위한 제언," 『복음과실천』제17집 (1994), 473-488; 허긴, "펜윅과 대한기독교회의 오지선교," 『복음과실천』제21집 (1998), 163-187; 안희열, "종교신학적 관점에서 본 말콤 펜윅의 구원론과 초기 한국교회의 선교적 성과," 『성경과신학』제55호 (2010), 54-163; 장수한, "문화로 읽는 Malcolm C. Fenwick의 선교," 『복음과실천』제45집 (2010. 봄호), 207-236; 안희열, "펜윅의 영성," 허긴박사 은퇴논문집 발간위원회, 『한국 침례교회와 역사: 회고와 성찰』 (대전: 침례신학대학교출판부, 2010), 131-160; 이명희, "Malcolm C. Fenwick의 전도사역," 허긴박사 은퇴논문집 발간위원회, 『한국 침례교회와 역사: 회고와 성찰』 (대전: 침례신학대학교출판부, 2010), 161-185; 허긴, "대한기독교회와 펜윅 선교사(펜윅 선교사역의 功過)," 허긴박사 은퇴논문집 발간위원회, 『한국 침례교회와 역사: 회고와 성찰』(대전:침례신학대학교출판부, 2010), 223-234; 김용복, "『사경공부』에 나타난 Malcolm C. Fenwick의 신앙과 신학," 『복음과실천』 제47집 (2011. 봄호), 109-137; 안희열, "펜윅(M. C. Fenwick)의 신학사상과 초기 한국 선교에 관한 연구,"한국 교회사학연구원 엮음, 『내한 선교사 연구』(서울:대한기독교서회,2011), 201-227; 유근재, "은사주의자 Malcolm C. Fenwick: 기독교한국침례회의 전신인 동아기독교의 설립자인 캐나다 출신의 독립선교사인 그의 생애와 신학을 오순절 은사주의 입장에서 재조명,"『오순절신학논단』제13호 (2015. 12), 107-122.

12) 펜윅은 1911년에 자신의 한국 선교에 대한 자서전으로 The Church of Christ in corea: A Pioneer Missionary's Own Story를 출판했다.

왼쪽부터 고든 담임목사, 피어선 박사

별세한 1935년까지 약 39년의 기간이다. 23세 때 회심하여 나이아가라 사경회(Niagara Bible Conference)에서 신앙훈련을 받은 후 캐나다 한국연합선교회(CUM)의 후원을 받아 26세에 젊은 평신도 선교사로 내한하여 활동한 것이 그의 제1차 선교였다면, 제2차 선교는 제1차 선교를 접은 후 귀국하여 미국의 보스턴선교사훈련학교(Boston Missionary Training School, BMTS)에서 1년 남짓 수학한 후 이 학교 교장이요 미북침례교 계통의 클래런던 스트리트 침례교회(Clarendon Street Baptist Church) 담임목사인 고든(A. J. Gordon, 1836-1895)과 피어선(A. T. Pierson, 1837-1911) 박사[13]에게 목사 안수를 받고, 한국순회선교회(Coera Itinerant Mission, CIM)를 설립한 후 이 선교회의 책임자이자 첫 선교사로 내한하여 1935년 그가 별세할 때 까지 활동했던 기간이다.

1880년대 미북장로회와 미북감리회 여러 선교사들이 속속 내한하여 활동하고 있었을 즈음, 태평양 넘어 캐나다에서 20대 중반의 피 끓는 한 청년이 한국 선교를 위한 하나님의 부르심에 응답했다. 그는 비록 자신이 녹슬고 찌그러진 깡통처럼 보잘 것 없을지라도 천하보다 귀한 생명을 구원할 수 있는 생명수를 나를 수 있음을 깊이 깨닫고,[14] 기꺼이 선교사로 헌신하여 내한했는데, 그가 바로 스코틀랜드계 캐나다 청년 펜윅이었다. 본 장에서는

---

13) 피어선 박사는 평소 고든 목사와 매우 친분이 두터웠고, 1895년 고든이 별세한 후 보스턴선교사훈련학교 제2대 교장이 된다.

14) Malcolm C. Fenwick, *The Church of Christ in corea: A Pioneer Missionary's Own Story*(New York: H. Doran Company., 1911), 13-14; 이후 본 글에서는 Fenwick, *The Church of Christ in Corea*로 표시한다.

1889년부터 1893년에 이르는 약 4년간 펜윅의 제1차 한국 선교에 대해 살펴볼 것이다.

2. 내한 전 말콤 C. 펜윅(1863-1889)

1) 배경과 성장 과정

'한국 침례교의 아버지'[15] 펜윅은 1863년[16] 캐나다 온타리오 주 마캄(Markham)에서 아취볼트 펜윅(Arckibald Fenwick, 1813-1868)의 11자녀[17] 중 10번째로 출생했다. 그의 선조는 스코틀랜드 퍼스셔(Perthshire)의 핏케언(Pitcairn) 출신으로, 일찍이 캐나다 토론토(Toronto)에 정착한 이주민이었다. 펜윅의 부친은 이웃들로부터 칭송이 자자할 정도로 그 인품이 훌륭했고,[18] 펜윅이 출생했을 당시 큰 땅을 소유한 농장주였으나 캐나다 농산품 가격이 좋지 않아서 물질적 여유는 없었다. 더욱이 펜윅이 5세 되던 해(1868년)에 부친이 55세의 나이로 세상을 떠남에 따라 가정경제가 심각한 타격을 받았고, 열악한

---

15) 펜윅에 대한 역사적 평가에 따라 그에게 여러 닉네임이 붙여졌는데, 예를 들면, 민경배 박사는 펜윅을 "토착화의 한 거보(巨步)"라고 했고, 옥성득 박사는 "한국의 허드슨 테일러"라고 했다. 민경배, "말콤 펜위크의 韓國宣敎,"『현대와신학』제17권 1호 (1993), 59-81; 옥성득,『한반도 대부흥: 사진으로 보는 한국교회, 1900-1910』(서울: 홍성사, 2009), 349; 한편, 필자는 펜윅에 의해 한국 침례교가 시작됐다는 측면에서 그를 "한국 침례교의 아버지"라고 명명했다.
16) 유영식 박사는 펜윅의 고향 마캄 지역 인구 조사(1881)를 근거로 펜윅이 1865년에 출생했다고 주장했다. 유영식 편역,『착한목쟈: 게일의 삶과 선교1』(서울: 도서출판 진흥, 2013), 71; 그러나 필자가 입수한 펜윅의 호적등본을 통해 그의 출생연도가 1863년임을 확인했다. 그러므로 본 글에서는 그의 출생연도를 1863년으로 했다.
17) 아취볼트 펜윅의 자녀들을 열거하면 다음과 같다. 제임스(1841년생), 조지(1844년생), 헬렌(1847년생), 벤자민(1849년생), 제인(1852년생), 머래이(1854년생), 앤드류(1856년생), 메리(1859년생), 카타린(1863년생), 말콤(1863년생), 윌리엄(1867년생). 안희열,『시대를 앞서간 선교사 말콤 펜윅』(대전:침례신학대학교출판부, 2010), 27.
18) Fenwick, The Church of Christ in Corea, 3.

환경으로 인해 그는 정규교육을 받지 못했다.

비록 가정형편으로 인해 정규적인 학교교육을 받지 못했지만 펜윅은 다음과 같은 두 사람으로부터 많은 영향을 받아 훌륭하게 성장할 수 있었다.

첫째, 모친 바바라 라탐(Barbara Ann Lathan, 1823-1903)의 엄격한 가정교육이다. 부친의 죽음으로 가정 경제가 몰락하자 이제 자녀 양육과 가정 경제는 45세에 홀로 된 모친의 몫이 되었다.[19] 경제적 고통과 많은 자녀를 양육해야 하는 열악함 속에서도 모친의 자녀 양육은 매우 엄격했고, 특히 신앙교육은 매우 보수적인 규율 속에서 이루어졌다. 그의 선조가 스코틀랜드 계열이었던 것을 감안하면, 그의 모친을 통해 스코틀랜드 장로교적인 신앙교육을 받았던 것으로 생각된다. 18세기 스코틀랜드 장로교의 대체적 흐름은 칼빈주의적 신학 사상 속에서 매우 엄격했다. 펜윅은 이 같은 사상을 가정교육을 통해 받았고, 이로 인해 그의 신앙은 매우 엄격하고 보수적인 성격을 띠게 된다.

둘째, 스코틀랜드 장로교회 목사 매킨토시(Donald M. McIntosh)의 삶의 영성이다. 펜윅은 자신의 집에서 몇 해 동안 함께 살았던 매킨토시 목사의 가르침과 삶의 모범(겸손과 제자도)에 깊은 영향을 받았다.[20] 매킨토시는 펜윅의 집안과 같은 스코틀랜드 출신으로, 글래스고우(Glasgow)에 있는 트리니티(Trinity) 대학을 졸업할 정도로 지적으로 뛰어난 인물이었다. 신학수업을 마친 후 그는 1804년 초 고향을 떠나 캐나다 온타리오 주 그레넬그(Glenelg)에

---

19) 펜윅이 18세 때 객지생활을 시작한 것을 감안하면, 그의 부친이 사망했을 시점인 1868년 당시 제임스(27세), 조지(24세), 헬렌(21세), 벤자민(19세) 등 4명은 집에 없었을 것이고, 제인(16세), 머레이(14세), 앤드류(12세), 메리(9세), 카타린(5세), 말콤(5세), 윌리암(1세) 등 7명은 아직 어머니와 함께 살았을 것으로 추정된다.
20) 허긴, 『한국 침례교회사』(대전: 침례신학대학교출판부, 2000), 24.

정착했고, 형제들 대다수가 농사일에 종사한 반면 그만은 목회자의 길을 걸었다. 매킨토시 목사가 언제부터, 무슨 이유로 펜윅의 집에 머물게 됐는지는 알 수 없으나, 당시 그의 나이는 최소 80세 이상이었을 것으로 추정된다. 펜윅의 집에 머물면서 그는 병자들이나 소경들 혹은 학자들이나 정치인들을 언제나 따뜻하게 돌봐주며, 상담을 함으로써 희생의 삶이 무엇인지 몸소 펜윅에게 보여주었다. 그는 대학을 우등생으로 졸업할 만큼 학문적으로 뛰어났을 뿐만 아니라 문학적 자질도 높았는데, 이 같은 그의 지성보다는 몸에 배어있는 겸손함과 예수 그리스도의 제자로서 사는 삶의 모범에서 나오는 영성이 펜윅에게 깊은 감명을 주었다.[21]

펜윅에게 있어서 매킨토시 목사는 '영적인 아버지'였다고 평가된다. 당시 80세 이상으로 추정되는 나이 든 목사 매킨토시와 10대의 펜윅을 영적인 부자관계로 묘사하는 것은 무리가 있으나, 어려서 부친을 잃은 펜윅으로서는 육신의 아버지를 대신할 만큼 매킨토시 목사의 존재감은 대단했다. 이것을 잘 알 수 있는 내용을 우리는 펜윅의 자서전에서 찾을 수 있다.[22]

> 나는 집을 떠나던 날을 잊을 수 없다. 목사님(매킨토시)은 나를 데리고 서재에 들어가시더니, 책 한 권을 꺼내어 그 안에 내 이름을 써 넣으시고는 무릎을 꿇고 나를 위해 기도하셨다. "말콤, 안식일을 기억하여 거룩하게 지켜라. 그러면 네 길이 평탄할 게다. 여러 청년들의 사는 모습을 지켜봤는데, 타락하는 애들은 대개가 안식일을 기억

---

21) 안희열, 『시대를 앞서간 선교사 말콤 펜윅』(대전: 하기서원, 2019), 31.
22) Fenwick, *The Church of Christ in Corea*, 3.

하지 못하면서 타락하기 시작하더라." 이 말은 나를 규칙적으로 교회에 다니게 했고, 주일학교 사서직을 맡게 했으며, 성가대와 여러 부서에 참석하게 했다. 간단히 말해서 그 말은 나를 이 땅 최상의 무리 속에서 살도록 이끌었다.

펜윅은 18세 되던 해(1881년) 가족을 떠나 객지생활을 시작했다. 그가 집을 떠날 때, 매킨토시 목사는 그에게 책 한 권을 선물하면서 축복기도를 해주었다. 그리고 반드시 안식일은 지킬 것을 신신당부했다. 이 장면은 마치 길 떠나는 아들과 보내야 하는 아버지의 애틋한 모습이 연상될 정도로 깊은 애정이 녹아져 있다. 그만큼 매킨토시 목사에게 있어서 펜윅은 자식과 같았고, 펜윅 역시 그의 당부를 마음에 깊이 새길 정도로 가까웠다. 그러기에 그는 아무리 어렵고 고단한 객지생활에서도 신앙을 버리지 않고 규칙적인 교회생활을 할 수 있었다.

결국 모친 바바라 라탐의 스코틀랜드 장로교의 보수적인 신앙교육과 매킨토시 목사의 삶을 통한 영성이 10대의 펜윅에게 깊은 영향을 끼쳤다고 볼 수 있다. 이 시기 펜윅은 스코틀랜드 장로교적인 분위기에서 성장한 장로교인이었을 가능성이 높다. 유영식 박사는 1881년 마캄 지역 인구조사를 근거로 펜윅이 장로교인임을 주장했는데, 이는 당시의 인구조사에 따르면, 펜윅의 가족이 장로교인으로 등록되어 있었고, 그가 어렸을 당시 마캄에는 침례교회가 없었으므로 그는 침례교인이 아니라는 것이다.[23] 즉 펜윅이 18세 됐을 당시 그의 가족들은 마캄의 장로교회에 등록한 교인이었으므로 펜윅은

---

23) Young-Sik Yoo, *Earlier Canadian Missionaries in Korea: A Study in History 1888-1895* (Mississauga: The Society for Korean and Related Studies, 1987), 46-52.

장로교인이라는 것이 그의 논지이다. 그러나 최봉기 박사는 다음 두 가지를 근거로 유박사의 주장을 반박했다. 먼저 마캄 지역 역사박물관의 기록에 의하면, 1848년 마캄에 시온침례교회(Zion Baptist Church)가 이미 세워져 있었고,[24] 펜윅의 가족이 출석했다는 마캄의 장로교회는 펜윅이 태어난 해[25]에 이미 문을 닫았다는 기록이 있으므로 유박사의 주장은 신빙성이 떨어진다는 것이다.[26] 필자가 펜윅과 관련된 여러 역사적 정황을 살펴볼 때, 당시 그가 장로교 배경의 신앙생활을 했을 가능성이 높다. 그러나 펜윅은 교파의식에 큰 관심을 갖지 않았던 것 같다. 왜냐하면 그의 자서전 어디에도 자신이 어렸을 당시 장로교인이었음을 직접적으로 언급하고 있지 않기 때문이다.

18세 때(1881년) 펜윅은 집을 떠나 온타리오의 프라이즈 모델 농장(Prize Model Farm)에 취직했다. 그는 이곳에서 농업과 원예를 배웠는데, 이를 통해 땅을 가꾸고 경작할 수 있는 능력을 갖게 되었다. 이 같은 경험은 훗날 내한하여 원산에 거주하면서 큰 농장을 경영하는데 중요한 토대가 되었다. 19세부터는(1882년) 토론토에 거주하면서 법률사무실에서 법 절차를 배웠으며, 상점에서 실제적인 회계 방법과 금융을 배우고 익히는 등 23세까지(1886년) 일반법과 회계법 및 금융을 터득했다. 이후 26세(1889년)에 이르러서는 40명의 직원을 거느린 철물상 도매업의 창고 관리인이 되었고, 토론토 해변가의 한 매장을 관리하는 지점장까지 승진했다. 그는 부친을 일찍 잃어 경제적으로 매우 불우하게 살았으나, 이것이 오히려 그의 삶에 전화위복(轉禍爲福)

---

24) 최봉기, "펜윅과 한국 침례교 관계 연구를 위한 제언," 『복음과실천』 제17집 (1994), 483.
25) 최봉기 박사는 펜윅의 출생연도를 1865년으로 보고 있다.
26) 최봉기, "펜윅의 생애와 사상," 침례교신학연구소 편, 『한국 침례교와 신앙의 특성』(대전: 침례신학대학교출판부, 2000), 26-27.

이 되어 독립심과 의지력이 매우 강한 자수성가형 실업인으로 성장하는데 밑거름이 되었다. 그는 특유의 성실함으로 20대에 모든 생활의 기반을 다 닦았다.[27]

2) 회심

18세부터 객지생활을 한 펜윅은 약 3년이 지난 21세(1884년) 때 잠시 객지생활을 중단하고 고향집으로 돌아온다. 그 이유는 모친이 갑작스런 사고를 당했기 때문이다. 펜윅의 정성어린 간호를 통해 그의 모친은 이내 회복되었고, 그가 다시 직장으로 돌아가려 할 때, 61세의 노모 바바라 라탐은 그에게 예수 그리스도를 구주로 영접하라고 간곡히 눈물로 호소했다. "내 아들아, 네가 예수님께 마음을 드린다면 너를 아무리 멀리 보내도 상관하지 않는다."[28] 이와 같은 노모의 간곡한 부탁으로 펜윅은 예수 그리스도를 믿는 것에 대해 진지하게 생각하기 시작했다. 한편, 이 일이 있기 1년 전 그는 명문가에 속하는 친한 친구의 권유를 받아 매일 성경을 읽고 있었는데, 이것과 노모의 간곡한 호소가 그의 마음을 두드리기 시작했다. 그리하여 펜윅은 돌아오는 기차 안에서 자신이 주님을 만날 때까지 주님을 찾겠노라고 결심했다.

이후 펜윅은 2년 후인 23세(1886년)때 토론토의 어느 길가 한 모퉁이에서 주님을 만나는 감격을 누린다. 하지만, 그가 이 같은 기쁨을 얻기까지 수많은 갈등과 번민의 연속이었다. 이에 대해 그는 다음과 같이 기록했다.[29]

---

27) 안희열, 『시대를 앞서간 선교사 말콤 펜윅』(대전: 하기서원, 2019), 33.
28) Fenwick, *The Church of Christ in Corea*, 7.
29) Ibid., 7-8.

그 뒤 2년 동안 나는 강한 신념 속에서 살았다. 산에 올라 밤새 기도하면서 의롭게 되려고 갖은 노력을 다했다. 그리스도를 찾기 위해 남들에게 들은 방법들을 다 사용해 보았다. 그러나 결국 좌절에 빠진 채 나는 구원받을 자격이 없는 사람이라고 하나님께 아뢴 후 모든 노력을 포기했다. 토론토 시내의 한 거리에 어느 장소가 있는데, 그곳은 오래 전 내가 갈등하던 시절에 내 왕이신 구주께서 나를 만나주신 곳이다. 그 분은 인자한 얼굴로 바라보시며, "네게는 자격이 없지만, 내게는 있노라. 나는 너를 살리려고 죽었노라"고 말씀하셨다. 그때 나는 비로소 구원의 확신을 얻게 되었다. 나는 '더할 나위 없이 아름다운' 그분의 얼굴을 보았으며, 성스러운 목자의 음성을 들었다. 그리고 나는 그분의 예언(요 10:3)대로 그를 따랐다. 지난 25년 동안 (1886년 회심이후 1911년 자서전 발행 시점까지) 나는 '그의 은혜의 영광을 찬미하기 위해서' 좌절 속에서 그분을 좇았다.

노모의 눈물어린 호소에 펜윅은 객지의 고된 삶 속에서 예수 그리스도를 만나기 위해 온갖 노력을 다했다. 더불어 다른 사람들에게 얻은 조언을 실천하면서 노모의 소원을 이루고자 했다. 그러나 그에게 돌아오는 것은 좌절이었다. 마치 허공을 치는 듯한 그의 몸부림은 가엾기까지 했다. 모든 인간적인 방법을 포기하고, 갈등의 늪에 빠져 헤매고 있을 때, 주님은 극적으로 펜윅에게 찾아오셨다. 그는 말씀을 통해 주님의 얼굴을 뵈었고, 그분의 음성을 들었다. 이 같은 신앙적 경험을 가졌을 때 그는 비로소 구원의 확신을 얻었다. 이제 펜윅의 삶은 달라졌다. 지금껏 번민과 좌절 속에서 목표 없이 자신을 위해 살았다면, 이제는 기꺼이 자신의 모든 것을 그분께 드렸고, 주님의 양이 되어 그분만을 따르기로 결심했기 때문이다.

3) 신앙훈련

회심 이후 펜윅은 상점에서 실제적인 회계 방법과 금융을 배우고 익히는 등의 바쁜 일상 속에서도 자신의 신앙을 증진시키는 일에 전심전력으로 매진했다. 특히 이 시기 그는 나이아가라 사경회(Niagara Bible Conference)에 참석하여 지적, 영적 훈련을 받았다.[30] 이 사경회는 캐나다 온타리오 주 나이아가라 폭포 근처의 퀸즈 로얄(Queen's Royal) 호텔에서 1883년부터 1897년까지 매년 여름마다 집중적으로 성경을 공부하기 위해 세워진 초교파적인 정기 모임이다. 19세기 말 미국에 독일의 자유주의 신학이 수입되면서 기독교 정통교리에 도전하자 이에 대항하여 강력하게 말씀을 전하고 가르치기 위한 방편으로 시작되었다.

나이아가라 사경회의 성격은 1878년에 발표된 『신앙선언문』을 통해 잘 알 수 있는데, 그 중 일부분인 성서론은 다음과 같다.[31]

"모든 성경은 하나님의 감동으로 쓰인 것"으로 믿고 이 책을 성경이라 부른다. 우리는 천재의 작품이 영감을 받았다든가 성령께서 거룩한 노인들에게 성경의 말씀을 주었다는 뜻으로 가끔 바보같이 말하

---

30) 안희열은 나이아가라 사경회의 기원에 영향을 끼친 것들을 다음과 같이 언급했는데, 곧 1860년과 1861년에 일어났던 아일랜드 부흥회, 1870년 영국에서 시작한 마일드메이 사경회, 1875년 케직 사경회가 그것이다. 안희열, 『시대를 앞서간 선교사 말콤 펜윅』(대전: 하기서원, 2019), 69-70.
31) Ibid., 300에서 재인용.

는 이런 진술을 받아들이지 않는다. 하나님의 영감은 정도에 따라 차이가 있는 것이 아니라 성경의 모든 부분까지 그리고 단어가 원문에서 발견된다면 가장 작은 단어나 단어의 변화에 이르기까지 역사적·시적·교리적·예언적으로 똑같이 완벽하게 쓰여있다.

나이아가라 사경회의 『신앙선언문』은 처음부터 성경이 하나님의 감동에 의해 기록된 것임을 분명히 한다. 이는 당시 자유주의 신학이 성경을 고대문서 정도로 평가절하한 것에 대한 반발로써, 성서론의 확립을 통해 자신들의 정체성을 분명히 했고, 앞으로 무엇을 지향할 것인가에 대한 방향을 확실하게 자리매김했다. 또한 삼위일체론, 인간론, 죄론, 구원론, 교회론, 성령론, 종말론 등을 제시하여 자신들이 추구하는 신앙이 무엇인지 밝혔다.[32]

나이아가라 사경회의 기원은 1868년 미국 뉴욕에서 1차 비공식 신자들의 모임이 개최된 이후 1869년 2차 모임(필라델피아), 1870년 3차 모임(세인트루이스), 1871년 4차 모임(캐나다 갈트)으로 이어졌고, 1872년부터 3년간 모임이 무산됐다가 1875년에 5차 비공식 신자모임(시카고)이 재개되었다. 1876년(스왐스코트)부터는 공식 신자들의 성경공부 모임으로 발전하여 왓킨스 글렌(1877), 클리프톤 프링스(1878-1880), 올드 오차드(1881), 맥키낵 섬(1882) 등지에서 개최되다가 1883년부터 1897년까지 14년간[33] 캐나다 나이아가라에서 연속적으로 개최되었다. 1898년과 1899년에는 뉴욕 주 포인트 쿠투카, 1900년은 뉴저지 주 에즈베리 공원에서 열린 후 모임이 해체되어 다시 복구되지 못한

---

32) 나이아가라 사경회의 신앙 선언문에 대해서는 다음 책을 참고하시오. 안희열, 『시대를 앞서간 선교사 말콤 펜윅』(대전: 하기서원, 2019), 300-305.
33) 1884년에는 사경회 개최가 무산되었다.

채 역사 속으로 사라지고 말았다.[34]

　나이아가라 사경회는 바른 성경연구를 위해 정기적인 모임을 위한 프로그램을 만들고, 정기간행물을 발행했다. 한편, 사경회 강사로 활약한 주요 인물은 다음과 같다. 초창기에는 무디(D. L. Moody), 존스(S. P. Jones), 스미스(G. Smith)가 있었고, 이후에는 브룩스(J. H. Brooks), 고든(A. J. Gordon), 스코필드(C. I. Scofield), 피어선(A. T. Pierson), 테일러(J. H. Taylor) 등이 가담하여 활약했다.[35]

　펜윅이 나이아가라 사경회에 처음 참석한 것은 그의 나이 23세 때인 1886년 7월 21일부터 28일이었다. 그는 이 사경회에서 예수 그리스도와 관련된 일곱 가지 주제(중보자이신 그리스도, 예언자이신 그리스도, 목자인 예수, 왕이신 예수, 그리스도의 재림, 그리스도의 왕국, 왕의 도시)를 배웠고, 이곳에서 자신의 신앙을 간증했다. 1887년 사경회에서는 주로 성령론, 그리스도론, 종말론 그리고 해외선교와 관련된 강좌가 열렸는데, 이를 통해 펜윅은 선교에 대해 관심을 갖게 되었다. 1888년 사경회에서 펜윅은 성령론, 성서해석학, 종말론, 선교학, 그리스도론, 성서론을 배웠다. 특히 그는 중국내지선교회 회장인 허드슨 테일러(J. H. Taylor)의 강연에 큰 감동을 받았다. 1889년 사경회에서 펜윅은 성령론, 성서론, 종말론, 그리스도론, 선교학, 성서해석학을 배웠다.[36]

　펜윅이 1886년부터 1889년까지 4년 간 나이아가라 사경회에 참석하면서 영향 받은 신학사상은 무엇인가? 대체적으로 큰 틀에서 다음 두 가지를 언급할 수 있다.

---

34) 안희열, 『시대를 앞서간 선교사 말콤 펜윅』(대전: 하기서원, 2019), 293.
35) Ibid., 67-90.
36) Ibid., 74-79.

첫째, 세대주의(dispensationalism)이다. 이것은 하나님께서 세상을 통치하는데 현저하게 다른 세대들이 있다는 신학사상으로, 영국의 플리머스 형제단(Separatist Plymouth Brethren)의 지도자 존 넬슨 다비(John Nelson Darby)에 의해서 본격적으로 시작되었다. 그는 19세기 중반에 영국성공회가 부패했다면서, 이곳을 떠나 분

존 넬슨 다비 목사

리주의운동을 시작했으며, 세대주의를 체계화했다. 세대주의의 주된 특징은 성경 역사를 무죄시대, 양심시대, 인간통치시대, 약속시대, 율법시대, 은혜시대, 천년왕국시대 등 일곱 시대로 나눈 후, 각 시대마다 하나님이 새로운 구원의 길을 제시해주셨다고 주장한다. 또한 그 핵심은 문자적인 성경해석, 이스라엘과 교회의 구분, 환난 전 휴거로 대표되는 종말론으로 정리된다. 한편, 저명한 세대주의자로는 매킨토쉬(C. H. Macintosh), 트로터(W. Trotter), 켈리(W. Kelly), 그랜트(F. W. Grant), 블랙스톤(W. E. Blackstone), 모르간(G. C. Morgan), 아이언사이드(H. Ironside), 개벨인(A. C. Gaebelin) 등이 있다.[37]

세대주의는 19세기 자유주의 신학의 만연을 막고 성경적인 기독교를 수호하기 위해 영국에서 출현했다. 다비는 영국에서 활동하다가 1862년부터 1877년 사이 7회에 걸쳐 캐나다와 미국을 방문했고, 7년 동안 거주하면서 세대주의를 체계적으로 가르쳤는데, 이 때 많은 목사와 평신도들로부터 호응을 받았다. 그리고 세대주의는 19세기 말과 20세기 초에 개최되었던 각종 복음주의적인 대중적 예언집회를 통해 미국 전역으로 확산되었다. 특히 1909년에 출판되어 2백만부 이상 판매된 스코필드 관주성경은 세대주의를 대중화하는 데에 크게 공헌했다. 또한 세대주의는 미국의 많은 신학교들이

---

37) 목창균, 『현대 신학 논쟁』(서울: 도서출판 누란노, 1995), 229-240.

자유주의화 되었을 때 보수적인 신앙인들은 신학교 출신이 아닌 성서학원 출신의 목사를 교회에 초빙했는데, 이들 대부분은 세대주의 교수들 밑에서 훈련받은 자들이었다. 결국 성서학원이 미국 교회에 세대주의를 전파하는 수단이 되었다.[38]

펜윅이 나이아가라 사경회에 참석했던 당시 대부분의 강사진이 세대주의적 성향을 갖고 있었으므로 자연스럽게 사경회는 그의 신학사상 형성에 영향을 주었다. 안희열 박사에 의하면, 펜윅의 성서론은 고든으로부터, 교회론은 브룩스로부터, 종말론은 스코필드로부터 영향을 받았다고 한다. 즉 고든을 통해 축자영감설과 문자적 성경해석을, 브룩스를 통해 초교파적 교회론과 무형의 우주적 교회개념을, 스코필드로부터는 세대주의적 종말론 즉 환란전 휴거설로 대표되는 세대주의적 전천년주의를 배웠다는 것이다.[39]

한편, 김용국 박사는 펜윅의 신학 중에서 특히 성서론, 구원론, 선교론, 교회론, 종말론이 나아이가라 사경회의 영향을 받았다고 했다. 즉 펜윅은 성경이 축자적이고 무오한 영감을 믿었으며 문자적 해석을 선호했다는 것, 넓게 보면 칼빈주의 구원론을 따랐지만 전통적인 칼빈주의를 대폭 수정한 변경된 칼빈주의를 따른 것, 전천년주의 선교관을 토대로 직접선교를 강조한 것, 초교파주의와 순수한 신약교회를 추구한 것, 세대주의적 전천년주의를 따른 것이 모두 나아이가라 사경회를 토대로 형성됐다는 것이다.[40]

위에서 살핀 두 학자의 주장을 정리하면, 펜윅은 성경이 하나님의 말씀이며 정확무오하다는 축자영감설을 갖고 있었고, 초교파적인 교회론을 지향했

---

38) 목창균, 『종말론 논쟁』(서울: 도서출판 두란노, 1998), 143-146.
39) 안희열, 『시대를 앞서간 선교사 말콤 펜윅』(대전: 하기서원, 2019), 91-128.
40) 김용국, 『한국 침례교사상사: 1889-1997』(대전: 침례신학대학교출판부, 2005), 55-136.

으며, 세대주의적 종말론을 신봉했다고 할 수 있다. 이 모든 것이 세대주의와 동일한 것을 볼 때, 펜윅은 나이아가라 사경회를 통해 세대주의를 받아들인 것이 틀림없다.

둘째, 초교파주의이다. 앞서 살핀 대로 펜윅은 그 선조가 스코틀랜드 출신이었고, 어려서부터 모친의 신앙교육과 스코틀랜드 장로교회 목사 매킨토시의 영향 속에서 성장했기에 그 신앙적인 기초는 장로교적이었을 것으로 짐작된다. 그러나 1911년에 출판된 그의 자서전에는 이 같은 사실에 대한 언급이 전혀 없다. 이는 모친의 신앙교육과 매킨토시 목사의 영향이 뚜렷하게 장로교적 성격을 드러내지 않았든지, 아니면 장로교적이었음에도 불구하고 펜윅이 의도적으로 기술하지 않은 것인지 알 수 없다. 다만 분명한 것은, 자서전을 출판했을 당시 중년(48세) 펜윅의 기억 속에는 어린시절 신앙교육의 성격이 뚜렷한 교파적인 성격이 아니었던 것으로 기억하고 있는 것은 분명하다.

앞서 언급했던 유영식 박사의 주장 즉 1881년 당시 펜윅의 가족이 장로교회에 출석했다는 것이 맞다면, 적어도 펜윅은 18세까지는 장로교인이었을 것이다. 한편, 유박사는 펜윅의 가족이 1888년까지 마캄의 그로스버너(Grosvenor) 거리에 있는 중앙장로교회에 출석했다고 주장했다.[41] 이 경우, 당시(25세) 펜윅이 객지생활을 하고 있었던 터라 가족과 함께 장로교회에 출석했는지, 아니면 객지에서 다른 교회에 출석했는지 분명하지 않다. 그러므로 그가 18세 이후에도 장로교인이었는지는 알 수 없다. 다만 펜윅은 힘겨운 객지생활 속에서 매킨토시 목사의 조언에 따라 정기적으로 교회를 출석했고, 주일학교 사서직을 맡았으며, 성가대와 여러 부서에 참석할 정도로 나름 열

---

41) 안희열, 『시대를 앞서간 선교사 말콤 펜윅』(대전: 하기서원, 2019), 240에서 재인용.

심 있는 청년으로 신앙생활을 했다. 이로 보건대, 그의 자의식 속에는 교파성이 강하지 않았다는 추론이 가능하다. 이런 그에게 초교파적으로 나갈 수 있도록 인도한 것이 바로 나이아가라 사경회였다.

나이아가라 사경회는 그 성격상 초교파적이었다. 이곳에서 활약한 강사 자신들은 각각 속해있던 교파가 있었으나, 사경회 성격상 교파성을 지양하고 초교파성을 추구했다. 1878년에 발표된 『신앙선언문』에는 이들의 교회관을 다음과 같이 제시했다.[42]

> 교회는 성령에 의해서 부활하시고 승천하신 하나님의 아들과 연합되어 있는 모든 사람들의 모임으로 믿는다. 이 성령에 의하여 우리 모두 즉 유대인이나 이방인이나 함께 침례 받아서 한 몸을 이루었고 서로 회원이 되었다. 우리는 평화의 끈 안에서 성령의 연합을 지켜야 하는 책임을 가지고 있다. 따라서 모든 분파적인 편견과 교단적인 편협성을 극복해야 하며 순전한 마음으로 서로 열정적으로 사랑해야 한다.

초교파주의와 관련하여 이 『신앙선언문』에서 눈에 띠는 것은, 순수한 교회의 추구와 분파적 편견과 교단적 편협성의 극복이다. 미국의 기독교는 유럽의 기독교보다 분파적이고 교파적 다양성이 심해 공존 속에서도 경쟁적이었다. 이로 인해 분파적, 교파적인 반목이 생겨났고, 또한 편견과 편협성을 드러냈다. 결국 이 같은 경쟁이 기독교를 부정적으로 나타냈기에 나이아가라 사경회는 『신앙선언문』을 통해 이를 극복하고 순수한 교회를 추구해야

---

42) Ibid., 303에서 재인용.

한다고 주장했다.

펜윅은 큰 틀에서 장로교적 신앙을 소유하고 있었음에도 불구하고, 그에게 교파의식은 희박했고, 나이아가라 사경회를 통해 순수한 초대교회의 추구와 초교파를 지향하는 사상이 더욱 견고해졌다. 사경회에서 강사로 활동했던 이들 모두가 초교파적인 말씀을 선포했고, 가르쳤기에 특별히 누구랄 것 없이 모든 강사들을 통해 펜윅은 초교파적 신학사상을 배울 수 있었다.

펜윅이 나이아가라 사경회를 통해 습득한 신학사상을 세부적으로 살피는 것은 그 분량이 방대할 뿐만 아니라 이 글의 의도와 부합되지 않으므로, 본 글에서는 그가 영향을 받았던 신학사상 중에 큰 틀에서 두드러진 것들 즉 세대주의와 초교파주의만 살폈다. 그리고 이 사상은 이후 그의 선교활동을 특징지을 수 있는 중요한 신학사상이 되었다. 결국 나이아가라 사경회는 어떤 측면에서 펜윅에게 신학교 기능을 했다. 사경회를 통해 그는 성경에 대해 배웠고, 신학적 개념들을 세웠으며, 나아가 선교사로 헌신하는 계기가 되었다.

4) 선교사 소명

펜윅은 그의 나이 26세 때인 1889년 7월 17일부터 24일까지 열렸던 나이아가라 사경회에서 선교사로 부름 받아 사역할 것을 결심했는데, 특별히 허드슨 테일러의 강연에 큰 감동을 받았기 때문이었다. 허드슨 테일러는 일찍이 21세 때(1853년) 중국선교회(Chinese Evangelization Society)의 대표로 중국에 입국하여 선교하다가 4년 후 중국선교회에 사표를 내고 홀로 활동했고, 40세 때(1872년)

허드슨 테일러 선교사

중국내지선교회(China Inland Mission, CIM)을 설립하여 활동하면서 때때로 나이아가라 사경회 강사로 활약했다.[43] 펜윅은 허드슨 테일러의 강연에 큰 감동을 받은 후 "나이아가라 사경회에서 주님께서는 나를 멀리 있는 이방인들에게 복음을 전하도록 부르셨다"라는 고백적인 발언을 했다.[44] 그러나 그는 망설였는데 이에 대해 다음과 같이 기록했다.[45]

나이아가라 사경회에서 멀리 이방인들에게 가서 복음을 전하라는 부르심을 받았을 때, 나는 예전처럼 변명했다. "주님, 아시잖아요. 저는 사업가일 뿐입니다." 그러자 주님은 "가라!"고 하셨다. "그러나 주님, 저는 정규 교육을 받지 못했습니다. 목사도 아닙니다. 신학교에 가 본 적도 없습니다." 주님은 다시 "가라!"고 하셨다. "정말 가고 싶지 않습니다." 나는 대답했다. "갈 마음이 생기도록 만들어 주기를 바라느냐?" 주님은 말씀하셨다. "아닙니다. 그런 마음이 생기지 않기를 바랍니다." 나는 대답했다. 사흘 째 되는 날 나는 이렇게 말했다. "주님, 가고 싶지 않습니다. 또 가고 싶은 마음이 들게 되기를 바라지도 않습니다. 그러나 만약 제게 그런 마음이 생기기를 원하신다면 뜻대로 하십시오. 받아들일 수 있을 것 같습니다."

펜윅은 자신이 해외선교사로서 합당치 못한 이유를 다음과 같이 변명했는데, 곧 자신은 사업가일 뿐이고, 정규 교육을 받지 못했으며, 목사가 아니

---

43) 하워드 테일러 부부, 『허드슨 테일러의 생애』, 오진관 역 (서울: 생명의말씀사, 1987), 261-263.
44) Fenwick, *The Church of Christ in Corea*, 13.
45) Ibid.

라는 것이었다. 이제 그의 변명을 좀 더 구체적으로 살펴보자. 먼저 자신은 사업가일 뿐이라는 변명은 자신은 선교사로서 부적합하다는 스스로의 판단이다. 즉 그가 생각했던 선교사는 다른 어떤 직업도 갖지 않고 오직 복음 전하는 일에만 매진하는 사람이어야 한다고 여겼던 것 같다. 그런데 지금 자신은 사업가이므로 선교사로서는 적합하지 않다는 것이다.

다음으로, 자신이 정규 교육을 받지 못했다는 변명은 교육에 대한 그의 열등감이 내포되어 있다. 앞서 언급했던 대로 펜윅은 가정 형편의 열악함으로 인해 정규 학교 교육을 받지 못했다. 그러나 모친의 가정교육과 독학으로 사회생활을 하는데 지장이 없었고, 오히려 사업가로 성공했다. 그런 측면에서 펜윅의 이 같은 변명은 단순히 정규교육을 통한 지식 습득의 문제 보다는 정규교육 부재로 인한 내적 열등감이 더 크게 작용하고 있음을 보여준다.

마지막으로 자신은 목사가 아니라는 변명은 다른 사람의 시선을 의식한 그의 태도를 보여준다. 그의 입장에서 볼 때, 선교사는 정규의 신학교육을 받아야 하고, 일정한 훈련을 거쳐 목사가 된 후 파송되는 것이 마땅하다고 보았던 것 같다. 이는 그의 생각일 뿐 아니라 당시 사람들 대부분 역시 그러해야 한다고 인식했다. 그런데 이 같은 자격을 구비하지 못한 자신이 선교사로 파송된다면, 스스로도 인정할 수 없을 뿐만 아니라 과연 다른 사람들이 이런 자신을 인정할지 자신이 없었던 것이다. 그럼에도 불구하고 펜윅은 하나님의 뜻대로 되길 바랐고, 또 이를 받아들여 선교사가 되기로 결심한다.

한편, 펜윅의 선교사 소명에 결정적으로 영향을 끼친 사건이 1889년 7월 어느 날 토론토에서 일어난다. 프린스턴대학교 출신의 학생자원운동(Student

Volunteer Movement, SVM)[46] 지도자요. 인도 선교사로 활동하던 로버트 윌더(R. P. Wilder)의 간증에서 비롯됐는데, 그 내용은 다음과 같다.[47]

그날 저녁 인도에서 온 윌더라는 형제로부터 사막에서 애타게 물을 찾으며 죽어가는 사람에 관한 이야기를 들었다. 윌더 형제는 이렇게 말했다. 그 사람에게 정교하게 세공된 유리 주전자에 물을 담아 화려한 유리잔에 담아 주면 감사하게 받아 마실 것이다. 그러나 더럽고 찌그러진 통에 물을 담아 주더라도 감사하게 받아 마시고 생명을 보존할 것이다.

윌더의 간증 요지는 사막에서 애타게 물을 찾으며 죽어가는 사람에 관한 이야기로, 해외선교의 긴급성을 호소하는 내용이었다. 이 간증을 듣는 순간 펜윅은 이것이 자신의 이야기임을 직감했다. 이 간단한 예화가 펜윅의 마음에 꽂혔다. 마음 저 깊은 곳에서부터 선교사로 가고자 하는 마음이 생긴 것이다. 교육을 받지 못했느니, 신학을 공부하지 않았느니 하며 변명하던 과거의 망설이던 태도에 변화가 일어났다. 지금 자신이 더럽고 찌그러진 통에 불

---

46) 학생자원운동(SVM)의 출발은 1851년 창설된 YMCA의 위샤드(L. T. Wishard)를 중심으로 해외선교의 긴급성과 필요성이 주장되면서 부터이다. 1885년 무디는 YMCA 지도자 위샤드가 제안한 '학생성서연구모임'강사초청을 수락했다. 이 모임은 1886년 6월 한 달간 메사추세츠 주 헬몬산에서 개최됐으며, 무디가 주강사로 활약했다. 이 모임을 기점으로 학생자원운동이 태동했는데, 슬로건은 "이 세대 안에 세계를 복음화하자!"이다. 학생자원운동은 선교기관이 아니었기에 선교 헌신자를 각 교단 선교부와 연결시키는 역할을 했다. 20세기 초까지 이 운동을 통해 해외선교사로 헌신한 사람은 2만 명이 넘었고, 북미의 주류 교단과 긴밀한 관계를 맺고 선교사 자원을 공급했다. 이호우, "무디의 부흥운동과 학생자발운동이 초기 내한선교사들의 선교활동에 끼친 영향 연구," 『역사신학논총』 제14집 (2007), 277-279.
47) Fenwick, *The Church of Christ in Corea*, 14.

과할지라도 생명수를 전달할 수 있다는 생각이 들었던 것이다. 완고한 펜윅의 마음을 깨우치려고 하나님은 다시금 윌더의 간증을 사용하셨다.[48]

> 어떤 사람이 배에 올라 노를 젓기 시작했습니다. 한참 노를 저은 뒤에야 배가 선착장에 그대로 머물러 있다는 것을 알아차렸습니다. 일어나서 고물에 가 보니 배가 선착장에 묶여 있었습니다. 지금까지 헛고생을 한 것입니다. 칼을 꺼내 밧줄을 끊고 노를 저으니 배가 움직이기 시작했습니다.

펜윅은 이것 역시 자신의 경우와 맞아 떨어지는 이야기로 받아들였다. 이로써 자신을 향한 하나님의 부르심을 확실하고도 명확하게 인식했다.

펜윅은 나이아가라 사경회를 통해 하나님의 부르심을 인식했으나, 내적 갈등 속에서 하나님의 뜻대로 되기를 바랐다. 그리고 윌더의 간증을 통해 하나님의 부르심에 대한 확신을 갖게 되었다.[49] 그럼에도 불구하고 그의 내적 갈등은 쉽사리 가시지 않았다. 이는 캐나다 토론토대학교 기독청년회(YMCA)의 후원으로 1888년 12월 15일에 독립선교사로 내한한 게일(J. S. Gale)에게 쓴 서신에 잘 나타나 있다. 펜윅은 자신이 신학 공부를 하지 않은 것이 마음에 걸리며, 이로 인해 선교사 소명에 대한 자신감이 결여되었다고 속마음을 게일에게 내비쳤다. 이에 게일은 그에게 쓴 답장에서 "나는 내가 아는 많은 신학생들보다 자네를 선택할거야. 자네는 거듭났고, 그것을 스스로 알

---

48) Ibid.
49) 펜윅은 자서전에서 넉 달 만에 조선에 도착했다고 기록했는데, 이는 윌더의 간증을 통한 확신 직후인 8월 경 선교사에 대한 분명한 확신을 가졌던 것 같다. Ibid., 14.

기 때문이지"라고 했다.[50] 게일의 애정어린 격려로 펜윅의 내적 열등감은 선교적 열정으로 승화됐다. 그럼에도 불구하고 그는 평생토록 공식적인 학위를 갖지 못했다는 열등감에서 벗어나지 못했던 것 같다. 캐나다 장로회 선교사 스코트(W. Scott)는 자신의 책에서 펜윅에 대해 다음과 같이 썼다.[51]

> 펜윅은 아주 인상적인 외모를 지니고 있었고 강한 의지력을 보였다. 그는 학위를 가지지 않았다는 사실에 괴로워했다. 나중에 많은 동료 선교사들과의 관계 속에서 강한 성격과 종종 거만한 태도를 보인 것은 자신의 약점을 감추려고 했던 것 같다.

스코트는 캐나다 장로회의 파송을 받아 1914년에 내한하여 은퇴할 때까지 42년 간 선교사로 활동했고, 『한국에 온 캐나다인들』을 1975년에 저술했다. 이 책은 펜윅의 인간적인 모습을 잘 보여주고 있다. 펜윅은 자신의 부족함을 알았지만, 바울처럼 하나님의 부르심 앞에서 자신을 돌아보지 않고, 오직 그분의 부르심만 바라보고 달려갔다. 그는 나이아가라 사경회를 통해서 19세기 근대 복음주의를 배우고 학생자원운동을 통해 해외 선교에 대한 도전을 강하게 받아 한국선교에 헌신했다.[52]

---

50) Ibid., 11-12.
51) 윌리엄 스코트, 『한국에 온 캐나다인들』, 연규홍 역 (서울: 한국 기독교장로회출판사, 2009), 61.
52) 박용규, 『한국 기독교회사1』(서울: 생명의말씀사, 2004), 491-494; 필자는 1889년 내한 당시의 펜윅은 19세기 근대 복음주의운동과 해외선교운동의 영향을 강하게 받은 '보수적인 복음주의자'라고 본다.

5) 한국 선교 동기와 파송 과정

선교사 소명을 확신했던 펜윅이 한국 선교사로 헌신하게 된 이유는 공교롭게도 당시 캐나다에 퍼진 잘못된 소문에서 비롯되었다. 그것은 헤론(J. W. Heron) 박사[53]의 부인[54]이 조선에서 복음을 전했다는 이유로 수감되어, 조만간 교수형에 처해질 것이라는 내용이었다. 왜 이 같은 잘못된 소식이 캐나다와 미국에 전해

존 헤론 선교사

졌는지 알 수 없다. 하지만 헤론이 조선으로 파송된 1885년~1889년 사이 당시 조선의 사회가 매우 어지러웠고 드러내놓고 선교를 할 수 없었기에 이런 헛소문이 퍼지는 것이 무리는 아니었다. 어찌 되었든 이것은 캐나다에서 큰 기삿거리가 되었고, 캐나다 신문들이 그 소문을 널리 전했다.[55] 당시 미국과 캐나다 대부분의 사람들은 조선에 대한 정보가 없었고, 기껏해야 태평양 한 가운데 있는 섬 정도로 알려졌는데, 이 같은 무지는 펜윅도 예외가 아니어서 코르시카 섬으로 생각할 정도였다. 그는 나중에야 조선이 아시아에 속한 나라로 러시아 끝에 붙은 반도라는 것을 알았다.

이처럼 조선에 대해 백지상태였던 펜윅은 자신의 자서전에서 두 권의 책[56]을 통해 조선에 대한 정보를 얻었다고 했다. 그렇다면 그 두 권의 책은 무엇인가? 그것은 아마도 프랑스 파리외방전교회 소속 선교사 샤를 달

---

53) 1884년 4월 미북장로회 해외선교회에서 한국의 의료선교사로 임명받아 1885년 6월 20일에 내한했다.
54) 해리어 E. 깁슨은 1885년 4월 23일에 미국에서 헤론과 결혼한 후 그와 함께 같은 해 6월 20일 내한했다.
55) Fenwick, *The Church of Christ in Corea*, 7.
56) Ibid.

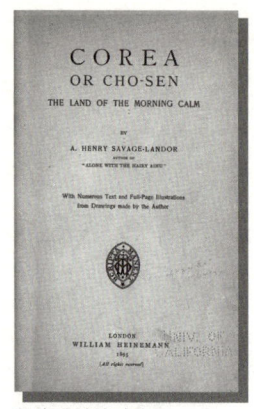
조선: 은자의 나라

레(Charles Dallet)가 1874년에 출판한 『조선교회사』(Histoire de L'Eglise de Coree)와 일본에서 활동하던 미국인 교수 그리피스(W. E. Griffis)가 1882년에 출판한 『조선: 은자의 나라』(Corea: The Hermit Nation)로 추정된다. 그 이유는 첫째, 이 두 책은 당시 조선에 대한 입문서로서 가장 권위 있게 받아들여졌기 때문이다.[57] 19세기 후반 조선은 서방세계에 알려지지 않은 미지의 나라였다. 그래서 조선에 대한 정보가 전무했고, 설사 있다고 하더라도 잘못 전해지기 일쑤였다. 이런 가운데 위의 두 책이 출판됐고, 이 책이 널리 알려짐에 따라 그나마 조선에 대한 정보를 제공해 주는 신뢰할 만한 좋은 길잡이가 되었다. 그리하여 조선에 무역하기 원하는 사람들이나 선교를 위해 정보를 수집하는 이들, 기타 조선에 관심 있는 자들이 주로 애독했다.

둘째, 펜윅의 언급대로, 달레와 그리피스는 조선에 와 보지 않은 상태에서 두 책을 집필한 것이 이를 증명한다. 달레는 『조선교회사』를 저술하기 전에 조선에 와본 적이 없었고, 다만 파리외방전교회에 보내진 다블뤼이(M. N. A. Daveluy) 주교를 비롯한 프랑스 전도사들의 편지와 그들이 번역해 보낸 조선인의 이야기를 중심으로 책을 엮었다.[58] 그리피스 역시 1870년 일본의 초청을 받아 자연과학을 가르치는 가운데 동양학에 관심을 갖게 되었고, 이것이 계기가 되어 연구를 시작했다. 그는 조선 방문 없이 일본에서 수집한 조

---

57) 박용규, 『한국 기독교회사1』(서울: 생명의말씀사, 2004), 17.
58) 샤를 달레, 『조선교회사 서론: 벽안에 비친 조선국의 모든 것』, 정기수 역 (서울: 탐구당, 2015), 8; 그러나 달레는 이 책을 편찬한 이후인 19세기 말엽에 일본과 중국을 여행하는 중에 조선을 방문했다.

선에 관한 정보를 토대로 『조선: 은자의 나라』를 저술했다.[59] 물론 두 책 외에도 조선을 소개한 여러 책들이 있었다. 그러나 그것들은 달레와 그리피스의 책만큼 대중적으로 보급되지 않았다. 그러나 이들의 두 책은 당시 서양인들이 손쉽게 접할 수 있었으므로 선교사들 역시 내한 전 조선에 대한 정보를 이 책을 통해 얻었다. 달레의 책은 1593년부터 1871년까지 조선 천주교 역사를 2권으로 기록했는데, 특히 1권 서론에서 조선에 대해 자세하게 소개했고, 그리피스는 한반도의 고대사부터 1882년 조일수호통상조약 때까지 조선의 역사를 기술했다. 펜윅은 이 책을 통해 조선에 대해 개괄적인 정보를 접할 수 있었다.

펜윅은 이렇게 조선에 대한 정보를 수집하는 한편, 어떻게 조선에 입국해야 할지에 대해 여러모로 궁리했다. 그래서 그는 평소 친분이 있었고, 1888년 12월에 먼저 내한한 게일(J. S. Gale)의 도움을 받기로 했다. 펜윅은 자서전에서 "나는 그가(게일) 전도하는 동안 곁에서 양산을 받쳐 주고, 오르간을 연주해 주겠

제임스 게일 선교사

노라고" 제의할 정도로 게일과의 협력 선교를 원했다.[60] 그러나 펜윅이 내한할 수 있었던 결정적인 계기는 초교파 성격의 선교단체인 한국연합선교회(Corea Union Mission, CUM)와의 연결이었다.

한국연합선교회(CUM)의 결성은 1887년 토론토대학교 산하 신과 대학인

---

59) W. E. 그리피스, 『은자의 나라 한국』, 신복룡 역 (서울: 탐구당, 1999), 11; 그리피스도 이 책을 편찬한 후 19세기 말에서 20세기 초에 2차에 걸쳐 조선을 방문했다.
60) Fenwick, The Church of Christ in Corea, 11.

녹스 대학(Knox College)의 잡지에 한국 선교에 대한 호소문이 그 동기가 되었다. 그 내용을 인용하면 다음과 같다.[61]

> 복음의 마지막 땅 한국(Corea)이 도움을 기다린다. 1천 5백만 영혼이 하나님의 사자를 기다리고 있다. 5명이 이미 파송되었다. 신자보다 더 많은 이 불신자들을 위하여 대체 무엇을 기다리는가?

한국연합선교회(CUM)는 1888년 캐나다 토론토의 건축설계사 헨리 고든(H. B. Gordon, 1855-1951)의 주도로 조직되었다. 그는 토론토 대학 시절 기독청년회(YMCA) 회원이었으며, 학생자원운동(SVM)에 참여하면서 해외선교에 눈을 떴다. 대학 졸업 후 건축설계사로 활동하던 고든은 1887년 녹스 대학의 잡지를 통해 한국 선교에 대한 도전을 받았고, 캐나다 토론토에서 활동하는 실업인들을 후원자로 모집한 후 12명의 이사를 구성했고, 스스로 초대회장이 되어 한국연합선교회(CUM)를 설립했다.[62]

펜윅이 한국연합선교회(CUM)의 선교후원을 받게 된 이유는 이 선교회 최초 선교사인 하크니스(R. Harkness)의 갑작스런 선교지 이동 때문이었다. 하크니스는 무디의 부흥운동과 허드슨 테일러의 중국내지선교회(CIM), 학생자원운동(SVM)의 영향을 받은 토론토대학교 학생이며, 게일의 친구였다. 그는 대학 졸업 후, 조직된 지 채 2개월 남짓 된 한국연합선교회(CUM)의 첫 선교사

---

61) 김학은, 『루이스 헨리 세브란스, 그의 생애와 시대』(서울: 연세대학교출판부, 2008), 286에서 재인용.
62) 이선호·박형우, "올리버 알 에비슨(Oliver R. Avison)의 의료선교사 지원과 내한 과정," 『역사와 경계』 제84호 (2012. 9), 152.

로 선발되어 게일과 함께 1888년 12월 12일에 내한했다. 그는 내한 초기 서울에 머물며 언더우드·게일과 함께 선교활동을 했고, 잠시 국영교육기관인 육영공원에서 가르치기도 했으며, 미북장로회 평양선교를 준비하는데 동참하기도 했다.[63] 또한 로스역개정위원회 5명의 위원(스크랜턴, 헤론, 올링거, 기포드, 하크니스)에 임명되어 성경번역에도 참여했다.[64] 그러나 조선의 기후가 맞지 않음으로 인해 예기치 못한 질병으로 파송된 지 불과 1년도 못 된 1889년 6월에 부랴부랴 선교지를 일본으로 옮겼다.[65] 그 바람에 선교회의 조선 선교사 자리가 공석이 되었다. 한편, 이 선교회는 선교사 자격 요건으로 목사 안수나 특정 교단에 소속될 것을 특별히 요구하지 않았기 때문에 펜윅은 선교사 자격 요건을 충족할 수 있었다.[66] 그리하여 그는 하크네스 후임으로 한국연합선교회(CUM)의 선교사로 선발되었다.[67] 드디어 펜윅은 그의 나이 26세 되는 해(1889년) 여름에 캐나다를 떠나 조선으로 향했다.

---

63) 이만열·옥성득, 『언더우드 자료집 I』(서울: 연세대학교출판부, 2005), 121; 134; 137; 150; 서정민, 『이동휘와 기독교』(서울: 연세대학교출판부, 2007), 258-259.
64) 이만열·옥성득, 『대한성서공회사 I: 조직·성장과 수난』(서울: 대한성서공회, 1993), 220, 224.
65) 한편, 조선을 떠난 하크니스는 일본으로 이주하여 약 6년간 선교활동을 하다가 귀국했고, 캐나다 온타리오 주 콘월에서 목회하다가 1938년에 사망했다. 유영식 편역, 『착흔목쟈: 게일의 삶과 선교 1』(서울: 도서출판 진흥, 2013), 75.
66) 펜윅의 조건이 한국연합선교회(CUM)의 충족에 맞았다는 것 외에 이 선교회와 연결될 수 있었던 것은, 그가 실업인이었던 것이 중요하게 작용했을 것으로 생각된다. 즉 한국연합선교회(CUM)가 캐나다 토론토 실업인들 을 중심으로 결성됐으므로, 펜윅이 이들과 교류하는 중에 정보를 얻었고, 이에 그가 응했던 것이다.
67) 유영식, "제임스 게일의 삶과 선교," 『부산의 첫 선교사늘』(서울: 한국장로교출판시, 2007), 45.

3. 펜윅의 내한과 주요활동(1889-1893)

1) 내한 과정

펜윅은 1889년 11월 초 캐나다 밴쿠버를 떠나 태평양 너머 일본 요코하마를 거쳐 12월 11일 일본의 증기선 'Qwari Maru' 호를 타고 부산에 도착했다.[68] 그가 부산으로 입국한 것은 그의 친구 게일 때문이었다.[69] 보통 외국인들은 일본에서 승선하여 부산을 거쳐 제물포로 들어오는 것이 상례였다. 그러나 펜윅은 낯선 곳 제물포보다 친구 게일이 있는 부산을 택했다. 그것은 이미 캐나다를 떠날 때부터 계획된 것이었다. 왜냐하면 펜윅이 떠나기 전 게일의 가족을 만났고, 그들로부터 게일에게 보내질 물품(사과, 버터, 케이크, 치즈, 양말과 털실 꾸러미, 사탕, 유리잔, 책, 비스킷과 살충용 파우더 등)을 전달하도록 부탁받았기 때문이다.[70]

부산으로 입국한 펜윅은 게일을 만나 그곳에서 지내면서 조선 선교를 위한 여러 계획을 세웠다. 그는 곧바로 내륙으로 들어가 당장 전도할 것을 구상했다. 이는 모든 사람에게 하나님을 증거하여 그리스도의 재림을 앞당겨야 한다는 생각이 늘 뇌리에 남아있었기 때문이다.[71] 그리하여 게일에게 함

---

68) 지금까지 여러 문헌에서 펜윅의 내한이 1889년 12월 8일로 알려져 왔다. 그러나 1889년 12월 13일에 쓴 게일의 편지에는 "전일 전날 밤에(이틀 전날 밤에) Qwari Maru라는 배가 입항했다. 나는 배 안으로 들어가 펜윅을 만났다."라고 기록하여 펜윅의 내한일을 12월 11일로 제시했다. 이전 펜윅 내한에 대한 기록들이 1차 자료에 근거한 것이 아니었음을 감안할 때, 이 연도가 객관적으로 더 타당하다. 유영식 편역, 『착훈목쟈: 게일의 삶과 선교1』(서울: 도서출판 진흥, 2013), 71.
69) 1889년 당시 게일은 서울에 있다가 9월경 조사 이창직과 함께 부산으로 이주하여 초량에서 지내고 있었다. Ibid., 863.
70) 유영식 편역, 『착훈목쟈: 게일의 삶과 선교2』(서울: 도서출판 진흥, 2013), 62-65.
71) Fenwick, *The Church of Christ in Corea*, 12-13.

께 동행할 것을 재촉했으나, 게일은 극구 사양했다. 1889년 당시 조선에서 두 외국인이 함께 내륙 여행하는 것은 안전하지 않다고 판단했기 때문이었다. 그리하여 펜윅은 게일과 부산에 함께 며칠을 지낸 후 게일이 내륙 여행증을 기다리는 동안,[72] 그와 헤어져 서울로 상경했다.

펜윅은 1889년 12월에 내한하여 1893년 귀국하기까지 대략 4년 정도 조선에 체류하면서 서울, 황해도 소래, 함경남도 원산 등지에서 활동을 했다. 그의 활동을 연대기적으로 살피면 서울 사역, 소래 사역, 원산 사역으로 나눌 수 있다.

2) 서울 사역(1889. 12-1890. 가을)

펜윅은 1889년 12월 11일 부산으로 입국하여 잠시 그곳에서 게일과 함께 지내다가 내륙을 통해 12월 20일 경에 서울로 올라왔다. 펜윅은 상경 직후 제중원 의사였던 헤론과 함께 머물렀던 것 같다. 이에 대해 헤론은 1890년 1월 14일 미북장로회 총무 엘린우드에게 보낸 서신에서 다음과 같이 언급했다.[73]

> 캐나다 한국선교연합의 펜윅씨는 자신이 가사를 시작할 수 있을 때까지 우리와 머물고 있습니다. 우리는 그를 매우 좋아 합니다. 어떻게 이렇게 진정으로 영적으로 준비가 된 캐나다 형제를 찾아내어 이곳에 파송할 수 있었는지!

---

72) 게일은 여행증을 발급받아 1889년 12월 26일부터 1890년 1월 9일까지 경주지역 선교여행을 했다. 유영식 편역, 『착훈목쟈: 게일의 삶과 선교1』(서울: 도서출판 진흥, 2013), 863.
73) 존 W. 헤론, 『존 W. 헤론 자료집II: 1887-1890』, 박형우 편역 (서울: 노서출판 신인, 2017), 581.

헤론의 부인이 조선에서 복음을 전했다는 이유로 수감되어 조만간 교수형에 처해질 것이라는 기삿거리가 펜윅의 한국 선교에 대한 직접적인 동기였고, 헤론이 펜윅에게 우호적이었음을 감안할 때, 펜윅과 헤론이 매우 가까웠을 개연성이 높다. 특히 호주에서 온 첫 선교사 데이비스(J. H. Davies)가 1890년 4월 5일 부산에 있는 게일의 집에서 천연두로 사망했을 때, 만사를 제쳐두고 두 사람이 함께 육로를 통해 부산의 게일을 방문(약 2개월이 걸림)한 일은 이러한 개연성을 방증(傍證)한다.[74]

펜윅은 각국의 외교관과 선교사들이 살고 있던 서울의 정동에서 약 10개월 간 머물며 조선의 문화를 익혔고, 한국어 습득에 전념했다. 특히 그는 한국어 관련 교과서와 입문서들을 모조리 외우는 형태로 학습을 했는데, 이 같은 방법은 별다른 소득을 얻지 못했다. 이에 대해 펜윅은 다음과 같이 회고했다.[75]

> 기억력만큼은 자신이 있었기에 전혀 뜻 모를 글자들이 빼곡히 적혀 있는 책의 두 쪽을 이런저런 방식으로 반복해서 말할 수 있을 때까지 암기했으나 다음날 아침에 일어나면 하나도 기억나지 않았다. 이런 방식으로 공부하다가는 한국어를 제대로 구사할 수 없겠다는 생각이 들었다.

---

74) James S. Gale, *Korean Sketches*(New York: F. H. Revell, 1898), 249-250; 에디스 커·조지 앤더슨, 『호주장로교 한국 선교 역사: 1889-1941』, 양명득 편역 (서울: 도서출판 동연, 2017), 46; 305-308; 헤론이 부산을 방문하게 된 시기는 1890년 6월경이며, 부산 세관장 헌트(J. H. Hunt)의 딸 병 치료를 위한 것이 주된 목적이었다. 헤론의 부산행에 펜윅이 동행했다.
75) Fenwick, *The Church of Christ in Corea*, 16-17.

펜윅은 자신의 한국어 학습방법에 진보가 없음을 확인하고 모든 어학수업과 교과서, 영어 사용자들의 조언을 뒤로하고, 조선 사람들 속에서 살아가면서 언어를 습득하기로 결심했다.

3) 소래 사역(1890. 가을-1891. 가을)

서경조 조사

펜윅이 조선인과 함께 살며 어학공부하기로 결심하고 있었을 시점인 1890년 가을 쯤, 그러니까 그의 나이 27세 때, 장로교 사경회 참석을 위해 잠시 서울에 머물고 있던 서경조(徐景祚)[76]를 만났다.[77] 그리고 그는 서경조와 몇몇 조선의 친구들과 함께 황해도 소래(松川)[78]로 이주했다. 서경조는 펜윅이 소래로 떠나게 된 이유와 자신이 그의 어학선생이 된 경위에 대해 다음과 같이 기록했다.[79]

> 이 해(1890년)에 서울서 또 사경(査經)을 하는데 서울 사람과 장연 사람과 의주 사람이 모여 한 달 동안 공부를 한지라 마치기 전에 침례

---

76) 한국 기독교 초기 신자인 서상륜의 동생으로, 형을 통해 복음을 듣고 개종한 후 황해도 장연(소래)을 중심으로 전도활동을 했다.
77) 이만열, 옥성득, 『대한성서공회사 I: 조직·성장과 수난』(서울: 대한성서공회, 1993), 190-200.
78) 펜윅이 이주한 황해도 장연군 대구면 송천리는 예로부터 소나무가 울창하고 그 계곡에서 샘물이 솟아나와 시냇물이 되어 황해로 흘러들어가 한자로 '송천'(松泉)으로 표기하다가 '송천'(松川)으로 변했다. '송천'의 순 토박이 말로 '솔샘'인데, 이것이 '솔내'가 되고 다시 '소래'가 되었다. 그리하여 사람들은 때때로 '송천'을 '소래'라고 불렀다. "소래교회," 기독교대백과사전편찬위원회, 『기독교대백과사전』 제9권 (서울: 기독교문사, 1994), 555-557.
79) 한자로 된 원문을 한글로 음역했다. 徐景祚, "徐景祚의 信道와 傳道와 松川教會 設立歷史," 『神學指南』 제7권 4호 (1925. 10), 92.

회 목사 편육(펜윅)을 수차 상종하니 이 사람의 성품이 이상하여 어학선생을 자꾸 갈아대니 필경은 선생을 얻을 수 없는지라 일일(一日)은 울며 말하기를 나는 어학 선생을 얻을 수 없어 말공부를 못하게 되니 본국으로 돌아가는 수밖에 없다 하며 비감하여 하는지라 이에 나와 의논하고 송천으로 같이 내려가 어학도 하며 전도도 하기로 작정하고 사경을 마친 후에 원(언더우드) 목사가 날더러 부산의 배(베어드) 목사와 같이 내려가 자리 잡고 일하라 하거늘 내가 편육(펜윅)을 위하여 어학하기로 작정한 일을 말하고 한 일 년(一年)동안 지내보겠노라 하니 원(언더우드) 목사는 불평하여 하더라.

펜윅이 황해도 소래로 떠나게 된 데는 다음과 같은 이유가 있었다. 첫째, 서경조의 애정 있는 권유 때문이었다. 서경조의 증언에 의하면, 펜윅은 자신을 만나기 전 이미 어학선생을 여러 명 교체했다고 한다. 이것은 아마도 펜윅의 조급함이 그 원인일 것으로 생각된다. 서경조의 입장에서 볼 때, 이런 상태로는 결코 언어를 습득할 수 없다고 판단했고, 그를 도와야겠다는 마음에 함께 소래로 가서 어학공부 할 것을 제안했다. 한편, 이것이 펜윅의 마음에 부합했기에 그는 서경조와 함께 소래 행을 택했다.

둘째, 소래는 어학공부하기에 가장 적합한 곳이라고 인식했기 때문이다. 소래는 한국 최초 교회가 세워질 정도로 기독교적인 지역이요, 그런 측면에서 외국인에 대한 거부감도 덜했다. 펜윅이 내한하기 이전에도 한국어를 배우고자 했던 외국선교사들이 이곳을 찾곤 했다. 대표적으로 게일이 이곳에 와서 어학공부를 했다.[80] 게일이 머물렀던 곳이기에 펜윅에게도 호감이 갔

---

80) Oliver R. Avison, 『고종의 서양인 전의 에비슨 박사의 눈에 비친 구한말 40여년의 풍경』, 황용

을 것이다. 결국 펜윅의 소래 행은 어학 공부를 하기에 가장 최적화된 곳을 찾은 결과요, 게일의 예를 따른 결과였다.[81]

서울에서 출발하여 6일간의 여행 끝에 황해도 소래에 도착한 펜윅은 안(安)씨 성을 가진 사람(안대벽의 부친 안제경)의 집에 머물면서 서경조의 도움을 받아 한국어 공부에 매진했다.[82] 그의 한국어 공부 방법은, 자신은 영어 성경으로, 조선인에게는 중국어 성경을 주어 함께 성경공부를 하는 방법이었다. 2개월이 지난 후 펜윅은 자신의 한국어 공부 진보에 대해 다음과 같이 말했다.[83]

> 두 달 뒤(1891년 봄) 서울로 올라갈 때, 나는 나 자신이 한국어로 생각하고 있음을 발견했다. 어느 정도였느냐 하면, 어떤 친구에게 영어로 말할 때 먼저 한글 단어를 생각하고 그것에 해당하는 영어가 무엇인지를 생각할 정도였다. 영어권에서 떠나 자기들 말밖에 하지 않는 한국인들 틈에서 지낸 두 달이라는 짧은 기간에, 언어의 중추 역할을 하는 관용어가 지워지지 않을 만큼 나의 뇌리에 뚜렷하게 새겨졌다. 잠시 불편을 겪고 사람들을 제대로 만나지 못했을 뿐, 나 스스로 무슨 특별한 노력을 기울인 것도 없는데 말이다.

펜윅은 소래에 머물면서 한국어 공부를 위해 간단한 찬송가를 번역했고,

수 책임번역 (대구: 대구대학교출판부, 2006), 300.
81) 올리버 R. 에비슨, 『올리비 R. 에비슨이 지켜본 근대 한국 42년(1893-1935) 하권』, 박형우 편역 (서울: 청년의사, 2010), 311.
82) 이만열·옥성득, 『언더우드 자료집Ⅱ』(서울: 연세대학교출판부, 2006), 301.
83) Fenwick, *The Church of Christ in Corea*, 25.

이어 서경조와 함께 영한사전의 도움을 받아 한문 신약전서와 영어성경을 대조하는 방식으로 한국어 공부를 진행했다.[84] 구체적으로 '예수 사랑하심은'과 '나는 참 기쁘다' 같은 간단한 찬송들을 번역했으며, 간단한 성경구절들을 번역하여 이곳 사람들에게 하나님의 말씀을 가르쳤다. 또한 소년들에게 성경을 가르치는 '소년반'을 조직했다.[85]

한편, 펜윅은 열심히 한국어를 익히는 중에 시간을 내 중국을 여행하기도 했다. 미북감리회 여성 의료선교사 로제타 홀(Rosetta S. Hall)의 1890년 10월 14일자 개인 일기에 따르면, "게일은 오와리 호를 타고 중국으로 떠나는 친구 펜윅을 배웅하기 위해 어제 제물포에 왔다"라고 기록했다.[86] 여행의 구체적 목적은 알 수 없으나, 아마도 황해도 소래에서 자리를 잡은 후 중국 선교까지 염두에 두었을 것이다. 중국 여행 후 소래로 돌아온 그는 잠시 서울에 갔다가 1891년 봄 다시 소래로 돌아왔다. 펜윅은 돌아올 때, 여름을 지낼 양식, 미국에 살고 있는 형이 보낸 여러 종류의 꽃씨, 서울의 선교사들 정원에서 캐낸 꽃 뿌리와 과일들을 가지고 왔다. 그는 소래에 아담한 초가집을 짓고 뜰에 정원과 채소밭을 마련했는데, 이곳의 식물들은 잘 자라났지만 정작 전도의 열매는 부진하여 안씨 부인(안대벽의 모친) 외에는 없었다.[87]

한국어를 익히며 한국 선교에 몰두하고 있었을 1891년 가을, 그의 나이 28세 때 펜윅은 갑자기 귀국했다. 그 이유에 대해서 아무런 기록을 남기지 않았기에 정확하게 무슨 이유였는지 알 수 없다. 다만 당시의 정황과

---

84) Ibid., 16-27.
85) Ibid., 21.
86) 로제타 홀, 『로제타 홀 일기2』, 김현수·강현희 공역 (서울: 홍성사, 2016), 99.
87) Fenwick, *The Church of Christ in Corea*, 33.

다른 선교사의 글을 통해 어느 정도 짐작할 수 있는데, 언더우드의 선교를 비판한 '서신사건'이 그 단초가 됐다.[88] 사건의 발단은, 펜윅이 나이아가라 사경회 때 친분을 쌓았던 장로교 목사인 브룩스(J. H. Brooks)에게 언더우드 선교사의 조선 선교를 비판하는 서신을 보냈고, 이것을 브룩스가 편집장으로 있던 『진리』 (The Truth)에 기고한 데서 비롯되었다. 이후 이 내용은 1891년 제임스 존스톤(J. Johnston)의 『남중앙아프리카에서의 실제 및 공상소설』(Reality Versus Romance in South Central Africa)에 일부 내용이 게재되었다. 펜윅의 서신 내용은 대략 다음과 같다.[89]

언더우드 선교사

> *2년 전(1891년) 한 남자(아마도 그 이름은 생략하는 것이 좋을 것이다)가 자신의 선교지(조선)에서 미국으로 돌아왔다. 그 이후로 그(언더우드)의 과장된 이야기들은 미국 교회들 사이에서 넓게 퍼져갔다. 한 마을(황해도 소래)에서 그가 수행했던 개종 사역에 관한 이야기 하나를 해보겠다. 나는 그 이후에 6개월 동안 그 마을에서 살기도 했다. 나는 이제 언급되는 이야기에서 그 선교사가 세례를 베풀었던 그 마을의 어떤 한 사람으로부터 직접 그 이야기를 들었다. 한 현지인은 선교회 돈을 받았고, 그 선교사에 의해 적어도 40-50명의 사람을 한 곳에 모으라고 지시를 받았다. 그 시간에 그 선교사가 당도하리라는 것이었*

---

88) 윌리엄 스코트, 『한국에 온 캐나다인들』, 연규홍 역 (서울: 한국 기독교장로회출판사, 2009), 62.
89) 말콤 펜윅, 『말콤 펜윅 작품 선집』, KIATS 번역팀 역 (서울: 한국고등신학연구원, 2016), 494-495.

다. 요구받은 숫자에 다소 당황스러운 채 그 현지인은 그의 친구들을 모으는 일에 착수했다. 그러나 그는 9명밖에 모을 수 없었다.

그 선교사가 도착했다. 그는 상당히 긴 훈계를 한 뒤에 현지인들에게 그들이 쓴 모자(갓)를 벗으라고 말했다. 한 사람이 "왜지요?"하고 물었다. 그러자 그 선교사는 그 현지인 친구를 살살 달래면서 답변했다. "아, 걱정하지 마시오. 아무것도 아닙니다. 그저 여러분들의 모자(갓)를 벗으십시오." 그러자 동양인들에게 있는 정중한 태도로 그들은 모자(갓)을 벗었다. 거기서 그 선교사는 이 9명의 사람에게 세례를 베풀었다. 그들 중 한 사람은 그가 전에 보던 사람이었을 수도 있었지만 나머지 사람들은 그가 처음 보는 사람들이었다.

서신의 주된 요지는 언더우드가 1891년부터 이듬해까지 안식년을 보내는 동안 미국과 캐나다에서 조선 선교활동에 대해 보고했는데, 그 중 황해도 소래에서의 선교가 과장됐다는 것이다. 한편, 옥성득 박사에 의하면, 펜윅 등 내한선교사들이 언더우드에 대해 호화 저택에 사는 '백만장자 선교사'로 비판했다고 했는데,[90] 이것 역시 서신의 내용과 같은 맥락으로 보인다.

펜윅의 서신은 캐나다에서 상당한 영향력을 갖고 있었다.[91] 이런 와중에 나온 그의 언더우드 비판 서신은 그 파장이 점차 캐나다와 미국 전역으로

---

90) 옥성득, 『한반도 대부흥: 사진으로 보는 한국교회, 1900-1910』(서울: 홍성사, 2009), 41; 한편, 언더우드가 '백만장자 선교사'라는 펜윅의 비판은 다른 내한선교사들도 공감했고, 이를 못 마땅히 여겼다. 이 같은 비판의 원인은 난방시설이 잘되고 호화로운 가구들로 치장된 언더우드의 집 때문이었다. 이에 언더우드는 1894년 2월 2일 미북장로교 선교부 총무 엘린우드에게 보낸 서신에서 난방시설은 아내의 관절염 때문이며, 호화로운 가구들은 처갓집과 친구들이 보내준 것이라고 변호했다. 이만열·옥성득, 『언더우드 자료집 II』(서울: 연세대학교출판부, 2006), 33.
91) 에비슨의 회고록에 의하면, 펜윅의 서신이 얼마나 영향력이 있었는지 보여준다. "이 두 사람(펜윅, 하디)의 편지는 열광적이었다." 올리버 R. 에비슨, 『올리버 R. 에비슨이 지켜본 근대 한국 42년 (1893-1935) 상권』, 박형우 편역 (서울: 청년의사, 2010), 126.

펴져 기독교 신자들에게 커다란 충격을 주었고, 이로 인해 막 시작되고 있는 조선 선교에 악영향이 미칠까봐 각 교파 선교부와 초교파 선교단체들은 전전긍긍했다. 이를 우려하여 언더우드 선교사의 부인 릴리어스 언더우드(L. H. Underwood)는 1893년 6월 8일 미북장로회 해외선교부 엘린우드(F. F. Ellinwood) 박사에게 해명서신을 보냈다. 그 내용의 일부는 다음과 같다.[92]

> 펜윅이 출판한 이야기는 어디서 구해 들었는지 모르겠습니다. 다만 그가 한국어에 능통하지 못하기 때문에 악의적인 한국인이나 아마도 새빨간 거짓말을 한 천주교 예수회 신부의 험담에 놀아난 것이 틀림없습니다. 그 이야기에는 한 마디의 진실도 찾아볼 수 없습니다. 언더우드는 잡지 『진리』에 게재된 한국에서 이루어진 사업에 대한 과장된 이야기를 한 적이 결코 없습니다.

한편, 펜윅은 브룩스 목사에게 서신을 보낸지 약 3년이 지난 후 자신이 보낸 서신으로 인해 촉발된 사건에 대한 소감을 다음과 같이 피력했다.[93]

> 내가 목사인 브룩스 박사에게 쓴 편지는 출간을 의도한 것은 아닌데 『진리』지에 게재 되었습니다. 또한 내가 발견한 바에 의하면 그 편지는 '실제 및 공상소설'에 관한 존스톤 박사의 책에 부분적으로 재출간되어 있습니다. (…) 내가 그 편지를 쓴 것은 특별히 진실은 물러남

---

92) 이만열·옥성득, 『언더우드 자료집Ⅱ』(서울: 연세대학교출판부, 2006), 6.
93) 말콤 펜윅, 『말콤 펜윅 작품 선집』, KIATS 번역팀 역 (서울: 한국고등신학연구원, 2016), 497-499.

을 금하기 때문입니다. 내가 그 편지를 쓴 것은 미국에 있는 그리스도의 교회가 불명예스러운 방법으로 모금하는 것을 북돋워서 이런 식으로 주님의 일과는 관계가 없고 그 일에 있어 어떤 몫도 갖고 있지 않는 기부자들을 붙잡기 위해 선교사들로부터 열렬한 보고서들을 받아내려는 데에 열중했다는 확신이 들어서였습니다.

나는 또한 그 교회가 콘스탄틴으로부터 이어져 내려오는 망상을 유지하기 위해 이런 종류의 어떤 것을 항상 추구하고 있다는 확신을 갖고 그 편지를 썼습니다. 즉, 그 망상은 세상이 더 좋아지고 있다는 착각입니다.

이 글은 펜윅이 귀국한 후인 1894년 8월에 『Missionary Review of the World』에 기고한 것이다. 여기서 그는 이 서신은 본래 개인적인 것인데, 자신의 의도와 다르게 선교잡지에 실렸고, 선교모금을 위해 과장된 보고서를 받아내려는 이들에 대한 진실을 밝히기 위해서, 세상에 대한 낙관적인 착각을 깨기 위해서였음을 밝혔다.

펜윅의 언더우드 비판에 대한 서신사건은 언더우드 외에는 알 사람이 없다고 한 백낙준 박사의 말대로,[94] 펜윅이 직접 본 것이 아닌, 들은 이야기를 토대로 과장된 선교를 경계하고자 한 사건이라 할 수 있다. 그런 측면에서 펜윅은 절반의 성공을 거두었다. 캐나다와 미국 교회에 해외 선교 특히 조선 선교에 대한 경종을 울렸기 때문이다. 그러나 다른 한편으로 그는 치명적인 고통을 감내해야 했다. 즉, 한국연합선교회(CUM)로부터의 선교후원에 위기가 닥친 것이다. "토론토에 있는 한 위원회(한국연합선교회)는 그 후 그 글과

---

94) 백낙준, 『한국개신교사: 1832-1910』(서울: 연세대학교출판부, 1973), 234.

'소환 되어야 할 어리석고 화난 사람'(펜윅)을 완전히 포기했습니다."[95]라고 말한 대로 그와 선교회와 관계가 소원해져 끝내 단절되었다.

혹자는 주장하기를, 언더우드가 보낸 몇 년간의 서신과 기사 그리고 여러 선교사들의 편지를 종합적으로 검토해 볼 때, 펜윅이 실수한 것이 명백하다고 했다. 그러나 이 사건이 모두 펜윅만의 잘못이라고 보기 어려운 것은 언더우드도 일정 부분 그 원인을 제공한 측면이 있기 때문이다. 즉 언더우드의 초기 수세자 가운데 신앙이 식거나 교회를 떠난 자들이 적지 않았으며, 1887년 9월 서울에 정동교회를 조직할 때 선출된 2명의 장로가 3-4년 후 권징을 받고 장로직을 박탈당하거나 출교된 것은 언더우드의 적극적인 선교정책과 성급한 교회 조직이 빚은 부정적인 산물이기 때문이다.[96] 결국 서신사건을 통해 우리는 펜윅 성격의 한 단면을 엿볼 수 있다. 즉, 그는 원칙에 어긋나거나 불의를 참지 못하는 "성질이 불같은 스코틀랜드인"이라는 것이다. 당시 그는 20대 후반의 젊은 나이였다는 것, 내한한 지 불과 2년 남짓의 선교사 경험이 전무한 신참 선교사였다는 것, 정규의 신학 공부를 하지 않은 평신도였다는 것, 공교육을 받지 못했다는 열등감으로 인해 다른 선교사들과의 소통에 문제가 있거나 소홀했다는 점 등이 어우러져 이 같은 서신사건이 발발했다고 볼 수 있다.

한편, 언더우드를 파송한 미북장로회 해외선교부는 펜윅의 서신으로 야기된 여러 정황을 다각도로 살핀 후[97] 『진리』 잡지가 그리스도의 재림에 대

---

95) 말콤 펜윅, 『말콤 펜윅 작품 선집』, KIATS 번역팀 역 (서울: 한국고등신학연구원, 2016), 499.
96) 이만열·옥성득, 『언더우드 자료집Ⅱ』(서울: 연세대학교출판부, 2006), 6.
97) 여러 선교사들이 언더우드를 변호하는 서신을 미북장로회 해외선교부에 보냈는데, 그 중에는 마펫도 있었다. 그는 1893년 5월 8일 선교부 총무 엘린우드에게 보고하기를, 펜윅이 쓴 자료는 대단히 잘못된 것이라고 하면서, 선교사역에 대해 크게 기대하고 아주 후하게 기부하는 우리 교회들에게 큰 해를 미칠 것으로 우려된다고 했다. 사무엘 A. 마펫, 『마포삼열 자료집 제1권: 1868-

한 전천년설의 입장 즉 그리스도가 오실 때까지 세상은 갈수록 더 악해져 가고 있다는 이론을 옹호하기 위해서 선교사역의 결과를 폄하하는 경향이 있다고 판단했고, 이곳에 실린 펜윅의 글은 일고(一考)의 가치도 없다고 일축했다.[98] 한국연합선교회(CUM)도『진리』지에 기고된 펜윅의 글을 그다지 신뢰하지 않았다. 그 이유는 이 선교회 회장인 고든과 언더우드와의 친분 때문이다. 고든과 언더우드는 에비슨을 통해 친분을 쌓았고, 이로 인해 고든은 1901년 언더우드의 초청으로 내한하여 세브란스 병원과 정동 개조계획, 종로 YMCA 회관, 새문안교회, 연동교회, 종교교회, 경신학교, 정신여학교 등을 설계했다. 이처럼 두 사람의 친분으로 인해 선교회는 또 다른 선교후원에 심각한 문제가 초래될 것을 우려하여 점차 펜윅과 거리를 두었고, 급기야 단절에까지 이르게 된다.[99] 결국 이 같은 문제 해결을 위해 펜윅은 급거 귀국해야만 했다.[100]

4) 원산 사역(1891. 가을-1893)

서신사건으로 야기된 선교 후원 문제로 잠시 본국에 다녀온 펜윅은 이내 조선으로 돌아와 사역지 이동을 결심하고, 1891년 가을, 서경조에게 함경남도 원산으로 함께 갈 것을 요청했다.[101] 그러면 펜윅이 갑자기 원산을 선교

1894』, 옥성득 책임편역 (서울: 새물결플러스, 2017), 399.
98) H. G. 언더우드,『언더우드 목사의 선교편지』, 김인수 역 (서울: 장로회신학대학교출판부, 2002), 271.
99) 김정동, "세브란스 병원을 세운 건축가들-캐나다인 고든과 미국인 보리스를 중심으로,"『연세대학교 창립 110주년 기념 학술강연회지』(1995. 9. 28), 19-33.
100) 허긴,『한국 침례교회사』(대전: 침례신학대학교출판부, 2000), 35-36; 안희열,『시대를 앞서간 선교사 말콤 펜윅』(대전: 하기서원, 2019), 41-42.
101) 徐景祚, "徐景祚의 信道와 傳道와 松川敎會 設立歷史,"『神學指南』제7권 4호 (1925. 10), 93.

지로 선택한 이유는 무엇일까? 첫째, 게일의 영향으로 보인다. 평소 펜윅과 게일의 관계는 친밀했다.[102] 펜윅이 조선에 올 수 있도록 도와준 이가 바로 게일이었고, 조선에 입국해서도 그 관계는 계속되었다. 또한 게일은 1891년 2월 하순부터 5월까지 마펫(S. A. Moffette)과 함께 만주 심양에 있는 로스(J. Ross)를 만나기 위해

사무엘 마펫 선교사

떠났는데, 전도여행 중에 원산을 방문하여 이곳을 둘러보았다. 이로 인해 게일은 펜윅에게 새로운 선교지로 원산을 추천했을 것이고, 펜윅이 원산에 갈 수 있도록 도왔을 것이다.

둘째, 원산의 지정학적 위치 때문이었다. 1876년 강화도 조약에 의해 3개의 항구가 개항했는데(1876년 부산, 1880년 원산, 1883년 인천), 원산이 그 중의 하나였다는 것만으로도 당시 원산은 항구로서의 중요한 위치를 갖고 있었다. 또한 원산은 1883년 원산학사가 설립되어 최초로 근대식 교육을 실시하는 등 교육도시로서의 면모도 갖추고 있었다. 이처럼 원산은 사회적 생산과 경제 활동의 토대를 형성하는 기초적인 인프라(infra)가 구축된 도시였을 뿐만 아니라 이곳이 아직까지 다른 기독교 선교회가 주재하지 않았기 때문에[103] 펜윅 입장에서는 선교를 위한 최적의 도시였다.

1891년 가을 펜윅의 원산 정착은 한국 교회사적으로 큰 의미가 있다. 첫째, 펜윅이 원산에 이주함으로 개신교 원산 선교의 효시가 되었다. 펜윅 정착 이전에(1890. 3) 게일이 원산에 3개월간 체류하며 이곳을 살펴본 적은 있

---

102) 펜윅이 게일과 친분이 있었던 것은, 둘 다 스코틀랜드 출신 캐나다 이민자라는 것과 조선 선교라는 공통된 관심사를 갖고 있었기 때문이다. 펜윅은 국내에 입국해서도 게일과 지속적인 친분을 유지하며 우호적인 관계를 가졌다.
103) Fenwick, *The Church of Christ in Corea*, 36.

으나 이곳에 머물지는 않았다. 그러므로 당시 원산에는 주재(駐在)선교사가 없었다. 주재선교사가 없다는 것은 그 만큼 외국인에게는 위험한 곳이라고 할 수 있다. 치안문제와 풍토병은 많은 내한선교사들을 괴롭혔는데, 그래서 내륙으로 들어가 선교하는 것이 당시로서는 쉽지 않았다.[104] 그러나 펜윅은 건강했고, 개척선교사로서 손색이 없었다. 결국 1891년 가을 그가 원산에 이주함으로 한국 기독교 역사상 최초의 선교사업이 시작됐고, 그 첫 인물은 바로 펜윅이 된 것이다.

둘째, 펜윅의 선교관(觀) 실현이다. 펜윅은 조선에 들어오기 전 중국내지선교회 허드슨 테일러에게 큰 감동을 받아 그를 동경했고, 그의 선교를 본받고자 했다. 그리하여 중국내지선교회가 지향했던 오지선교(奧地宣敎)를 실천하기 위해 아직 어떤 선교부도 주재하지 않았던 원산으로 향했다. 당시 원산은 장·감 중심의 선교지 분할정책에서 소외되어 있었다. 가끔 장·감 선교사들이 전도여행 중에 이곳을 들러보기만 할 뿐 주재하지는 않았다. 그런 측면에서 원산은 오지였다. 펜윅이 이곳에 옴으로 그의 선교관을 실현했고, 이로 인해 한국 침례교의 중심축이 원산에 세워졌다. 이후 1945년 해방될 때까지 이 축은 계속되었다.

펜윅은 원산으로 이주하여 외국인 거주 지역 중 가장 풍광과 위치가 좋은 곳에 자리를 잡은 후, 토지를 구입하여 과수원과 시범 농장을 만드는 등 선교의 거점을 위한 선교본부(station)를 마련했다. 선교 거점지역에 선교본

---

104) 마펫은 선교사들의 내륙선교가 얼마나 어려운가를 다음과 같이 말했다. "모든 선교사가 내륙에 들어가 여러 달 동안 한옥에 살면서 통조림과 현지에서 구할 수 있는 조선 음식을 먹고 살 수 있을 만큼 건강한 체질을 가진 것은 아닙니다. 이 점에서 우리는 어려움이 있을 수 있습니다." 사무엘 A. 마펫, 『마포삼열 자료집 제1권: 1868-1894』, 옥성득 책임편역 (서울: 새물결플러스, 2017), 299-303.

부를 마련하는 것은 당시 내한선교사들의 선교방법으로, 펜윅도 이에 따라 한국연합선교회(CUM) 후원 아래 선교본부를 설립했다.[105] 펜윅이 원산에 자리 잡으면서 토지를 구입하고 농장을 시작한 것은, 서신사건 이후 한국연합선교회(CUM)의 선교후원에 문제가 생겼기 때문이다. 그는 1891년 가을에 귀국하여 이 문제를 해결하려 했으나 잘 되지 않은 것으로 보인다. 결국 농장경영을 통한 자비량 선교의 토대를 구축하여 이를 극복하고자 했다.

하디 선교사 부부

또한 이는 결과적으로 토착화 선교의 한 시도이기도 하다. 서울과 황해도 소래에서의 선교활동을 거울삼아 본격적인 선교에 돌입했다. 자영농을 통해 선교의 자립성을 실현할 뿐만 아니라 씨앗의 품종 개량을 통해 조선 풍토에 맞는 품종을 찾기 위해 노력했다. 이 정신은 이후에 그의 선교사역에 투영되었고 원리로 적용되었다.[106]

펜윅은 원산 선교본부에서 활동하면서 다른 선교사들과 비교적 우호적으로 지냈는데, 이들은 모두 캐나다 출신의 선교사들이었다. 첫째, 그를 조선에 올 수 있도록 도와준 게일과의 친분은 남달랐다. 게일은 1888년 독립선교사로 내한했으나 후원 선교단체가 해체되면서 곤란을 겪었는데, 이때

---

105) 내한선교사들 대부분은 국내에 입국하여 선교 거점을 마련하고 그곳에 선교본부(Station, 선교지부)를 설치했는데, 교파별 대표적인 선교본부는 다음과 같다. 미북장로교는 서울·평양·대구·부산·선천·재령·청주·강계·안동, 미남장로교는 전주·군산·광주·목포·순천, 호주장로교는 부산·마산·진주·통영·거창, 캐나다장로교는 원산·성진·함흥·회령, 미북감리교는 서울·제물포·평양·공주·영변·해주·원주·수원·이천, 미남감리교는 서울·송도·원산·철원·춘천 등이다. Federal Council of Missions in Korea, *The Korea Mission Year Book* (Seoul: Christian Literature Society of Korea, 1928), 1-135.
106) 허긴, 『한국 침례교회사』(대전: 침례신학대학교출판부, 2000), 34.

게일의 선구자

북장로회 선교사 마펫(S. A. Moffet)의 도움을 받아 1891년 8월 미북장로회로 전향했고, 1892년 3월 초 선교부에 의해 원산으로 파송되었다. 이로 인해 게일은 원산으로 오게 됐는데, 이 때 그를 원산에 잘 정착할 수 있도록 도와준 이가 바로 펜윅이다.

둘째, 펜윅은 하디(R. A. Hardie)와도 친밀했다. 하디는 1890년 9월 30일 독립 의료선교사로 내한하여 부산에서 게일과 함께 선교활동을 하다가 상경하여 제중원에서 근무했고, 다시 부산으로 내려가 선교했다. 그는 1892년 11월 북감리회 선교사 맥길(W. B. McGill)의 원산 시료소에 잠시 머물다가 펜윅의 집 방 한 칸을 빌려 진료를 시작했다.[107] 그의 의료선교가 펜윅의 집에서 비롯됐을 정도로 둘은 매우 가까웠다.

펜윅의 원산 선교본부 사역은 서울과 황해도 소래보다 다소 오래 지속되었음에도 불구하고 뚜렷한 성과를 거두지 못했던 것 같다. 물론 서울과 황해도 소래에서는 사역보다 언어습득이 주된 목적이었기에 전도성과를 논할 수 없으나, 함경남도 원산에서의 사역은 달랐다. 어느 정도 언어습득이 된 상태였고, 선교본부도 마련했기 때문이다. 그렇다면 왜 펜윅은 원산에서 뚜렷한 전도성과를 거두지 못했을까? 우리는 그 이유를 펜윅의 절친한 친구였던 게일이 1904년에 출판한 『선구자』(The Vanguard)[108]에서 어느 정도 짐작할

---

107) 박용규, 『한국 기독교회사1』(서울: 생명의말씀사, 2004), 699.
108) 이 책은 1904년 뉴욕에서 발행된 게일의 저서로, 게일이 선교지 조선에서 보고 느꼈던 것을 소설의 형식을 빌려 기록한 것이다. 제임스 S. 게일, 『선구자: 한국 초대교인들의 이야기』, 심현녀 역 (서울: 대한기독교서회, 1993), 341; 펜윅도 훗날 게일의 The Vanguard와 유사한 작품인 Life in the Cup을 1917년에 출판했다.

수 있다.[109]

독립선교사 화이어브로워(펜윅)는 이 마을에서 몇 년을 지냈다. 그는 장터를 지나다가 윌리스(사무엘 마펫)와 프럼(그래함 리)을 만났다. 그들은 오래 전부터 서로의 존재를 알고 있었다. 화이어브로워는 친절하기는 하나 고집이 세며 자기 마음대로 일을 처리하는 경향이 있다. 그의 비위를 한 번 건드리면 그는 서슴없이 독설과 경멸조의 말을 퍼붓는다. 그러나 그는 기도하고 성서를 연구하며 혼자서 희생적인 삶을 살고 있다. 얼마나 이상한 사람인가! 윌리스는 그의 비위를 건드리지 않기 위해 그와 논쟁을 피하기로 했다. 그 대신 이렇게 물었다. "당신 교회의 교인들은 어떻습니까?" "교인이라고요? 모두들 교회에서 쫓아 버렸지요. 몇 명이 다시 찾아와 미안하다고 하더군요. 그러나 당분간은 내 방식대로 그들을 징계할 생각입니다." "무슨 일이 있었습니까?" "있었죠. 글쎄 그들이 겨우 수입의 이십분의 일밖에 헌금하지 않았어요. 오십분의 일밖에 하지 않은 사람들도 있었다니까요." 화이어브로워는 계속했다. "십분의 일을 헌금하지 않으면 기독교인이라고 할 수 없잖아요. 그래서 난 그들을 모두 쫓아 버리고 교회 문을 닫아걸었지요." "왜 그들을 향해 총을 쏴 버리지 그랬어요." 프럼은 비난조로 말했다. 윌리스는 프럼에게 그러지 말라고 날카로운 눈초리를 보냈다. "프럼 씨, 당신이 그렇게 나를 비난해도 좋습니다. 그러나 당신 같은 방식으로는 하나님의 사업을 이룰 수가 없

---

109) Ibid., 139-140; 제임스 S. 게일, 『뱐가드(The Vanguard)』, 김재현 역 (서울: 한국고등신학연구원/KIATS, 2012), 163-164.

어요." 프럼은 너털웃음을 웃고는 아름다운 테너음으로 이렇게 노래했다. "도시에 밤이 찾아오면, 하루 종일 분주하고, 외침 소리로 가득했던 거리에는 드디어 적막이 감도네." 바울과 실라에 관한 노래였다. 음악을 좋아하는 화이어브로워는 조용히 듣고 있었다. 그는 윌리스에게 이렇게 말했다. "프럼이 노래를 잘하는데요. 그렇지 않습니까?"

이 글은 다소 허구적인 요소를 담고 있는 소설적인 형태를 띠고 있다. 그러므로 이 글로 펜윅의 전도성과를 논한다는 것은 다소 무리가 있으나, 그럼에도 불구하고 그를 가장 가까이서 관찰했던 게일이 썼다는 측면에서 전혀 무시할 수도 없다. 적어도 당시 게일의 시각에서 볼 때, 펜윅은 전형적인 '스코틀랜드인의 후예'로서 고집이 셌고, 독립성이 강했다. 그는 어려서부터 엄격하고 보수적인 가정교육을 받았으며, 나이아가라 사경회를 통해 보수적인 신앙훈련을 받았다. 이 같은 것들이 그의 전도사역에 영향을 끼쳐 조선인들에게 엄격한 신앙생활을 요구하게 했다. 결국 그의 엄격함이 전도성과에 영향을 주었을 것으로 보인다. 처음부터 엄격한 신앙생활을 통해 올바른 신자가 되기를 원했던 펜윅의 완고한 생각이 오히려 뚜렷한 전도성과를 거두지 못하게 하는 한 원인이 되었을 것으로 생각된다.

한편, 펜윅의 독특한 성향은 타 교파 선교사들과의 교류에도 영향을 끼쳤던 것 같다. 캐나다 연합교회 사무국 맥케이(R. P. Mckay)가 1912년 펜윅에게 보낸 답장에서 이를 확인할 수 있다.[110]

---

110) 윌리엄 스코트, 『한국에 온 캐나다인들』, 연규홍 역 (서울: 한국 기독교장로회출판사, 2009), 63.

나는 가끔 당신 같이 영리한 분이, 다른 사람들을 적대적으로 대하는 태도가 최선이 아니라는 것을 왜 깨닫지 못하는지 이해할 수 없습니다. 아첨은 아니지만 나는 당신을 높게 평가합니다. 나는 당신이 그저 속 좁은 사람이라고 생각하지 않습니다. 그렇지만 가끔씩 당신이 선교협의회와 협력하지 않는 것이 우리에게 얼마나 큰 손실인가에 대해 생각합니다. 당신의 능력과 판단 그리고 영적인 힘은 다른 선교사들과 그들의 사역에 커다란 버팀목이 되고 있다고 생각하기 때문입니다.

펜윅은 주로 모국인 캐나다 출신 독립선교사들과 교류했고, 다른 교파 선교사들과는 특별히 교류를 하지 않았다. 그 이유에 대해 우리는 다음 두 가지로 생각할 수 있는데, 먼저는 자신이 신학공부를 하지 않은 평신도라는 열등감에 의한 방어기제의 결과요, 다음은 나이아가라 사경회를 통해 19세기 후반 신앙선교(faith mission)를 지향했던 선교단체(대표적으로 중국내지선교회)들이 의도적으로 교파 선교사들을 멀리했던 것이 일정부분 그에게 영향을 끼쳤던 것으로 보인다.[111] 결국 펜윅은 자신의 개인적인 성향과 나이아이가라 사경회의 영향 등이 복합적으로 작용함으로 인해 그의 초기 조선 선교는 별다른 열매를 맺지 못했다.

---

111) 류대영, "초기 한국교회에서의 'evangelical'의 의미와 현대적 해석의 문제," 『한국 기독교와 역사』 제15호 (2001, 8), 142-143.

5) 펜윅의 성경번역

아펜젤러 선교사

펜윅의 성경번역은 그의 한국어 습득과정에서 그 연원(淵源)을 찾을 수 있다. 그는 내한 초기에 한국어 관련 교과서와 입문서들을 모조리 외우는 방법을 통해 어학공부를 했으나 별다른 소득을 얻지 못하자, 모든 방법을 포기하고 직접 조선 사람들 속에 들어가 살면서 언어를 습득하기로 결심하고 서경조와 함께 황해도 소래로 이주했다. 그는 소래에서 서경조의 도움을 받아 자신은 영어 성경으로, 조선인에게는 중국어 성경을 주어 함께 성경공부를 하는 방법으로 한국어를 깨쳤다. 그리하여 약 2개월 후에는 한국어로 생각할 정도가 되었다.[112]

한편, 상임성서위원회(Committee for Translating the Bible into the Korean Language)가 내한선교사들에 의해 1887년에 결성되었다. 위원회 결성 배경에는 언더우드와 아펜젤러 주관 하에 이루어지던 이수정 번역본 마가복음 개정이 거의 완성되면서, 선교사들은 복음전파를 위해 성경번역의 중요성을 더욱 절실히 느끼게 되었고, 이를 위해 공식적인 기구를 조직해야 한다는 논의에서 비롯되었다. 첫 모임이 1887년 2월 7일 언더우드 집에서 언더우드, 아펜젤러, 스크랜턴, 헤론 등이 모였고, 같은 해 4월 7일에는 2차 모임(언더우드, 아펜젤러, 스크랜턴), 4월 11일에는 3차 모임을 가졌다. 3차 모임에서 위원회 명칭을 '한국상임성서위원회'(The Permanent Bible Committee in Korea, PBC)로 개칭하고, 그 안에 번역위원회와 개정위원회 등의 분과위원회를 두고 사

---
112) Fenwick, *The Church of Christ in Corea*, 25.

업을 실질적으로 추진하기 위한 조직으로 확대했다. 1889년에는 대영성서공회가 이 위원회에 로스역 성경 개정작업을 요청했으며, 이에 언더우드, 아펜젤러가 선정되어 1890년 『누가복음젼』과 『보라달로마인셔』를 삼문출판소(三文出版所)를 통해 간행했다. 같은 해 성서번역위원회는 2년 안에 신약전서 시험본을 만들기 위해 언더우드, 스크랜턴을 임명했는데, 이들 가족이 건강 문제로 시험본

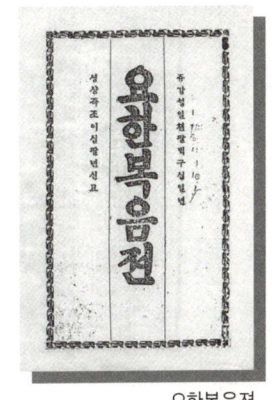

요한복음전

을 완성시키지 못한 채 귀국하자 그 자리를 아펜젤러, 게일이 대신 맡았다.[113] 1893년 대영성서공회 만주지부 총무 켄뮤어(A. Kenmure)가 서울에 방문했는데, 그의 방문을 기점으로 기구를 정비했고, 이후 '상임성서실행위원회'(The Permanent Executive Bible Committee of Korea, PEBC)로 개칭하여 각 교파의 선교부에서 2명씩 추천받아 성경번역자회 위원들을 임명했다.

펜윅이 상임성서번역위원회의 번역위원으로 활동할 수 있었던 것은 아마도 서경조의 역할이 컸던 것 같다. 그 이유는 그가 서경조와 함께 1890년 가을 황해도 소래로 이주한 후에 번역위원으로 위촉받았기 때문이다. 1890년 가을 서경조를 만난 이후 그를 통해 상임성서번역위원회와 접촉을 가졌고, 같은 해 말경에 번역위원으로 위촉을 받았다.

펜윅은 로스역번역위원회에서 '한 권의 복음서'로 선택된 요한복음 병용본의 편집과 개정을 서경조와 함께 맡았다. 이는 한글성경과 함께 지식층의 한문성경 요구가 증가하자 이 둘을 동시에 만족시켜 줄 수 있는 국한문 병용 성경 간행 계획의 첫 출발이었다. 그들은 『예수성교전셔』와 한문성경 대

---

113) 이만열·옥성득, 『대한성서공회사 I: 조직·성장과 수난』(서울: 대한성서공회, 1993), 203-207.

표위원회역본을 대조하여 번역했다. 먼저 한문을 그대로 옮겨쓰고『요안늬복음』의 번역문을 그 옆에 옮기며 수정하는 방식으로 개정을 완료했다. 이들이 개정한『約翰福音傳 요한복음젼』은 1891년 2월 서울의 삼문출판소에서 인쇄되었고, 그 비용은 영국성서공회(BFBS)에서 지원했다. 그러나 발행은 약간 지연되어 같은 해 7월에야 나왔다. 부수는 3,000부였고, 21×13cm, 109장이었다. 그 첫 부분인 1장 1절부터 3절까지의 본문을 소개하면 다음과 같다.[114]

原始有道　　道與上帝共在　　道卽上帝
처음에도가잇스되도가하느님과 흠의하니도는곳하느님이라

是道 元始與上帝公在也　萬物以道而生
이도가처음에하느님과흠의하매만물이말믜암아다지엇스니

凡愛造者無不以之而浩
지은바는하나도말 지안코지음이업느니라

옥성득 박사는 펜윅과 서경조가 번역한『約翰福音傳 요한복음젼』을 다음과 같이 평가했다. 첫째, 이것은 한글성경 사상 최초의 국한문 병용본이라는 데에 그 특징과 의의가 있다. 이로 인해 지식인과 민중 양쪽 모두를 충족시켜 두 언어 계층 모두를 얻기 위한 선교적 관점을 나타냈다. 둘째, 이 국한문 병용방식은 기존의 순한글로 된 로스역과 현토한문 및 국한문 병용의 이수정역의 두 전통이 만난 결과 새로이 이루어진 제5의 번역 표기방식이라고

---

114) Ibid., 227-229.

했다. 이로써 국내에는 한문성경, 순한글성경, 현토성경, 국한문 혼용성경에 이어 또 하나의 새로운 국한문 병용성경이 추가되어 읽히게 되었다. 셋째, 이 번역본의 한글번역은 단순한 철자법의 개정에 지나지 않았고 용어의 수정은 흔하지 않았다고 했다. 그러나 특기할 것은 지금까지의 표기와는 달리 절마다 띄어 쓰고 있다는 점을 지적했다.[115]

성경번역위원으로 활동했던 펜윅은 한때 이 단체의 회장까지 지냈다. 또한 그는 '죠선셩교셔회'(Korean Religious Tract Society) 회계를 담당해 다른 내한선교사들과 연대하여 초교파적 활동을 하였다.[116] 이처럼 펜윅은 활발하게 초교파적으로 활동하고 있었다. 그러나 1893년 상임성서실행위원회로 조직이 개편될 때, 위원회 정관에 공식 조직된 6인 이상의 선교사를 가진 선교회만 위원 자격을 가질 수 있도록 규정하는 바람에 펜윅은 더 이상 위원회에 남아 있을 수 없었다.[117] 또한 그가 번역위원회와 결별할 수밖에 없었던 또 다른 이유는 성경번역에 따른 의견 충돌로 인한 다툼이었다. 대표적으로 성경번역 용어 선택에 있어서 서로 다른 의견이 충돌로 이어져 급기야 다툼

---

115) Ibid., 229-230; 한편, 민영진 박사는 1891년 『約翰福音傳 요한복음젼』에 대해 다른 주장을 했는데, 그는 자신의 논문에서 다음과 같은 문제를 제기했다. 펜윅과 서경조의 번역본은 (1) 한문문리역에서 새로 번역된 것이 아닌 로스역 『예수셩교젼셔』에 들어 있는 『요안ᄂᆡ』(1887)의 개정본이라는 점, (2) 펜윅과 서경조는 번역자가 아닌 개정자라는 점, (3) 이미 그 문체나 문장 구조에 있어서 로스역이 『구역』과 『개역』에 들어 있는 요한복음서의 골격을 이루었다는 점, (4) 따라서 『구역』이나 『개역』 신약 번역에 미친 로스역의 공헌과 중요성이 재론되어야 한다고 했다. 민영진, "펜위크가 改正한 『요한복음젼』(1891)의 性格," 『솔내 민경배교수 회갑기념 한국 교회사논총』(서울: 민경배수회갑기념논문집간행위원회, 1994), 571.
116) 죠선셩교셔회는 1888년에 언더우드의 제안으로 1889년 10월 언더우드의 집에서 창설 준비 모임이 개최되었고, 1890년 6월 25일 정식으로 조직된 기독교 단체이다. 초기 실무자로는 회장에 올링거(F. Ohlinger), 부회장에 헐버트(H. B. Hulbert), 연락 간사에 언더우드(H. G. Underwood), 기록 간사에 스크랜턴(W. B. Scranton), 회계에 펜윅이었다. 릴리어스 호턴 언더우드, 『언더우드』, 이만열 역 (서울: IVP, 2015), 56.
117) 이만열·옥성득, 『대한성서공회사 I: 조직·성장과 수난』(서울: 대한성서공회, 1993), 341.

으로 발전했던 것이다.[118] 결국 이와 같은 이유들로 인해 1893년 이후 펜윅은 번역위원회와 서경조와 결별한 후[119] 별도로 성경을 번역을 시작하여 1893년 귀국하기 전에 『약한의 긔록ᄒᆞᄃᆡ로 복음』을 출판했다.[120] 그 첫 부분인 1장 1절부터 3절까지 소개하면 다음과 같다.[121]

一 원릭 도가(예수씨라) 잇스되 도가 샹데님과 가치 계시니 도가 곳 샹데님이시라
二 이 도가 원릭 샹데님과 ᄀᆞ치 계시고
三 만물이 도로써 되야시니 무엇시던지 짓지 안이 ᄒᆞ신 것 업ᄂᆞ니라

1891년판과 1893년판을 비교해 보면, 눈의 띄는 것이 있는데, 그것은 용어의 변화이다. 즉 이 같은 변화의 원인은 펜윅이 1891년 국한문 병용체로 성경을 번역하는 가운데 받은 한자적인 영향 때문이다. 이로 인해 "처음"이 "원릭"로, "하ᄂᆞ님"이 "샹데님"로 바뀐 것이다.[122]

---

118) 김갑수, 『한국 침례교인물사』(서울: 요단출판사, 2007), 28-29.
119) 펜윅이 서경조와 결별한 것은 늦어도 1892년 8월 직후로 보인다. 그 이유는 마펫이 1892년 8월 *Church at Home and Abroad*에 "우리의 한국인 전도자들(Our Korean Evangelists)"이란 글에서 서경조가 펜윅의 조사로 언급되기 때문이다. 사무엘 A. 마펫, 『마포삼열 자료집 제1권: 1868-1894』, 옥성득 책임편역 (서울: 새물결플러스, 2017), 709; 한편, 서경조는 약 2년간 펜윅의 조사로 활동하면서 신앙적으로 펜윅의 가르침을 잘 받은 것 같다. 황해도 소래에서 활동하던 매켄지가 1894년 12월 31일 마펫에게 쓴 서신에 의하면, "서경조는 탁월한 사람, 전도사로서 뛰어난 사람입니다. 펜윅이 그를 잘 가르쳤습니다. 그는 성경을 잘 알고 있습니다. 그는 빙빙 돌리지 않고 핵심을 찌릅니다."라고 기록했기 때문이다. Ibid., 587.
120) 펜윅은 서경조가 떠난 후 성경번역을 계속했는데, 1891년의 『요한복음젼』을 수정하여 1893년에 『약한의긔록ᄒᆞᆫ대로 복음』을 간행했다. 이덕주, 『초기 한국 기독교사 연구』(서울: 한국 기독교역사연구소, 2002), 366.
121) 최봉기·펜윅신학연구소 편, 『말콤 C. 펜윅: 한국 기독교 토착화의 거보』(서울: 요단출판사, 1996), 33.
122) 안희열 박사는 펜윅의 요한복음 번역은 그의 상황화(contextualization) 선교 전략을 잘 보여주

펜윅의 성경번역은 한국 교회사적으로나 한국 침례교회사적으로나 매우 중요한 의미를 갖는다. 성서번역위원회 위원으로 활동하여 요한복음을 번역함으로 한국의 성서번역사에 기여했고, 1893년에는 단독으로 번역함으로 한국 침례교회가 성경적 토대의 교단으로 성장할 수 있는 기초를 마련했다.

6) 산업선교

펜윅은 정규 교육을 받지 못했지만 "캐나다에 있을 때 나를 농촌에 자라게 하여 농업과 원예와 상업을 가르치신 분이 주님이라고 나는 믿는다"[123]라고 말할 정도로 그는 자신이 농촌 출신인 것을 하나님의 뜻으로 여겼고, 농업, 원예, 상업에 능했다. 이로 인해 펜윅은 내한하여 소래와 원산에서 농업과 원예 관련 활동을 활발하게 했다. 이 같은 펜윅의 활동을 필자는 "산업선교"라고 명명하고자 한다. 물론 펜윅은 농업 개량을 목적으로 내한한 선교사는 아니다. 그럼에도 불구하고 필자가 그의 선교를 산업선교로 명명하는 것은 그의 의도(순수한 복음 선교)와는 별도로 그가 행했던 농업 개량 활동들이 많은 영향을 미쳤기 때문이다.

펜윅은 1890년 가을에 서울에서 황해도 소래로 이주하여 바쁘게 어학훈련을 받던 중 돌연 서울로 상경했다. 그리고 1891년 봄에 다시 소래로 돌아왔는데, 그가 돌아올 때 미국에 살고 있는 형이 보낸 여러 종류의 꽃씨와 서울의 선교사들 정원에서 캐낸 꽃 뿌리와 과일들을 가지고 왔다. 펜윅은 소래에 아담한 초가집을 짓고 뜰에 가지고 온 꽃씨를 심는 등 정원과 채소밭을

고 있다고 주장했다. 안희열, 『시대를 앞서간 선교사 말콤 펜윅』(대전: 하기서원, 2019), 46-47.
123) Fenwick, The Church of Christ in Corea, 15.

마련했다.[124] 펜윅은 1891년 가을, 함경남도 원산으로 이주해서도 대단위 토지를 구입하여 과수원도 만들고 시범 농장을 마련했다. 그는 소래에서처럼 외국에서 좋은 씨앗을 구입하여 우리 풍토에 맞는 품종으로 개량하고, 조선인 농부의 농사짓는 모습을 주의 깊게 관찰하면서 영농법을 개선하는 데도 큰 관심을 보였다.

펜윅이 농장 경영에 몰두했던 이유는 무엇인가? 첫째, 자립선교의 토대를 마련하고자 했던 것으로 보인다. 당시 국내에 들어와 있던 많은 교파 선교사들은 본국에서 보내오는 선교비로 활동했고, 이들 선교비로 학교와 병원을 건립하여 스스로 자립할 수 있는 토대를 마련했다. 그리하여 장로교와 감리교 선교사들은 '학교-병원-교회'라는 삼각구도를 형성하여 국내선교의 발전을 이루었다. 반면, 펜윅은 한국연합선교회(CUM)에 후원을 받았지만 전적으로 모든 비용을 받는 것은 아니었던 것 같다. 이는 선교회 외 다른 이들이 그에게 선교비를 보내려 했던 것에서 알 수 있다.[125] 펜윅은 비신자 형이 보내주려 했던 돈이나 어떤 특정 교단의 경제적인 후원 모두를 거절했기에 그는 늘 궁핍에 시달려야 했다. 더욱이 1891년 가을 서신사건 이후 본국 선교회와의 관계가 급격하게 악화되면서 그는 궁여지책으로 자립선교를 구상했다. 그리하여 땅을 구입해 경작하여 나온 수입으로 자립선교를 이루고자 했다.

둘째, 펜윅 자신이 가장 잘할 수 있는 선교 방법이었다. 앞서 언급했듯이 펜윅은 학교에서 정규교육을 받지 못했다는 한계가 있으나, 또 다른 측면에서 그는 삶의 현장에서 독학으로 다방면의 생활능력을 습득한 장점을 갖고

---

124) Ibid., 32.
125) 안희열, 『시대를 앞서간 선교사 말콤 펜윅』(대전: 하기서원, 2019), 40-41.

있었다. 이에 대해 그는 다음과 같이 기록했다.[126]

> 캐나다에 있을 때 나를 농촌에서 자라게 하여 농업과 원예와 상업을 가르치신 분이 주님이라고 나는 믿는다. 그곳에서 나를 북서부로 보내 변방의 생활을 익히게 하시고, 다음에는 법률 사무소에 들어가 법 절차를 배우게 하신 후, 회사에 들어가 실제적인 회계와 은행 거래를 배우게 하셨다. 내가 하나님 나라의 가문에 다시 태어나 주 예수의 몸된 제자가 되기 전에 이 모든 것을 가르치셨다. 그 뒤에 나는 사람들을 관리하고 업무를 체계화하는 방법을 배웠다. 마지막 이 두 가지가 내게 현실 생활을 가르친 가장 큰 요인들 즉 해외 선교에서 열매를 맺게 한 요인들이라고 생각한다.

펜윅은 농촌에서 살면서 농업분야의 기술을 체득했다. 장성하여 집을 떠나 객지생활을 하면서는 일반법과 회계법 및 금융 그리고 도매업 등의 상업분야의 지식을 체득했다. 특히 그는 어려서부터 몸에 익은 농사와 원예에 매우 능했다. 훗날 그는 이 모든 것은 주님께서 자신을 선교사로 훈련시킨 결과라고 그는 굳게 믿었다.

결국 펜윅은 땅을 구입한 후 자신의 특기를 살려 그곳에 농사와 원예를 했고, 이를 통해 조선인과의 접촉을 갖고자 했다. 이것은 당시 장·감 선교사들의 교육과 의료선교 일변도에서 벗어난 또 다른 선교의 패러다임이었다.[127] 펜윅은 자신이 살아오면서 겪은 생활 방식을 선교에 접목하고자 했다.

---

126) Fenwick, *The Church of Christ in Corea*, 15.
127) 박용규는 펜윅이 시도한 원산의 모범 농장은 새로운 선교 모델로 주목받았다고 했다. 박용규,

7) 한국 선교 철수

1891년 가을, 원산으로 이주한 펜윅은 그곳에서 농장을 경영하는 등 자립선교의 기반을 닦고자 노력했으나 1893년(30세)에 돌연 귀국길에 오른다. 그가 귀국하여 1893년 7월 6일부터 13일까지 개최된 나이아가라 사경회에 참석한 것을 미루어볼 때 그는 늦어도 1893년 5월을 전후하여 조선을 떠났을 것이다. 그렇다면 그는 왜 갑자기 조선을 떠났던 것일까? 그 이유를 우리는 다음 세 가지 정도로 생각할 수 있다.[128] 첫째, 한국연합선교회(CUM)의 선교후원 중단이다. 1891년 가을 서신사건으로 인해 펜윅과 한국연합선교회와의 관계가 급격하게 소원해졌는데, 이는 선교후원이 중단될 수도 있는 심각한 상황이었다. 이에 펜윅은 원산으로 이주하여 대규모 농장경영을 통해 자립선교의 토대를 구축하고자 했다. 그러나 타지에서의 농장 경영은 그의 생각처럼 순탄하지 않았다. 결국 본국 선교회의 선교비 중단과 농장 경영의 실패로 인해 펜윅은 귀국할 수밖에 없었다.

둘째, 선교의 가시적인 성과 결여를 들 수 있다. 한국연합선교회(CUM)는 초교파 선교단체로, 회원들의 후원에 절대적으로 의존하고 있었다. 회원들의 후원을 위해서 파송된 선교사들의 성과가 필요했다. 물론 이것은 교파 선교부에서 파송된 선교사들도 예외가 아니었다. 그러나 선교의 성과 요구는 교파 선교사보다 초교파 선교사에게 더 큰 압박이었다. 선교의 실적이 좋아야 더 많은 선교후원금을 모을 수 있기 때문이다. 그런 측면에서 앞서 살폈

『한국 기독교회사』(서울: 생명의말씀사, 2004), 700-701.
128) 허긴 박사는 펜윅의 귀국 이유를 다음 2가지로 보았는데, 곧 언더우드와의 갈등과 평신도 선교 사역의 장애가 그것이다. 허긴, 『한국 침례교회사』(대전: 침례신학대학교출판부, 2000), 35-36.

듯이 펜윅은 뚜렷한 가시적인 성과를 얻지 못했다. 아마도 이것이 본국 선교회의 선교비 중단에 또 다른 이유로 작용했을 것이다.

셋째, 선교정책의 실패와 평신도 선교사로서의 한계이다. 펜윅은 1911년 출간된 자신의 자서전에서 19년 전인 1892년 한국 선교를 회상한다. 여기서 그는 자신의 생각이 꽉 막혀 융통성이 없고, 백인우월주의에서 나온 헛된 자존심으로 인한 선교 실패담을 적고 있다. 한국 선교에 있어서 본토인 신자를 통한 전도가 얼마나 중요한가를 지적하면서, 스스로 제1차 한국 선교의 실패를 자인(自認)한다.[129] 더불어 펜윅이 귀국한 후 무엇보다도 서둘러 목사 안수를 받은 것에서 알 수 있듯이 평신도 선교사로서의 한계 역시 한국 선교 철수의 중요한 요인이 되었다. 조선에 파송되어 온 대부분의 외국선교사들이 목사였던 반면 펜윅은 평신도였다. 이로 인해 펜윅은 선교현장에서 평신도 선교사라는 한계에 직면했고, 보다 효과적인 선교를 위해서는 목사가 되어야 한다고 강하게 느꼈던 것이다.

8) 평가

1889년에 내한하여 1893년에 귀국하기까지 펜윅의 제1차 한국 선교는 20대 중반에서 30대 초반에 이르는 젊은 평신도 선교사의 열정과 고뇌가 오롯이 담겨 있다. 즉 복음 선교를 향한 뜨거운 열정과 이를 구현하는 과정에서 발생한 갈등과 시행착오의 자취들을 남겼다. 그의 제1차 한국 선교는 캐나다한국연합선교회(CUM) 선교사로서 약 4년 가까이 서울, 황해도 소래, 함경남도 원산에서 사역했는데, 이 같은 그의 활동을 어떻게 평가할 수 있을까?

---

129) Fenwick, *The Church of Christ in Corea*, 54-56.

첫째, 펜윅에 의해 이 땅에 한국 침례교가 처음 시작됐다는 역사적 의의가 있다. 펜윅의 내한이 한국 침례교의 효시(嚆矢)라는데 여러 이견이 있다. 대표적으로 교단 밖과 안에서의 주장들이 있다. 먼저 교단 밖에서는 펜윅을 파송한 한국연합선교회(CUM)가 신앙선교(Faith Mission)의 영향을 받아 초교파적으로 설립됐고, 펜윅 역시 뚜렷한 교파적 성격을 갖고 있지 않았으므로 그의 한국 선교는 침례교 선교의 효시가 될 수 없다고 유영식 박사와 박창식 박사가 대표적으로 주장하고 있다.[130] 한편, 교단 내에서도 펜윅에 대한 여러 논의가 분분하다.[131] 그럼에도 불구하고 필자는 그가 한국 침례교의 문을 연 최초의 인물이라고 보는데, 가장 큰 이유는, 동시대 사람 특히 그의 어학선생이었던 서경조가 펜윅을 침례교 목사로 인정하고 있기 때문이다.[132] 물론 평신도였던 펜윅을 목사로 보았다는 것은 다소 오류일 수 있다. 이는 당시 내한선교사들 대부분이 목사였기 때문이다. 이로 인해 펜윅도 목사였을 것으로 여겨 서경조가 목사라고 불렀을 것이다. 한편, 당시 선교사들도 펜윅을 목사로 인식하는 이들이 많았다.[133] 결국 이런 사실들을 미루어 볼 때, 펜윅이 한국 침례교의 효시라는 사실을 부정하기는 어렵다. 또한 대부분의 한

---

130) 유영식 박사와 박창식 박사의 주장에 대해서 다음 글을 참고하라. Young-Sik Yoo, "The impact of Canadian missionaries in Korea: A Historical survey of early Canadian Mission work 1888-1898," Ph.D. diss, (University of Toronto, 1996), 219-64; 박창식, 『경북기독교회사』(서울: 코람데오, 2001), 147-50.
131) 기독교한국침례회 내의 펜윅의 한국 선교에 대한 논의는 다음 두 책을 참고하라. 김용국, 『한국침례교사상사: 1889-1997』(대전: 침례신학대학교출판부, 2005), 178-86; 안희열, 『시대를 앞서간 선교사 말콤 펜윅』(대전: 하기서원, 2019), 112-120.
132) 徐景祚, "徐景祚의 信道와 傳道와 松川教會 設立歷史," 『神學指南』 제7권 4호 (1925. 10), 92.
133) 마펫도 펜윅을 목사라고 했고, 언더우드 선교사 부인 릴리어스 언더우드도 그를 목사라고 했으며, 그리어슨 역시 펜윅을 목사라고 했다. 마포삼열, 『마포삼열 자료집 제1권: 1868-1894』, 옥성득 책임편역 (서울: 새물결플러스, 2017), 679; 릴리어스 호턴 언더우드, 『언더우드』, 이만열 역 (서울: IVP, 2015), 56; 로버트 그리어슨, 『조선을 향한 머나먼 여정: 로버트 그리어슨의 선교일화와 일기』, 연규홍 역 (오산: 한신대학교출판부, 2014), 299.

국 기독교 역사와 한국 교회사 책에서 펜윅의 한국 선교를 한국 침례교의 시작으로 보고 있는 것도 중요한 근거가 된다. 다만 그는 교파에 매이기보다는 나이아가라 사경회의 영향에 따른 초교파적인 정신을 지향했던 것이 사실이다.

둘째, 산업선교의 모델을 보여주었다. 앞서 언급했듯이 장로교와 감리교 선교사들은 교육과 의료 중심의 간접선교를 했다. 이것 역시 당시 한국 실정에서 절실히 필요했던 분야이다. 그러나 이것 못지않게 중요한 것이 바로 펜윅이 했던 농업 중심의 산업선교이다. 조선 말기 한국의 사업은 대부분 농업 중심이었다. 전 인구의 8할 이상이 농업에 종사할 정도로 농업 인구가 많았다. 그러나 기후적 특성과 낙후된 농법으로 인해, 소출은 그다지 많지 않아 소위 '보릿고개'라고 하는 힘겨운 삶의 연속이었다. 펜윅은 이러한 삶의 환경을 자립선교를 실현하고 한국인과의 접촉점을 늘리는 선교의 기회로 승화시켰다. 펜윅의 산업선교는 YMCA와 조선예수교연합공의회가 1920년대 농촌사회운동을 시작하기 30여 년 전에 이미 실행되었다는 측면에서 한국 교회사적인 의의가 있으며,[134] 오늘 우리에게 또 다른 시사점을 준다. 즉 관계 중심의 접촉점을 갖는 것이 무엇인지 펜윅에게서 배울 수 있다.

4. 나오는 말

스코틀랜드계 캐나다 이민자 펜윅은 그의 나이 5세 때 부친의 사망으로 인해 불우한 환경에서 성장했고, 비록 정규교육을 받지 못했으나 그의 모친

---

134) 한국 기독교의 농촌사회운동에 대해서는 나음의 논문을 참고하라. 민경배, "韓國基督教의 農村社會運動: 1925~1938년을 중심으로," 『동방학지』 제38호 (1983), 179-220.

의 사랑과 가정교육, 함께 살았던 매킨토시 목사의 영적 지도에 힘입어 바르게 성장했다. 일찍부터 객지생활을 통해 자립심을 기르고 자수성가 할 수 있었다. 어머니의 병환으로 인한 유언이 계기가 되어 회심한 그는 나이아가라 사경회를 통해 신앙교육과 훈련을 받았다.

어느 날 펜윅은 하나님으로부터 선교사로 부름을 받는다. 처음에 그는 자신이 신학교육은커녕 정규교육조차 받지 못했다는 사실을 들어 주저한다. 그러나 여러 체험 속에서 결심을 한 후 한국연합선교회(CUM)의 후원을 받아 평신도 선교사로 내한했다. 처음 서울에 정착한 이래 서경조를 만나 소래로 이주했고, 마침내 원산에 이르러 선교본부를 설립했다. 상임성서번역위원회 위원으로 서경조와 함께 요한복음을 번역하는 한편, 원산에 땅을 구입하여 산업선교의 길도 모색했다. 그러나 후원 선교회의 선교비 중단으로 한국 선교를 접어야 했고, 마침내 내한한 지 약 4년 만에 귀국했다.

펜윅은 한국을 버리지 않았다. 서신사건으로 그와 별로 사이가 좋지 않던 언더우드조차 펜윅이 비록 한국을 떠났지만 그의 온 마음과 동정심은 한국에 있으므로 십중팔구 돌아올 것으로 보았다.[135] 그의 예견대로 펜윅은 1896년에 돌아왔다. 펜윅은 1893년 귀국하여 약 3년간 캐나다와 미국에 체류하면서 매년 여름마다 열리는 나이아가라 사경회에 참석했고, 클래런던 스트리트 침례교회(Clarendon Street Baptist Church)를 시무하던 고든(A. J. Gordon)의 보스턴선교사훈련학교(Boston Missionary Training School, BMTS)에서 수학했다. 그러나 동창생 명단에 그의 이름은 기록되어 있지 않다. 『고든 대학교 동창회 주소록』에 수록된 동창회 규정에 의하면 1년간 전임학생이어야 동창생이 될 수 있다는 규정으로 미루어볼 때 그는 보스턴 선교사학교의 임시학

---

135) 이만열·옥성득, 『언더우드 자료집 II』(서울: 연세대학교출판부, 2006), 272.

생 혹은 청강생이었을 가능성이 있다.[136] 1894년 과정을 마친 후 고든과 피어선(A. T. Pierson) 목사를 통해 목사 안수를 받았고, 한국순회선교회(Corean International Missionary, CIM)를 조직한 후 1896년(33세)에 이 선교회의 회장이요 최초 선교사로 다시 내한함으로 그의 제2차 한국 선교가 시작되었다.

---

136) 안희열, 『시대를 앞서간 선교사 말콤 펜윅』(대전: 하기서원, 2019), 153.

제3장

엘라씽기념선교회의
한국 선교
(1895-1901)

제3장 엘라씽기념선교회의 한국 선교 (1895-1901)

1. 들어가는 말

2015년은 최초로 한국에 침례교회를 세운 엘라씽기념선교회(Ella Thing Memorial Mission) 설립 및 한국 선교 120주년이 되는 매우 뜻 깊은 해였다. 이 선교회는 1895년에 미국 북침례회 계통의 클래런던 스트리트 침례교회(Clarendon Street Baptist Church)에서 개인의 후원으로 설립된 선교단체로, 설립 초창기부터 1901년까지 한국 선교를 했다. 이 선교회의 한국 선교가 역사적으로 중요한 이유는 다음과 같다.

첫째, 초교파 선교단체로 구체적인 한국 선교 열매를 맺었다는데 있다. 한국의 개신교 선교는 1884년부터 본격적으로 시작됐는데, 주로 교파 선교부를 중심으로 이루어졌다. 대표적으로 4개의 장로회(미북장로회, 미남장로회, 호주빅토리아장로회선교회, 캐나다장로회) 선교부와 2개의 미국 감리회(북감리회, 남감리회) 선교부, 그리고 영국 성공회가 있다. 한편, 초교파적인 선교단체의 후원에 의한 독립선교사들도 속속 내한했다. 1888년에 입국한 게일(J. S. Gale)은 토론토대학 기독청년회(YMCA) 후원으로 활동하다가 1891년 미북장로회로 이적했다. 게일과 함께 입국한 하크니스(R. Harkness)는 캐나다 한국연합선교회(CUM) 후원을 받았으나 1889년 6월 예기치 않은 질병으로 인해 한국을 떠나 일본을 거쳐 귀국했다. 1889년 펜윅(M. C. Fenwick)은 하크니스 후임으로 한국연합선교회(CUM) 후원으로 내한했으나 여러 선교적 장애로 인해 1893년에 귀국했고, 1890년에 입국한 하디(R. A. Hardie)도 토론토의과대학 기독청년회(YMCA) 후원으로

클래런던 스트리트 침례교회

내한했지만 1898년에 미남감리회로 소속을 옮겼다. 1893년에 입국한 매켄지(W. J. Mackenzie) 역시 캐나다 독립선교사로 내한했으나 1895년 일사병과 신열(身熱)에 의한 정신이상에 의해 권총으로 자살함으로 생을 마감했다. 이처럼 초기에 내한했던 초교파 선교사들은 교파 선교사로 이적하거나 귀국 또는 단명함으로 한국에서 뚜렷한 선교적 열매를 맺지 못했다. 그러나 클래런던 스트리트 침례교회 담임목사인 고든(A. J. Gordon)의 초교파적 성향에 영향을 받아 설립된 엘라씽기념선교회는 약 6년간 한국 선교를 지속하며 충청 지역의 금강 유역에 교회를 설립함으로 한국 교회사적으로 의미 있는 열매를 맺었다.

둘째, 엘라씽기념선교회의 한국 선교로 이 땅에 침례교회가 설립되었다. 한국 침례교는 1889년에 내한한 펜윅으로부터 그 연원(淵源)을 찾을 수 있다. 그러나 그가 한국에 체류했던 약 4년간 서울, 황해도 송도, 함경남도 원산에서 활동했으나 가시적인 열매를 맺지 못한 채 1893년에 급거(急遽) 귀국했다. 그기 떠난 2년 후 엘라씽기념선교회 선교사들이 내한하여 충청남도

강경과 공주에 선교본부(station, 선교지부)와 교회를 설립했고, 금강 주변(충청남도와 전라북도) 마을에 23개 학습반(성경공부반)을 마련하는 등 가시적이고 괄목할만한 선교적 열매를 맺었다. 그러나 본국 선교회의 어려움으로 점차 후원이 줄어들다가 급기야 끊기게 되어 결국 1901년에 철수할 수밖에 없었는데, 이때 1896년에 다시 내한하여 원산에서 활동하던 펜윅에게 선교지를 인계했다. 펜윅은 엘라씽기념선교회를 인수한 후 이미 자신이 설립하여 운영하던 한국순회선교회(CIM)에 합병했다. 이후 펜윅의 리더십과 한국인 신자들의 눈부신 전도활동에 힘입어 한국순회선교회(CIM)는 성장을 거듭했고, 마침내 1906년에 충청남도 강경에서 총회(대화회)를 결성함으로 현재 기독교한국침례회의 전신인 '대한기독교회'가 시작되었다.

이번 장에서는 이 같은 엘라씽기념선교회 활동의 중요성을 인식하여 이 선교회의 한국 선교에 대해 고찰하고자 한다. 이를 위하여 이 선교회의 설립과 선교사 파송, 파송된 선교사들의 활동지역과 활동영역, 그 성과 등에 대해 다각도로 살필 것이다.

2. 엘라씽기념선교회의 설립과 선교사 파송

1) 설립과정

엘라씽기념선교회를 진술하기 전에, 먼저 이 선교회와 깊은 연관이 있는 고든(A. J. Gordon, 1836-1895)[137]과 보스턴선교사훈련학교(Boston Missionary

---

137) 고든은 한국교회의 찬송가 315장 '내 주 되신 주를 참 사랑하고'를 작곡한 분으로 널리 알려져 있다.

Training School, BMTS)에 대해 살펴보자. 19세기 말 미국의 유명한 부흥사요 미북침례회의 대표적 인물인 고든은 1836년 미국의 뉴햄프셔 주 뉴햄톤(New Hampton)에서 출생하여 15세 때 회심했고(1851년), 1860년에 브라운(Brown) 대학을, 1863년에 뉴톤(Newton) 신학교를 졸업했다. 신학교 재학 시절인 1863년 매사추세츠 주 웨스트 록스베리(West Roxbury)에 있는 자메이카 광야침례교회(Jamaica Plain Baptist Church)로부터 담임목사 청빙을 받아 일찍부터 목회를 시작했고, 같은 해 신학교 졸업 후 목사안수를 받았다. 1869년 12월 클래런던 스트리트 침례교회의 청빙을 받아 목회지를 옮긴 후, 1895년 독감과 기관지염으로 59세에 사망할 때까지 이곳에서 25년간 목회를 했다. 고든은 매우 활동적인 목회자로 성실히 지역교회에서 목회하는 가운데 1877년 가난하고 도움이 필요한 사람들을 돕기 위해 보스턴 산업기지(Boston Industrial Home)를 세웠고, 1888년 미국침례회 선교연맹과 미북침례회 해외선교회 회장으로 활동했으며, 1889년에는 보스턴선교사훈련학교를 자신의 교회 내에 세웠다. 그리고 초교파적인 나이아가라 사경회(Niagara Bible Conference)를 비롯한 여러 사경회의 유명강사로, 무디 부흥회의 후원자로,[138] 더불어 당대의 유명한 부흥사로 왕성한 활동을 했다.[139]

보스턴선교사훈련학교는 1889년 10월 2일 고든에 의해 클래런던 스트

---

138) 안희열, 『시대를 앞서간 선교사 말콤 펜윅』(대전: 하기서원, 2019), 131-34; 김용국, 『꿈의교회 120년사: 꿈의 사람, 꿈의 역사』(서울: 요단출판사, 2016), 48.
139) 유근재 박사에 의하면, 고든 목사는 아주사 오순절운동이 미국에서 일어나기 전에 오순절적 은사운동들이나 치유사역을 이끌었던 목회자 중의 한 사람이었다고 한다. 유근재, "은사주의자 Malcolm C. Fanwick: 기독교한국침례회의 전신인 동아기독교회의 설립자인 캐나다 출신의 독립선교사인 그의 생애와 신학을 오순절 은사주의 입장에서 재조명", 『오순절신학논단』 13 (2015. 12), 109.

리트 침례교회 내에 설립됐는데, 이 학교가 세워지는데 지대한 영향을 끼친 사람은 리빙스턴 내지선교회 설립자 기네스(H. G. Guinness)였다. 고든은 미국 침례회 선교연맹에서 활동하고 있던 1884년에 기네스를 처음 만났고, 그의 도움을 받아 보스턴에 선교사훈련학교(BMTS)를 설립했다. 이 학교의 설립 목적은 "자신을 그리스도께로 드리겠다는 남자와 여자 또한 국내 및 해외선 교사역에 필요한 능력과 헌신을 보이는 자들에게 간단한 과정의 성경 및 실제 훈련을 제공"하는데 있었다.[140] 입학자격은 입학생 스스로가 전적으로 주님을 섬기는 것을 입증할 만한 충분한 은사와 헌신을 지니고 있어야 하고, 분명하게 영어로 교육받을 수 있는 지식이 있어야 하며, 교회나 목사나 다른 책임 있는 기관이 입학생의 인격이나 학업 취지를 인정하는 추천이 따라야 했다.[141]

보스턴선교사훈련학교 교수로는, 초창기에 고든과 체펠(F. L. Chapell), 멕엘웨인(J. McElwain), 그레이(J. M. Gray) 등이 수고했고, 1892년부터는 메리암(F. E. Merriam), 검바트(M. R. Gumbart), 데밍(M. R. Deming), 콜만여사(Mrs A. M. Coleman)과 다른 몇 사람들이 보충되었다. 훈련과정은 2년이었고, 학위가 주어지지 않았기에 학생들의 수학기간은 필요와 상황에 따라 조절되었다. 교과과정은 성서 및 실천신학, 성경 종합연구, 성서해석학, 특별 성경연구, 성경 읽기, 영적 삶과 크리스천 사역, 선교, 찬양 등이었다.[142]

1889년 10월 남학생 15명과 여학생 1명으로 첫 수업이 시작된 이래 이듬해 40명으로 늘었고, 1894년에는 수강생이 89명에 달했다.[143] 1895년 고든

---

140) 안희열, 『시대를 앞서간 선교사 말콤 펜윅』(대전: 하기서원, 2019), 141-43.
141) Ibid., 312.
142) Ibid., 145-52.
143) Ibid., 148-49.

이 세상을 떠난 후 고든선교훈련학교로 개명되었다. 이후 이 학교는 1916년에 고든성경대학으로, 1921년에는 고든신학/선교대학이 되었으며, 1931년에는 고든 대학과 고든 신학부로 구분되었다. 1970년에는 고든 신학부

고든 목사와 7인의 안수집사들

가 대학교에서 분리되고 필라델피아에 있는 콘웰 신학부와 통합되어 고든-콘웰신학교가 되었다. 1985년에는 고든 대학이 베링톤 대학과 통합되었지만 교명은 계속 고든 대학으로 사용하고 있다.[144]

엘라씽기념선교회의 설립은 대략 다음과 같다. 클래런던 스트리트 침례교회 담임목사였던 고든은 종종 강단에서 선교지향적인 설교를 했다.[145] 또한, 교파를 초월한 활동을 통해 이를 구현했는데, 그 교회 7명의 안수집사들[146] 역시 그 영향을 받아 교회를 선교 지향적으로 운영했다. 그 중에 신발 제조회사의 총책임자로 비교적 부유했던 안수집사 사무엘 씽(Samuel B. Thing)도 있었는데, 그에게는 외동딸 엘라(Ella)가 있었다. 그녀는 자신의 병약함으로 인해 얼마 살 수 없음을 깨닫고, 자신의 상속금을 외국에서 선교사로 섬기는 분들을 위해 사용해 줄 것을 아버지에게 요청했다. 사무엘 씽과 그의

---

144) Ibid., 263.
145) 고든 목사는 종종 교인들에게 선교적인 신자가 아닌 사람은 하나님께서 상급을 주실 날이 왔을 때 잃어버린 신자가 될 것이라고 설교했다. Ernest B. Gordon, *Adoniram Judson Gordon* (New York: Fleming H. Revell Company, 1896), 222.
146) 덱스터(G. S. Dexter), 히바드(S. P. Hibbard), 퍼킨스(C. W. Perkins), 빌(L. Beal), 언더힐(E. T. Underhill), 브리드(W. H. Breed), 씽(S. B. Ting)

사무엘 씽 안수집사

외동딸 간 대화를 훗날 폴링(E. C. Pauling)은 다음과 같이 기록했다.[147]

엘라 씽은 하나님께서 자신의 손을 그녀에게서 놓은 것을 보았을 때(죽음이 임박했음을 느꼈을 때) 그리고 자신이 이 땅에서 더 이상 그녀의 주님을 섬기도록 허락되지 않은 것을 알았을 때, 아버지에게 "저에게 돌아올 유산을 어떻게 사용하실 거예요?"라고 물었다. 다시 그녀는 아버지께 "이 돈을 아직 그리스도를 모르는 사람들에게 복음을 전하는 일에 사용한다면 기쁘지 않겠어요?"라고 말했다. 그 때 그곳에서 엘라 씽 기금이 하나님께 드려졌다. 이것은 1895년 2월 이전에 있었던 일이다.

딸의 간곡한 요청에 씽 안수집사는 이것에 대해 담임목사인 고든과 상의했고, 고든은 이를 받아들여 교회 내에 선교위원회를 구성했다. 선교위원회의 논의를 거쳐 1895년 초 클래런던 스트리트 침례교회 내에 엘라씽기념선교회가 설립되었다.[148]

---

147) E. C. Pauling, "Our Work in Korea," *The Baptist Missionary Magazine* 84 (Oct. 1905), 388.
148) 스테드맨은 엘라씽기념선교회가 1895년에 설립되었다고 기록했다. F. W. Steadman, "Korea-Her People and Mission," *The Baptist Missionary Magazine* (Nov. 1901), 674.

2) 주요 특징

엘라씽기념선교회는 대체적으로 다음 두 가지의 특징을 보였다. 첫째, 초교파 선교(超敎派 宣敎)이다. 초교파 선교란 교파를 넘어 복음전도의 본질적 목적을 추구하는 선교형태를 말한다. 엘라씽기념선교회가 초교파적 선교를 지향할 수 있었던 것은 클래런던 스트리트 침례교회의 담임목사 고든의 사상적 영향에서 비롯됐다. 그는 교단 내에서도 왕성히 활동했지만 더불어 초교파적인 활동도 많이 했다. 대표적으로, 나이아가라 사경회 강사로, 무디 부흥회 후원자로, 교회 내에 보스턴선교사훈련학교를 설립하여 선교사를 양성하는 등의 활동이 그것이다. 고든의 이 같은 초교파적 정신으로 설립된 엘라씽기념선교회는 북침례회 교단 소속이 아닌 개교회(클래런던 스트리트 침례교회)에 속했고, 후원도 교단이 아닌, 개교회 성도들에 의해 이루어졌다. 이것은 고든의 탈교단주의가 반영된 것으로 볼 수 있다. 훗날 본 선교회가 재정난으로 고통을 당하면서도 끝까지 초교파적인 정신을 버리지 않았기에, 교단적인 후원 부재로 인해 문을 닫고 말았다. 더불어 엘라씽기념선교회에서 파송된 선교사들 역시 교파의식이 강하지 않았을 뿐만 아니라 뚜렷한 교파적 성격을 드러내지 않았다.

둘째, 오지선교(奧地宣敎)이다. 오지선교란 다른 사람이 선교하지 않는 곳을 선교하는 형태의 선교방법으로, 일찍이 고든은 오지선교를 지향하는 중국내지선교회나 국제선교연합회 같은 선교단체와 교류하고 후원했다. 이 같은 그의 영향으로 탄생한 것이 바로 엘라씽기념선교회이다. 엘라씽기념선교회는 고든의 오지선교의 부산물이다. 왜냐면 엘라씽기념선교회가 적도지역에 있는 아프리카에서 사역할 선교사를 훈련시키기 위해 설립되었기 때문이다. 이런 독특한 선교정책은 고든이 리빙스톤 내지선교회의 설립자인 기네스의 영향을 받았기 때문이다. 고든은 처음 아프리카와 중국에 선교사를 파송했다가 1895년 한국이 오지선교지로 선정되면서 한국에 선교사를 파송했다.[149] 이러한 엘라씽기념선교회의 오지선교 정책은 폴링이 충청도를 선교지역으로 삼고자 했을 때 구체적으로 나타났다. 장·감 중심의 선교지 분할정책에 의해 충청도와 전라도가 미남장로회의 선교지가 되지만, 미남장로회는 선교사 부족으로 인해 전라도 지역에만 치중한 나머지 충청도는 선교의 사각지대가 되고 만다. 이 때 엘라씽기념선교회는 오지선교 정책에 입각하여 미남장로회의 양해를 받아 충청도 지역을 선교지로 삼았고, 이곳에서 본격적인 한국 선교를 시작했다.

3) 한국 선교사 파송

1895년에 엘라씽기념선교회로부터 파송된 폴링, 메이블 홀(M. V. Hall), 가델린(A. Gardeline),[150] 그리고 이듬해에 파송된 스테드맨(F. W. Steadman), 엘머(A. Ellmer), 엑클스(S. AcKles), 브라이든(A. T. Briden)은 모두 보스턴선교사훈련학교에서 교육을 받은 훌륭한 인재들이었다. 이들이 한국의 선교사로 올 수 있었던 것은 1893년 펜윅이 보스턴선교사훈련학교에서 임시학생(청강생)으로 수학하는 동안 고든 목사와 다른 동료 학생들에게 한국을 소개하면서

---

149) 안희열, 『시대를 앞서간 선교사 말콤 펜윅』(대전: 하기서원, 2019), 153-54.
150) F. W. Steadman, "Korea-Her People and Mission," *The Baptist Missionary Magazine* (Nov. 1901), 674; 한편, 안희열 박사는 이들이 엘라씽기념선교회가 설립되기 전 1894년 5월에 먼저 파송을 받아 일본에서 체류한 뒤 11월에 내한했고, 이후 엘라씽기념선교회 선교사로 허입되었다고 주장했다. 안희열, 『시대를 앞서간 선교사 말콤 펜윅』(대전: 하기서원, 2019), 155.

이곳의 선교가 매우 시급하다고 역설했기 때문이었다.[151]

엘라씽기념선교회의 첫 선교사로 선발된 폴링에 대해 살펴보자. 그는 1864년 미국의 펜실베니아 주 엘림스포트(Elimsport)에서 출생하여, 1888년 버크넬 아카데미(Backnell Academy)를 졸업했다. 1889년 인디애나 주 발파리소 사범학교(Valpariso Normal School))에서 특별학생으로 1년간 수학한 후, 1889년 가을 버크넬 대학교(Backnell University)를 입학하여 1893년에 졸업했다. 그는 대학 재학 중에 노섬벌랜드교회(Northumberland Church)의 청빙을 받아 목회를 했고, 1894년 고든의 초청으로 보스턴 근교 벙커힐 침례교회(Bunker Hill Baptist Church)에서 부흥회를 인도했다. 고든의 권유로 보스턴선교사훈련학교에서 청강생(혹은 임시학생)으로 훈련을 받았다. 같은 해 4월 폴링은 펜윅 외 4명과 더불어 고든 목사와 피어선(A. T. Pierson, 1837-1911) 박사[152]로부터 목사안수를 받았다. 이후 그는 엘라씽기념선교회의 첫 선교사로 선발되어 한국에 파송되었다.[153]

폴링은 목사안수를 받은 직후인 1894년 6월 미국을 떠나 일본에 몇 달 머문 뒤 그 해 11월에 처음으로 내한했는데,[154] 이는 한국 선교 가능성을 조

---

151) Malcolm C. Fenwick, *The Church of Christ in corea, A Pioneer Missionary's Own Story* (New York: H. Doran Company., 1911), 57-58.
152) 피어선 목사는 미국 북장로교 출신으로, 『세계선교평론지』(The Missionary Review of the World) 편집장, 학생자원운동(Student Volunteer Movement. SVM) 창시자로 널리 알려져 있다. 평생 112권(54권은 공동저술)의 단행본과 36권의 소책자를 저술했고, 13,000편에 달하는 설교와 강의를 했다. 장로교를 넘어 초교파적인 사역을 했고, 1910년 12월 6주간 한국을 방문했다. 그의 뜻에 따라 1912년 피어선기념성경학원(현 평택대학교)이 서울에 설립되었다. 피어선에 대해 자세한 것은 델라반 L. 피어선이 저술한 『아더 피어선의 생애와 사상』(서울: 보이스사, 1986)을 참고하시오.
153) 오지원, "에드워드 폴링의 아들", 한국 교회사학회·한국복음주의역사신학회편, 『내게 천 개의 목숨이 있다면1: 양화진 선교사들의 삶과 선교』(서울: 한국장로교출판사, 2014), 209.
154) 김원모 박사의 『근대한국외교사연표』에 의하면, 미국 침례교회 폴링 목사가 선교를 위해 음력 1894년 10월 29일에 내한했다고 한다. http://db.history.go.kr/id/tcmd_1894_10_29_0010

폴링 선교사

사할 목적이었다. 그는 내한 직후 당시 서울에서 활동하던 미북감리회 선교사 헐버트(H. B. Hulbert)의 집에 머물면서 조심스럽게 한국 선교를 타진했다. 이 당시의 상황을 헐버트는 1894년 12월 16일 부모에게 쓴 편지에서 다음과 같이 기록했다.[155]

우리는 하숙인을 한 사람 들였습니다. 우리는 사용하지 않는 좋은 방이 둘 있었는데, 보스턴의 고든 박사 교회 출신의 침례교 선교사 폴링이 서울에 왔으며, 그를 묵게 할 곳이 없어 보여서, 우리는 겨울 동안 그를 들이기로 했습니다. 그는 근사한 사람이고, 저는 이곳에 그를 지내게 하여 무척 즐겁습니다. 그는 자신의 방에 충분히 가구를 갖추고 자신의 연료도 사고 우리에게 하숙비로 한 달에 35달러를 지불합니다. 저는 저의 새 책에 따라 그에게 조선말을 해내도록 하고 있는데, 그는 그 책의 시험용 인쇄물을 가지고 있습니다. 그는 그것을 무척이나 좋아합니다.

폴링은 1894년 말까지 한국의 선교탐사를 마친 후 다시 일본으로 돌아가 우편으로 본국 선교회에 선교보고서를 보내는 한편, 이듬해인 1895년 2월 14일 일본 요코하마에서 메이블 홀(M. V. Hall) 양과 결혼식을 올렸다. 그리고 3월 초에 일본 요코하마를 떠나 제물포를 통해 다시 내한했다.[156]

---

155) http://search.i815.or.kr/subContent.do?initPageSetting=do&readDetailId=3-008785-148
156) 송현강, "강경침례교회 초기 역사(1896-1945)," 『한국 기독교와 역사』 제42호 (2015. 3), 7-10.

1893년 내한하여 황해도 소래에서 활동하던 캐나다 독립선교사 매켄지(W. J. McKenzie)는 1894년 12월 31일 미북장로회 선교사 마펫에게 쓴 편지에서 침례교인(폴링)이 서울에 온다는 것을 들었다고 기록했다.[157] 또한 1895년 3월에 썼을 것으로 추정되는 미남장로회 선교사 드루(A. D. Drew)의 편지에도 "이미 메사추세츠 주 보스턴에서 온 침례교 선교사 폴링이 여기(서울)에 있으며, 그의 말에 따르면 이듬해(1896년)에 15명의 보충 인력이 도착하게 될 것"이라고 적혀있다.[158] 1896년 7월에 간행된 『The Korean Repository』에도 "폴링 부부 외 3명의 선교사들로 구성된 선교부가 서울의 북서쪽에 위치"하고 있음을 알려주면서, 선교사로는 폴링 부부와 가델린, 스테드맨, 엘머 순으로 밝히고 있다.[159] 당시 엘라씽기념선교회의 한국 선교사 파송은 2차에 걸쳐 이루어졌다. 1차 파송은 고든 생전(1894)에 임명된 폴링 부부와 가델린이었고, 2차 파송은 고든 사후(1895. 2. 2)에 임명된 스테드맨, 엘머와 엑클스, 브라이든 양 등 모두 7명이었다.[160]

3. 엘라씽기념선교회 선교사 내한

1) 폴링의 내한과 활동

1895년 3월 초에 입국한 폴링은 이미 4개월(1894. 11) 전에 내한하여 선교

---

157) 사무엘 A. 마펫, 『마포삼열 자료집 제1권: 1868-1894』, 옥성득 책임편역 (서울: 새물결플러스, 2017), 587.
158) Dr. Drew, "Tidings form Seoul," The Missionary (Jun. 1895), 277.
159) "The Ella Thing Memorial Mission," The Korean Repository (July, 1896), 299-300.
160) W. B. Harrison, "Journal William Butler Harrison,"『한국 기독교와 역사』제27호 (2012. 9), 253.

현장을 물색했을 때 눈여겨 두었던 서울 종로의 내자동 201번지[161] 1,000여 평을 그해 상반기(늦어도 7월 이전)에 매입하여[162] 엘라씽기념선교회 서울 선교본부(station)를 구축했다. 그리고 이미 입국해 있던 다른 교파 선교사들과 교류하는 가운데 한국 선교를 준비했다. 한편, 폴링은 언더우드의 요청으로 1895년 초겨울에 열린 미북장로회의 신학반(神學班)[163] 강사로 초빙되었다. 본 신학반은 한국인 교회 지도자 훈련을 목적으로, 일 년에 한번 선교회의 비용으로 가장 총명하고 열심히 있는 한국인 신자들을 모아서 한 달간 성경과 기독교 사역 방법을 가르쳤다. 신학반 강사로는 언더우드(H. G. Underwood), 기포드(D. L. Gifford), 무어(S. F. Moore), 폴링 등이 수고했다.[164] 또한 그는 1896년 1월에 실시된 미북장로회의 조사훈련반(助事訓鍊班) 사경회에도 강사로 초빙되었다. 이 조사훈련반은 조사반(助事班)과 사경회반(査經會班)으로 나누어 운영됐고, 참석자들은 수원·안산·배천·곡산·신천·해주·장연 등지에 있는 미북장로회 선교지회에서 선발된 기독교인들이었으며, 사경회는 한 달 이상 계속되었다. 조사 훈련반 사경회[165] 강사로는 언더우드, 기포드, 레이놀즈(W. D. Reynolds), 무어, 밀러(F. S. Miller) 부인, 폴링 등이었다.[166]

---

161) 현재 서울특별시 종로구 내자동 201번지 서울지방경찰청 자리이다. 송현강, "강경침례교회 초기 역사 (1896-1945)," 『한국 기독교와 역사』 제42호 (2015. 3), 10.
162) "The Ella Thing Memorial Mission," The Korean Repository (July, 1896), 299-300; Dr. Drew, "Korea," The Missionary (Jun. 1896), 34.
163) 신학반이 발전하여 훗날 신학교가 되었다. 馬布三悅, "長老會神學校 略史," 『神學世界』(1916. 2), 164.
164) 이만열·옥성득, 『언더우드 자료집 II』(서울: 연세대학교출판부, 2006), 285.
165) 1896년 1월에 실시된 미북장로회의 조사훈련반(助事訓鍊班) 사경회는 평양에서 열린 3주간의 도사경회로 대체되었다. 청일전쟁 이후 평안도에 신자가 급증했기 때문이다. S. A. Moffett, "Report of the Training Class, Oct. 1896." Minutes AMKM, 1896.
166) 이만열·옥성득, 『언더우드 자료집 II』(서울: 연세대학교출판부, 2006), 173-174.

폴링은 내한 초기 미북장로회에서 운영하는 신학반과 조사훈련반 사경회 강사로 활동하는 한편 자신의 전도사역에도 심혈을 기울였다. 1888년에 내한하여 활동하고 있던 미북장로회 선교사 기포드(D. L. Gifford)는 당시 폴링의 전도활동에 대해 다음과 같이 기록했다.[167]

> 침례교의 폴링 목사가 거리 한쪽에 조용히 서 있다. 양손에는 복음서와 전도지를 가득 들고 있다. 목사는 그중 한 권을 꺼내 펼치고 조용히 읽는다. 곧 한 행인이 고개를 돌려 목사를 쳐다본다. 행인은 목사에게 더 가까이 다가가지만 목사는 모르는 척 계속 읽기만 한다. 이윽고 서너 명이 주위에 모여들면 목사는 점점 큰 소리로 성경구절을 읽기 시작한다. 이 광경은 지나가는 많은 행인에게 호기심을 불러일으켜 순식간에 한 무리의 사람들이 목사 주위에 모여든다. 이때부터 우리 폴링 목사는 노방전도를 하는 다른 모든 선교사들처럼 큰소리로 설교하기 시작한다. 옆에 있던 조사가 목사를 도와 모여든 사람들에게 전도지를 나누어주고 복음서를 팔기도 한다. 이렇게 노방전도는 복음의 씨를 뿌리는 전도방법 중의 한 가지가 되었다.

거리 한쪽에서 큰 소리로 성경구절을 읽고, 설교하는 폴링에 대해 기포드

---

167) D. L. Gifford, *Every Day Life in Korea: A Collection of Studies and Stories* (Chicago: Student Missionary Campaign Library, 1898), 152; 기포드의 폴링에 대한 전도활동 기술은 1895년의 전도활동으로 보인다. 그 이유는, 1888년 내한했던 그가 1895년까지 국내에서 선교활동 한 후 1896년부터 1898년 사이에는 미국에 있었기 때문이다. 한편, 기포드의 책 *Every Day Life in Korea: A Collection of Studies and Stories*을 1995년에 한국 기독교역사연구소에서 번역 출판한 『조선의 풍속과 선교』에는 폴링을 감리교 목사로 소개하고 있는데 이는 명백한 번역 오류이다. 다니엘 기포드, 『조선의 풍속과 선교』, 심현녀 역 (서울: 한국 기독교역사연구소, 1995), 106.

는 특별한 거부감 없이 담담하게 진술한 반면, 폴링이 한국 선교 타진을 위해 내한했을 당시 그에게 집을 제공했던 헐버트는 다소 비판적으로 진술했다. 그가 1895년 7월 13일 자신의 부모에게 쓴 편지에서 폴링에 대해 다음과 같이 썼다.[168]

저는 두 분께, 고든 박사의 교회로부터 선교사로 나와 우리와 함께 몇 달을 묵었던 폴링 씨에 대해서 말씀 드렸습니다. 그런데, 저는 그가 미쳐가고 있다고 생각합니다. 어느 밤 모임에서 그는 크게 비명을 지르며 성령의 침(세)례를 받았다고 말했습니다. 여성들이 몹시 겁을 먹었기 때문에 그는 그 모임을 해체했습니다. 그 모임이 폐쇄됨으로 인해 그는 난폭하게 우리 모두가 성령을 억압한다고 말했습니다. 그 이후로 그는 그 자신이 아니지만, 정신적으로 혼란스럽다는 증거는 보여주고 있습니다. 아주 안타까운 일입니다. 그는 아주 영리한 동료였고 그래서 유망했습니다. 그는 한 달 동안 피니(Phinney)를 제외하고는 아무것도 읽지 않았고, 상당한 기간을 단식했으며, 그 성령의 침(세)례를 제외하고는 다른 어떤 것도 생각하지 않고 있습니다.

1886년 7월 육영공원 교사로 내한했던 헐버트는 당시 내한선교사들 중에서[169] 누구보다도 한국 실정을 잘 알고 있었다. 당시 조선은 선교에 자유롭지

---

168) http://search.i815.or.kr/subContent.do?initPageSetting=do&readDetailId=3-008785-148, 2019년 1월 28일 접속.
169) 헐버트 이전에 내한한 선교사는 1884년 9월 20일 알렌, 1885년 4월 5일 언더우드, 1885년 5월 3일 스크랜턴, 1885년 6월 20일 헤론, 1885년 6월 26일 아펜젤러 부부 등 10명 미만으로, 헐버트의 내한은 초기에 이루어졌다.

않았고, 더욱이 대낮에 외국인이 거리를 활보하는 것은 매우 위험했다. 이 같은 사정을 잘 알고 있던 헐버트 입장에서 볼 때, 폴링이 거리에서 크게 소리를 지르며 전도하는 것은 위험하고 무모했으므로 그의 전도를 미친 짓이라고 혹평했고, 영리했던 그가 이 같이 기이한 행동을 한 것에 대해 매우 안타까워했다. 그런데 폴링에 대한 헐버트의 이 같은 평가는 좀 지나친 면이 없지 않다. 기포드에 의하면, 다른 선교사들도 큰 소리로 노방전도를 했다고 하는데, 헐버트가 유독 폴링에게만 엄격한 잣대를 적용한 것은 지나친 처사가 아닐 수 없다. 그런 측면에서 잃어버린 영혼을 전도하기 위한 폴링의 신앙적 열정을 헐버트가 미쳤다고 폄하한 것은 재고되어야 할 것이다. 물론, 폴링이 당시 한국 상황을 고려하지 않고 열정만 앞세워 소리높여 전도한 것은 그의 사려 깊지 못한 행동이었다.[170]

폴링은 서울 사역에서 다양한 방법으로 복음을 전파했다. 예를 들면, 전도용 쪽지를 통한 노방전도, 개인심방, 개인전도가 그것이며, 그는 선교본부를 방문하는 사람들에게 열정적으로 전도했다.[171] 그러나 폴링에 의해 침례를 받은 사람은 단 한 명뿐이었는데, 그는 바로 지병석(池丙錫)이었다.[172] 그 외에 사람들은 침례를 달라고 요청했지만 폴링이 이를 거부했다.[173] 이는 그들이 침례받기에 충분한 자격을 갖추지 못했다고 판단했기 때문이었다. 1896년 여름까지 폴링이 지병석 외에 침례를 베풀지 않은 이유 중 하나는 펜윅의 영향이 컸던 것으로 보인다. 펜윅이 내한하여 활동하는 중 먼저 입국했던

---

170) 폴링이 내한했을 당시(1895년) 조선은 동학농민혁명, 청일전쟁, 을미사변 등으로 매우 어수선했고, 국가적 위기상태였다.
171) Timothy Hyo-Hoon Cho, "A History of the Korea Baptist Convention: 1889-1969," Th.D. diss (Southern Baptist Theological Seminary, 1970), 61.
172) 허긴, 『한국 침례교회사』(대전: 침례신학대학교출판부, 2000), 43-44.
173) "The Ella Thing Memorial Mission," *The Korean Repository* (July, 1896), 300.

언더우드의 한국선교를 비판한 서신사건이 있었다. 폴링은 펜윅으로부터 이 사건에 대해 들었었기에 수침자의 자격을 엄격하게 선별했다.

이처럼 전도사역에 힘썼던 폴링은 다른 교파 선교사들과 교분을 갖는 가운데 한국 선교의 길을 다각도로 모색했다. 당시 서울에 있던 선교사들은 매주일 오후 3시에 미북감리회의 배재학당 건물에서 유니온교회(Union Church)[174]로 모였는데, 이곳에서 함께 예배를 드릴 뿐만 아니라 교파를 초월하여 선교에 대한 여러 정보들을 교환하고 있었다. 예배의 설교는 선교사들이 돌아가며 맡았는데, 1896년 3월 22일 주일예배 설교자는 바로 폴링이었다.[175] 또 서울에 거주했던 선교사들은 매주 목요일 저녁에 선교사 개인의 가정에 모여 기도회를 가졌고, 주말에는 테니스 등의 여가로 함께 우정을 나누었다. 1896년 10월 26일 서울에서 열린 장로교선교부연합공의회(The United Council of Presbyterian Missions) 연례회의에 폴링은 엘라씽기념선교회를 대표하여 축하 메시지를 전했다. 그의 축전에 미남장로회 선교사 해리슨(W. B. Harrison)이 답장을 했고, 미북감리회에 대해서는 미북장로회 선교사 언더우드가 답장을 썼다.[176] 이처럼 서울에 있던 선교사들은 서로 우호적이었을 뿐만 아니라 사실상 국내의 제반 선교 정보를 함께 공유하고 있었다.[177]

폴링은 초창기 서울에 선교거점을 마련하여 이곳을 중심으로 한국 선교

---

174) 유니온교회는 1885년 6월 21일 알렌의 집에서 알렌부부, 언더우드, 헤론부부, 스크랜턴 가족이 첫 연합주일예배를 드리면서 시작되었다. 옥성득, 『다시 쓰는 초대 한국 교회사』(서울: 새물결플러스, 2016), 126.
175) W. B. Harrison, "Journal William Butler Harrison," 『한국 기독교와 역사』제27호 (2012. 9. 25), 224.
176) Ibid., 253.
177) 송현강, "강경침례교회 초기 역사(1896-1945)," 『한국 기독교와 역사』 제42호 (2015. 3 25), 12-13.

를 진행하는 가운데 한때는 부산선교를 시도했던 것으로도 보인다. 그런데 안타깝게도 지금까지 엘라씽기념선교회의 부산 선교활동 자료가 발견되지 않고 있다. 그래서 구체적으로 언제, 어떻게 선교가 시도됐는지 알 수 없다. 그러나 당시의 기독교적인 상황을 살펴보면 대략적인 짐작은 할 수 있다. 당시 부산에는 미북장로회와 호주빅토리아장로회가 자리를 잡고 있었다. 이들과의 경쟁을 원치 않았던 폴링으로서는 그곳에 선교본부를 설치하지 않았을 것으로 생각된다. 그밖에 이러저런 이유로 부산에서의 선교사역은 그리 길지 않았고,[178] 이로 인해 선교활동이 기록으로 남겨지지 않았던 것 같다.

2) 폴링의 충청도 선교 동기

서울에서 한국 선교를 준비하던 차인 1895년 9월 무렵 폴링은 충청도를 선교구역으로 설정하게 된다. 그렇다면 그가 충청도 특히 금강 유역을 선교지로 설정하게 된 이유는 무엇일까? 첫째, 폴링의 사려 깊은 판단에서 비롯되었다. 폴링이 거주하고 있던 서울은 이미 많은 선교본부가 자리 잡고 있었기에(정동에는 미북장로회와 미북감리회 선교본부가 있었고, 정동과 낙동에는 성공회, 서대문에는 미남장로회 선교본부가 존재)[179] 이곳에서의 선교는 자신의 선교관에서 볼 때, 큰 의미가 없었으므로 그는 다른 선교지를 찾아야 했다. 그러던 중에 충청도 지역이 선교의 사각지대에 놓여 있음을 알게 되었다. 앞서 언급했

---

178) 이상규, 『부산지방 기독교 전래사』(부산: 글마당, 2001), 47-48.
179) 폴링의 고민은 이후에 파송된 스테드맨도 동일했던 것 같다. 1901년에 쓰인 그의 글에 의하면, 첫 선교사 역을 서울에서 착수했으나 다른 선교사가 이미 그곳에 자리를 잡았고, 그 외의 장소들에는 비어있는 곳이 없었기에, 오지로 가는 것이 현명하다고 생각하여 서울의 남쪽 150마일 떨어진 곳 충청도에 2개의 선교본부를 세웠다고 기록했다. F. W. Steadman, "Korea-Her People and Mission." The Baptist Missionary Magazine (Nov. 1901), 6/4.

듯이 장·감 중심의 선교지 분할 협정으로 미남장로회의 선교구역이 충청도와 전라도로 설정됐으나, 사실상 미남장로회 선교는 인력 부족으로 인해 전라도에 집중되어 충청도까지 선교할 여력이 없었다. 그가 이 같은 정보를 입수할 수 있었던 것은, 서울에 머물며 여러 교파 선교사들 특히 미남장로회 선교사들과의 교류를 통해서였을 것으로 추정된다. 미남장로회가 전라도를 중심으로 선교하고 있다는 정보를 입수한 폴링은 1895년 9월 무렵 한반도의 남쪽에 위치한 충청도를 선교하기로 결심했다.[180] 이곳을 엘라씽기념선교회의 선교지로 정한 그의 사려 깊은 결심은 참으로 시의적절하고 현명한 판단이었다. 한국 선교의 기회를 찾던 엘라씽기념선교회는 폴링의 신속한 결단을 통해 충청도를 선교지로 확보하는 쾌거를 올렸다.

엘라씽기념선교회의 충청도 선교와 관련하여 보스턴선교사훈련학교 교수 채플은 폴링이 서울을 떠나 "다른 곳(충청도)에 새로운 선교센터를 개원하려고 계획 중에 있다"라고 했고,[181] 미남장로회 선교본부 기관지 『The Missionary』도 1896년 1월호에서 두 편의 글을 게재했다. 9쪽에서 "침례교 형제들이 아마도 충청도 전역을 담당할 것 같다. 우리의 영역은 전라도로 제한될 것이다"[182]라고 했고, 34쪽 드루 선교사의 글 'Korea'에서는 "침례교는 올해 4-5명의 충원을 기대하면서 그들 중 몇 명을 충청도로 내려 보내려

---

180) "The Ella Thing Memorial Mission," *The Korean Repository* (July, 1896), 299-300; 한편, 송현강 박사는 1895년 8월 9일에 쓴 미남장로회 선교사 전킨이 쓴 글에 군산과 강경 주변 상황을 비교적 자세하게 다루고 있음에도 불구하고 침례교에 대해서는 아무런 언급이 없는 것으로 보아 엘라씽기념선교회의 충청도 선교는 1895년 9월 전후로 해서 결정되었다고 봐야 한다고 주장했다. 송현강, "강경침례교회 초기 역사 (1896-1945)," 『한국 기독교와 역사』 제42호 (2015. 3. 25), 13-14.
181) F. L. Chapell, "Gordon Training School," *The Watchwood* 17 (Oct. 1895), 203.
182) Editor, "Our Field in Korea," *The Missionary* (Jun. 1896), 9.

고 하는 중이다"¹⁸³라고 밝히고 있다. 한편, 미북장로회 한국 선교 역사를 쓴 로즈(H. A. Rhodes)는 1896년 미남장로회 교회의 외국 선교회 관련 보고서를 인용하여, "(한국) 선교회는 실질적으로 (그들에게 허용된) 전라도와 충청도, 두 도 중에서…한 곳을…침례교 형제들에게 넘겨주었는데, 그것은 인력 부족 때문이었다."라고 기록했다.¹⁸⁴ 또한 1892년 11월에 내한한 미북장로회 선교사 밀러(F. S. Miller)도 "침례교인들과 장로교인들의 합의 하에 충청도가 침례교인들에게 할당되었다. 우리는 그들이 사역을 포기하기까지 들어올 수가 없었다. 그로 인해 우리의 진입이 지체되어 다른 장로교인들이 사역을 시작한 지 10년이 지나서야 들어올 수 있었다. 이 중요한 10년 동안 한국교회들이 이미 좋은 출발을 보이고 있었다"¹⁸⁵라고 했다. 결국 폴링은 선교지분할협정에 의해 이미 전라도 지역에서 사역하고 있던 미남장로회 선교사들의 양해와 도움을 받아 충청도 선교를 시작했다.

둘째, 지병석(池丙錫)¹⁸⁶의 영향이다. 지병석이 폴링을 만난 것은 적어도 1895년 10월 이전으로 보이는데, 우리는 이것을 체펠(보스턴선교사훈련학교 전임교수)의 글에서 찾을 수 있다.¹⁸⁷

이미 우리에게서 파송된 사람들로부터 오는 기분 좋은 소식은 끊임없이 격려가 되며, 또한 이곳에서 이루어진 가르침의 실제적인 가치

---

183) Dr. Drew, "Korea," *The Missionary* (Jun. 1896), 34.
184) H. A. Rhodes, 『미국 북장로교 한국 선교회사』, 최재건 역 (서울: 연세대학교출판부, 2009), 301.
185) Ibid.
186) 박창근 목사는 지병석의 한문 이름이 지금껏 알려진 池秉錫이 아니라 池丙錫이었음을 지병석의 손자 지복남을 통해 확인해 주었다. 박창근, "한국 최초의 침례가문: 강경침례교회-지병석 총장," 『성광』 제35권 7호 (1992. 7), 39.
187) F. L. Chapell, "Gordon Training School," *The Watchwood* 17 (Oct. 1895), 203.

를 분명히 입증하는 것이다. 한국(엘라씽기념선교회)에서의 새로운 선교는 이미 서울에서의 첫 개종자를 얻었고 점차 해안가 지역으로 팽창되고 있으며 그 지역의 다른 곳에 새로운 선교센터를 개원하려고 계획 중에 있다.

지병석 부부

이 글은 1895년 10월 보스턴선교사훈련학교의 오지선교에 관한 보고로, 이 같은 정보를 제공한 이는 폴링이었다. 여기에 등장하는 '첫 개종자'는 지병석일 가능성이 높다. 그는 제물포(인천) 출신의 광목(무명옷감) 파는 상인으로, 서해 뱃길을 따라 제물포에서 군산을 거쳐 강경을 오가며 장사를 했다. 강경에서 가져온 물건을 팔기위해 서울에 올라왔다가 폴링의 전도를 받았고 이내 개종한 것 같다. 체펠 박사의 글에는 1895년 10월 이전에 첫 개종자를 얻었다고 했고, 허긴 박사는 지병석이 개종한 이후 서울에서 침례를 받았다고 기술했으며,[188] 폴링은 1896년 7월의 글에서 그때(1896년)까지 한 명만 침례를 받았다고 했다.[189] 이들의 글을 종합해 보면, 지병석의 수침은 빠르면 1895년 10월 이전 서울에서, 아무리 늦어도 1896년 7월 이전 강경에서 이루어졌다고 볼 수 있다.

공교롭게도 폴링이 충청도를 선교 거점으로 결심한 시기와 지병석이 개종시기가 겹쳐있다. 이것은 폴링에게 좀 더 구체적인 선교거점을 선택하는데

---

188) 허긴, 『한국 침례교회사』(대전: 침례신학대학교출판부, 2000), 44.
189) "The Ella Thing Memorial Mission," *The Korean Repository* (July, 1896), 300.

중요한 동인(動因)이 되었다. 즉 지병석의 활동 근거지인 강경이 충청도 선교의 교두보로 낙점된 것이다. 당시 강경은 충청도에서 전라도로 넘어가는 길목이요, 양 도를 경계로 흐르는 금강의 가장 중요한 내륙 포구였다. 또한 인구가 1만 명 이상 되는 상업도시이며, 조선의 3대 시장(평양, 대구, 강경) 중 하나로 그 규모가 매우 컸고, 매매 물품도 다양했다. 또한 이곳에서 거래되는 물건은 전국적인 유통망을 통해 거래될 정도로 유명했다. 이런 지정학적 위치로 인해 당시 미북감리회와 미남장로회가 이 지역을 놓고 다툴 정도였다.[190] 한편, 강경에서 북동쪽으로 약 30마일 거리에 있는 공주는 충청감영의 소재지로, 사실상 충청지역 행정의 중심지라고 해도 과언이 아니다. 충청도에서 이보다 더 좋은 곳이 없을 정도로 강경은 선교본부 설치에 타당한 조건을 모두 갖추고 있었다.[191] 그리하여 폴링은 지병석과 함께 1895년 가을에 제물포에서 승선하여 군산을 거쳐 강경으로 가는 여행을 통해 선교본부 설치를 위한 큰 걸음을 내딛는다.

금강유역

이로써 충청도에 가장 먼저 진출한 선교단체는 바로 엘라씽기념선교회가 되었다. 다른 교단 선교사들은 가끔 서울에서 내려와 충청도를 살피는 정도

---

190) 박창근, "한국 최초의 침례가문: 강경침례교회-지병석 총장," 『성광』 제35권 7호 (1992. 7), 39-40.
191) 김홍수 박사는 충청남도 강경지역의 초기 기독교 선교의 특징에 대해 말하기를, 이 지역이 미북감리회와 미남장로회의 선교지역으로 알려져 있지만, 침례교와 성결교 역시 기독교 전파 초기부터 이 지역의 기독교 형성에 매우 중요한 위치를 차지하는 곳이라고 지적했다. 결국 강경지역은 지정학적 측면에서 충청남도 선교의 중요한 곳이었다는 것이다. 김홍수, "강경지역의 기독교: 초기 역사와 교파별 특성," 『한국 기독교와 역사』 제31호 (2009. 9), 69.

스테드맨 선교사 가족

로 왕래만 했지 지역에 뿌리를 내리고 선교하지 않았다. 그러나 엘라씽기념선교회는 서울에서 이주한 폴링이 충청도에 선교본부를 설치함으로 이곳이 엘라씽기념선교회 선교지임을 명확히 했다. 이것은 한국 교회사적으로도 매우 의미가 있으며, 한국 침례교회 사적으로도 큰 역사적 족적을 남겼다고 할 수 있다.

엘라씽기념선교회의 한국 선교는 폴링 부부의 내한을 시작으로, 선교지가 충청도로 확정된 이후 스테드맨과 다른 여선교사들(가델린, 엘머, 엑클스, 브라이든)이 속속 내한함으로 본격화 되었다. 당시 엘라씽기념선교회에서 파송된 이들 중 목사로 안수 받은 이는 폴링이 유일했으므로 그가 엘라씽기념선교회 한국 선교 책임자였다. 그가 먼저 내한하여 이후 입국할 선교사들이 활동할 수 있는 터전을 준비 했던 것이다. 내한한 폴링 부부와 가델린·엑클스는 강경에서, 스테드맨과 엘머·브라이든은 공주에서 각각 활동했다.[192] 엘라씽기념선교회의 한국 선교를 시기적으로 구분하면, 1896년~1899년까지 폴링의 강경 선교본부 사역, 1896년~1899년까지

---

192) 조효훈 박사는 당시 한국인 증언을 토대로 강경 선교본부에는 폴링 부부와 가델린, 공주 선교본부에는 스테드맨 부부와 엘머가 사역했다고 했다. Timothy Hyo-Hoon Cho, "A History of the Korea Baptist Convention: 1889-1969," Th.D. diss (Southern Baptist Theological Seminary, 1970), 61; 이렇게 되면, 엑클스의 활동 장소가 묘연해 진다. 시간이 좀 지난 후의 증언에는 공주 선교본부에는 스테드맨 부부, 강경 선교본부에는 폴링 부부와 엑클스가 있다고 했다. R. Max Willocks, "Christian Missions in Korea, with special Reference to the Work of Southern Baptist"(A Thesis Presented to the Committee on Graduate Studies Golden Gate Baptist Theological Seminary, Degree Master of Theology, 1962), 60; 이로 보건데, 아마 가델린과 엘머는 1899년 이전에 귀국한 것 같고, 엑클스는 좀 더 길게 사역했던 것으로 보인다. 송현강, "강경침례교회 초기 역사(1896-1945)," 『한국 기독교와 역사』 제42호 (2015. 3), 19-20.

스테드맨의 공주 선교본부 사역,[193] 폴링의 귀국 후 1900년~1901년까지 스테드맨의 강경·공주 선교본부 사역이다.

4. 폴링의 선교사역(1895~1899)

1) 강경 정착과 선교본부 설립

폴링이 충청도 강경에 자리 잡은 것은 이곳이 지병석의 활동 근거지였기 때문에 정착하기 용이했고, 지정학적으로는 조선 3대 시장 중 하나였으므로 선교에 유리했기 때문이었다. 1895년 9월 처음으로 지병석과 함께 강경 지역을 찾았던 그는 이곳을 면밀하게 탐사한 후, 지병석에게 엘라씽기념선교회 강경 선교본부 마련을 위한 부지와 주택 매입을 부탁했다. 그리고 이듬해 금강의 결빙이 풀리면 재방문할 것을 약속한 후 서울로 돌아갔다. 폴링의 부탁에 따라 지병석은 강경에 머물면서 1896년 초 옥녀봉 왼쪽의 일부 토지를 매입하는 한편, 그 안에 주택을 마련했다.[194] 약속대로 폴링이 이듬해 연초에 강경을 찾았고, 지병석이 마련한 처소에[195] 머무는 중에 2월 9일(폴링 선

---

193) 스테드맨도 서울의 남쪽 150마일 떨어진 곳 충청도에 2개의 선교본부를 세웠다고 말한 것을 볼 때, 이곳이 분명 강경과 공주였으며, 이들 지역을 중심으로 엘라씽기념선교회의 충청도 선교가 이루어졌다고 볼 수 있다. F. W. Steadman, "Korea-Her People and Mission." *The Baptist Missionary Magazine* (Nov. 1901), 674.
194) 송현강, "강경침례교회 초기 역사(1896-1945)," 『한국 기독교와 역사』 제42호 (2015. 3), 16.
195) 지병석의 손자 지복남의 증언에 의하면, 강경읍 북정 136번지 지병석의 집을 선교사에게 제공하여 강경침례교회가 시작됐다고 했다. 박창근, "한국 최초의 침례가문: 강경침례교회-지병석 총장," 『성광』 제35권 7호 (1992. 7), 39; 그러나 송현강 박사는 이곳이 지병석의 집이 아닌, 폴링의 요청에 의해 지병석이 마련한 엘라씽기념선교회의 재산으로 구입된 곳이라고 주장했다. 송현강, "강경침례교회 초기 역사(1896-1945)," 『한국 기독교와 역사』 제42호 (2015. 3), 17.

교사가 강경에 머물던 첫 주일)에 폴링 부부와 가델린 양 그리고 지병석과 그의 부인 천성녀 등 5명이 함께 예배를 드림으로써 한국 최초의 침례교회가 시작되었으니, 이것이 바로 강경침례교회이다. 폴링 선교사 단독으로 세운 것이 아닌, 한국인 개종자 지병석이 함께 세운 교회라는데 한국 교회사적인 의의가 있다. 그러므로 강경침례교회는 폴링 선교사의 선교와 한국인 개종자 지병석의 적극적인 참여로 만들어진 작품이다. 이는 초기 한국의 기독교 전래와 수용의 모델을 보여주는 전형적인 사례이기도 하다. 주일예배 후 폴링은 강경에 더 머물다가 2월 경 지병석과 함께 금강을 통해 공주를 방문했고, 이곳에도 선교본부 마련을 위한 구상을 했다.[196] 한편, 폴링은 3월 22일 서울의 배재학당에 있는 유니온교회 예배 설교를 위해 다시 서울로 올라갔다.

폴링이 강경의 옥녀봉 일대(북옥동 137번지) 4,732평 부지를 완전히 매입한 것은 1898년 어간이었다.[197] 이는 엘라씽기념선교회가 폴링에게 지원한 선교비 대부분을 서울 선교본부 구입에 사용하여 자금 여력이 없었기 때문이었다. 그래서 폴링은 서울 선교본부가 완전히 매각될 때까지 서울과 강경을 오가면서 사역했고, 그 동안 강경침례교회는 주로 지병석이 관리했다.[198] 1898

---

196) 조효훈 박사에 의하면, 엘라씽기념선교회가 공주에 선교본부를 개설하기로 결정한 것은 적어도 1896년 7월 이전이라고 한다. Timothy Hyo-Hoon Cho, "A History of the Korea Baptist Convention: 1889-1969," Th.D. diss (Southern Baptist Theological Seminary, 1970), 61.

197) 송현강, "강경침례교회 초기 역사(1896-1945)," 『한국 기독교와 역사』 제42호 (2015. 3), 17; 1912년 8월에 실시된 일제의 토지조사령에 따라 1912년 10월 1일 4,732평의 대지가 펜윅의 명의로 등기되었다. 『토지대장 및 등기부 등본-충청남도 논산시 강경읍 북옥리 124, 135-1, 135-2, 136, 137, 138, 139-1, 139-2』(충청남도 논산시, 1998); 한편, 박창근은 재적등본에 의하면, 지병석의 집 136번지 일대 약 3천여 평의 대지가 1939년(소화 14년 9월 12일) 원산 영정 144번지 안대벽·전치규·김재형 3인의 공동명의로 보존되었다가 1942년 일본 사람들의 신사당 강경심사로 등기가 이전되어 그 일대가 지금까지 개인 명의로 넘어가지 않고 지목 자체가 종교부지로 되어 공원화 된 것을 발견했다. 박창근, "한국 최초의 침례가문: 강경침례교회-지병석 총장," 『성광』 제35권 7호 (1992. 7), 39.

198) 박창근 목사는 지병석이 강경침례교회에서 총장직분으로 헌신했다고 한다. Ibid., 40; 한편, 총

년 8월 1일 드디어 엘라씽기념선교회 서울 선교본부의 부지가 미남감리회 여선교부에 매각되었고,[199] 이후 폴링은 완전히 강경으로 이주하여 이곳을 중심으로 금강일대를 순회하며 전도했다.

한편, 폴링은 내한 전인 1895년 2월 14일 일본 요코하마에서 메이블 홀(M. V. Hall)과 결혼한 후, 같은 해 12월 21일에 첫 아들 고든이 출생했다(폴링이 아들의 이름을 '고든'이라고 지은 것은 자신의 영적 스승인 고든 목사를 존경하는 의미에서 붙였음). 이후 프레드릭(1897. 3. 27)과 헤롤드(1898. 4. 30), 클레멘타인(1899. 8. 27) 등이 출생하여 폴링이 국내에서 활동하는 동안 3남 1녀의 자녀를 두었다.[200]

2) 금강 주변 순회전도

강경 선교본부를 중심으로 펼쳐진 폴링의 전도사역은 주로 금강을 중심

장 직분은 1906년 설립된 대한기독교회의 공적 직분이며, 이때 구성된 공식적인 기본 조직으로, 감목(총회장)-목사-감로(장로)-당원(구역, 현 지방회)을 두었다. 총장은 당원 안의 통장-총장-반장의 3개 위계 직급 중 하나이다. 이정수, 『한국 침례교회사』(서울: 침례회출판사, 1994), 60-61; 그러나 안타깝게도 한국 침례교 문헌에는 지병석이 총장으로 임명됐다는 기록이 없다.
199) J. P. Campbell, "The Remoral of Pai Hwa to its New Site," *Korea Mission Field* (Mar. 1915), 90; 한편, 폴링이 매각한 엘라씽기념선교회 서울 선교본부 자리는 미남감리회 여선교부에서 매입했고, 수리한 후에 10월 2일부터 이곳에서 배화학당이 시작되었다. J. P. Campbell, "A Condenced Report of the Woman's Work of 1898 and 1899," *Minutes of the Annual Meeting of the Korea Mission of the Methodist Episcopal Church, South* (1901), 34-35; 그런데 엘라씽기념선교회 서울 선교본부가 완전히 매각됐는지에 대해서는 다음 문헌을 통해 볼 때, 의문이 남는다. 오긍선이 1898년 12월 독립협회 해산 이후 정부의 체포령이 내려졌을 때, 그는 서울의 스테드맨 선교사 집으로 피신했다고 한다. 여기서 말하는 '서울의 스테드맨 선교사의 집'은 어디인가? 스테드맨 선교사 개인의 집인지, 아니면 엘라씽기념선교회 서울 선교본부인지 분명치 않다. 만일 이곳이 서울 선교본부라면 남감리회 여선교부에 완전 매각됐다는 오류이다. 해관오긍선선생 기념사업회편, 『海觀 吳兢善』(서울: 연세대학교출판부, 1977), 27.
200) 고든·프레드릭·헤롤드는 서울에서 출생했고, 클레멘타인은 강경에서 출생했다. 오지원, "에드워드 폴링의 아들", 한국 교회사학회·한국복음주의역사신학회편, 『내게 천 개의 목숨이 있다면 1: 양화진 선교사들의 삶과 선교』(서울: 한국장로교출판사, 2014), 210.

으로 이루어졌는데, 그의 활동을 구분하면 다음과 같다. 첫째로, 조선의 3대 시장 중 하나였던 강경을 중심으로 한 지역전도이다. 강경의 역사는 금강의 역사라고 해도 과언이 아닐 정도로 밀접하다. 금강으로 인해 강경은 일찍부터 수로와 육로를 잇는 요충지가 되었고, 시장이 발달했다. 조선 후기 이후 농업생산력이 풍부해지고 교통이 발전하여 물자가 집결하기 용이하게 된 금강유역은 충청도와 전라도 일대 산물이 집결하는 유통로가 되어 괄목할만한 경제발달지역의 하나가 되었다. 18세기 이후 미곡, 면화, 면포 등이 주요한 상품으로 등장하면서 장시(場市)가 발달하자 금강유역의 공주·청주·강경 포구는 전국적으로 대표적인 상업도시로 발전했다. 장시가 발달함에 따라 임천장·한산장·서천장·홍산장 그리고 금강 건너 함열장이 하나의 시장권으로 형성되었고, 강경포구는 금강 유역의 대 포구이자 원격지 교역의 창구로서 각지의 상선이 모여 교역을 행하는 중심으로 발전했다. 강경 포구를 중심으로 한 상품 유통권은 북으로 논산, 노성을 거쳐 공주에 이르고, 남으로 여산, 삼례를 거쳐 진주에 이르고 있어 가히 전라북도와 충청남도의 주위 200리에 걸쳐 있는 상인들이 빈번히 내왕할 만 했다. 뿐만 아니라 경강을 비롯한 영산강, 낙동강 유역의 시장 그리고 제주도와의 교역도 모두 강경 포구를 통하여 이루어졌다.[201]

17세기 말엽에 강경천 주변 하시장에 이어 1870년에 옥녀봉 동쪽 기슭에 상시장이 설치되면서 2대 포구(강경, 원산), 3대 시장으로 발전했다. 당시 강경의 최대인구는 3만여 명에 달했고, 상인 등 유동인구까지 합하면 10만 명에 이를 정도로 대도시를 방불케 했다. 강경의 상권은 충청도와 전라도의 22개

---

201) 김민영·김중규, 『금강 하구의 나루터·포구와 군산·강경지역 근대 상업의 변용』(서울: 도서출판 선인, 2006), 18-20.

군에 달했다. 한편, 18세기 강경은 강경천을 이용한 수운 교역에 의해 옥녀봉의 동남지역에 중심시가지가 형성되었고, 정주인구의 증가로 이어졌다. 19세기 말에는 수운교통의 발달과 물동량의 증가로 옥녀봉 아래 외항과 강경천 하안의 내항으로 분화하여 발달한다.[202]

시장은 사람이 모이는 곳이요, 매매를 통해 생활경제가 이루어지는 곳이다. 장이 서면 사람들이 사방에서 모여들어 인산인해를 이루니, 이런 시장에 대해 선교사들이 관심을 가졌다는 것은 어쩌면 지극히 당연한 일이다. 미북장로회 선교사 마펫의 경우도, 장시 루트를 이용한 본격적인 선교 거점과 선교지 확장을 위한 전도활동을 꾀했다.[203] 특히 조선의 3대 시장 중 하나인 강경에 선교본부를 설립한 폴링으로서는 더욱 그랬다. 그래서 장이 설 때마다 그는 복음을 열심히 전했으며, 이런 지역전도를 통해 결신자들이 생겨났다.

둘째, 나룻배를 통한 금강 주변지역의 순회전도이다. 금강 주변을 둘러쌓고 있는 지금의 충청남도와 전라북도는 그 명칭이 나뉘어있을 뿐, 사실상 고대시대부터 하나의 생활권을 이루면서 살아왔다. 이들 지역은 내륙의 교통로보다 해상의 교통로가 더 발달한 관계로, 수로에 더 익숙해 있었고, 수로를 통해 모든 삶이 형성되었다. 금강 사이로 충청남도에는 논산·은진·강경·임천·한산·서천이, 전라북도에는 익산·용안·옥구·군산이 서로 인접해 있는데, 이들은 생활뿐만 아니라 대 곡창을 이루고 있어 물동량도 많았다.

1895년 봄, 선교지 답사를 위해 군산에서 강경까지 배를 타고 거슬러 올라갔던 미남장로회 선교사 전킨(W. M. Junkin)이 세어본 바에 의하면, 70개의 마을이 그 구간의 연안에 있었고, 강경의 언덕(옥녀봉)을 중심으로 주변에 50

---

202) "역사의 흔적을 간직한 도시 강경," 『열린 충남』 제35호 (2006), 174-77.
203) Ibid., 64.

개의 마을이 존재했다고 한다.[204] 그만큼 금강 유역의 충청남도와 전라북도는 복음을 전할 수 있는 최적의 조건을 갖추고 있었다. 폴링과 함께 이곳에서 복음을 전했던 스테드맨 선교사는 훗날 이곳의 사람들에 대해 말하기를, "주민들은 온순하고 인내심이 몸에 배어 있었으며 친근했다"[205]라고 회상했다. 이런 지역에서 폴링은 배를 마련하여 강경에서 금강 하구에 이르는 여러 지역을 다니면서 복음을 전했다. 주로 충청남도 지역은 논산·은진·강경·임천·한산·서천 등지였고, 전라북도 지역은 익산·용안·옥구·군산 등지였다.

엘라씽기념선교회 충청도 선교는 폴링이 강경에 자리를 잡은 이후 강경포구를 중심으로 이루어졌으며, 나중에 입국한 스테드맨이 공주에 선교본부를 설립한 이후에는 강경·공주·칠산에 세워진 교회를 삼각구도로 하여 이곳을 중심으로 금강 유역의 순회전도가 시도되었고, 이를 통해 인근 각처에 복음을 전파했다. 한편, 폴링은 주재(駐在 또는 定住) 선교사가 아닌 순회선교사였기에, 강경 선교본부를 중심으로 1896년에 설립된 강경침례교회와 칠산침례교회를 정기적으로 순회하며 주변지역도 함께 사역했다.[206]

3) 금강 주변 학습반 형성

초기 한국교회는 내한선교사들의 순회전도를 통해 기독교가 곳곳에 전

---

204) Dr. Drew, "Korea," *The Missionary* (Jun. 1896), 34.
205) F. W. Steadman, "Korea-Her People and Mission." *The Baptist Missionary Magazine* (Nov. 1901), 674.
206) 칠산침례교회는 폴링의 금강 유역 순회선교로 뿌려진 복음을 통해 1896년 여름 칠산 지역에 예배처소가 생기면서 신앙 공동체가 형성된 것이 모체가 되었고, 이것이 점차 발전하여 1900년 여름을 지나면서 체계적인 조직교회로 발전했다. 오지원, 『칠산침례교회 120년사』(부여: 칠산침례교회, 2016), 99.

파되었다. 그리고 예비신자들을 대상으로 한 신앙교육이 실시됐는데, 한 실례를 1890년에 내한한 북장로회 선교사 마펫(S. A. Moffette)에게서 찾을 수 있다.[207]

> 브라운 의사가 떠난 후 저는 젊은 김 씨가 사역해 온 여러 마을로 순회 여행을 떠났습니다. 저는 김 씨의 사역을 보고 무척 기뻤으며, 그가 그동안 전도한 그 지역의 중심지에서 5일간 지내면서 주변 마을에서 온 수많은 구도자들을 만나고 가르쳤습니다. 많은 사람들이 저를 만나 복음에 대해서 이야기하기 위하여 20-30리 떨어진 곳에서 찾아왔습니다.

이것은 마펫이 1892년 9월 6일에 미북장로회 해외선교부 총무 엘린우드(F. F. Ellinwood)에게 보낸 선교보고서 내용이다. 마펫은 먼저 한국인 김씨를 전도하여 그를 개종시킨 후 그가 살던 지역에서 사역하도록 했다. 이후 그를 통해 믿기로 작정한 이들이 생기면, 이곳을 방문하여 예비신자들을 교육했다. 그리고 이들 중 문답을 통해 세례를 베푼 후, 그를 공동체의 지도자로 세워 지역전도의 구심점으로 삼았다. 이것이 모체가 되어 지역사회에 신앙 공동체가 세워졌고, 성장하여 조직교회로 발전했다.

이 같은 순회전도 사역의 모습을 폴링에게도 찾을 수 있다. 그는 금강을 중심으로 순회전도를 한 후, 지역사회에 결신자가 생기면, 그곳을 다시 방문하여 예비신자 교육을 위한 거점을 확보했는데, 이곳을 지역사회의 전도 구

---

207) 사무엘 A. 마펫, 『마포삼열자료집 제1권: 1868-1894』, 옥성득 책임편역 (서울: 새물결플러스, 2017), 293.

심점으로 활용했다. 그 실례를 우리는 스테드맨의 기록에서 발견할 수 있는데, 바로 '23개 학습반'(twenty-three classes of baptized believers started in different places)이 그것이다. 스테드맨에 의하면, 1900년 당시 금강 주변에 침례 받은 신자들로 구성된 23개 학습반(성경공부반)이 있었다고 기록했다.[208]

> 지난 해(1900년) 우리들은 단독으로 일했지만 두 곳의 사역지의 일을 돌보는 일에는 결코 홀로가 아니었다. 비록 신자들의 수는 줄어들었지만 주님께서 축복해 주셔서 12명의 새로운 신자들이 침례를 받고 이미 침례를 받은 기존 신자들과 합류했다. 우리는 각기 다른 지역에서 신앙생활을 시작해서 침례를 받은 신자들로 구성된 23개의 학습반을 남겨두고 (1901년 4월에) 떠나왔다.

스테드맨이 언급하는 23개 학습반은 폴링 순회전도를 통해 거둔 소중한 열매요, 초기 한국 침례교회의 중요한 모판이다. 그럼 23개 학습반 형성에 대해 좀 더 살펴보자. 첫째, 폴링은 지역전도에 있어서 선교적 거점 즉 학습반의 필요성을 잘 알고 있었다. 폴링은 과거에 이미 내한해 있던 미북장로회 선교사 언더우드의 요청으로 1895년 초겨울에 장로교 신학반에서, 1896년에는 장로교 조사훈련반 사경회에서 교사로 초빙되어 활동하였다. 이는 그가 내한한 지 얼마 안 됐을 때의 일로, 막 내한하여 한국 선교 방법을 모색하던 시점에서 발생한 이와 같은 활동은 폴링에게는 좋은 선교적 경험이 되었다. 결국 폴링의 교사 경험에서 학습반이 탄생되었다. 그는 금강 주변의 지

---

208) F. W. Steadman, "Korea-Her People and Mission." *The Baptist Missionary Magazine* (Nov. 1901), 674.

역적 소그룹을 중심으로 한 순회전도를 생각했고, 이를 실천하기 위해 학습반 형성에 힘썼다.

둘째, 23개 학습반이 분포되어 있는 금강 유역은 폴링이 순회전도를 했던 지역에 속해 있었다. 폴링의 초기 전도사역은 강경 선교본부를 중심으로 시작됐다. 그러다 순회전도를 통해 점차 그 영역이 넓어지면서 보다 먼 지역까지 확장되었다. 물론 폴링의 초기사역은 그리 녹록지 않았다. 지병석이 폴링의 첫 전도 열매요 조력자이기는 하나, 그가 어느 정도 폴링을 도와 함께 금강 일대를 순회하며 사역했는지 알 수 없다. 다만 1903년 이후 지병석이 권서순회전도자로 활동한 것은 분명하다.[209] 그렇다고 폴링의 사역에서 지병석의 역할을 전혀 배제할 수는 없다. 스테드맨 역시 순회전도로 개종한 홍봉춘과 오긍선의 도움을 받았을 것이다. 그러나 이들의 도움은 크지 않았을 것이다. 비록 한국인의 도움이 있었을지라도 구한말 기독교 선교가 자유롭지 못했고, 외국인에 대한 경계가 심했던 지방이었던 것을 감안한다면, 폴링과 스테드맨의 순회전도는 이루 말할 수 없을 정도로 힘겹고 열악했을 것이다. 그럼에도 불구하고 이들의 순회전도 횟수가 거듭되고 시간이 흐르면서 그들이 다녔던 마을들에 기독교에 관심을 갖는 이들이 나타났고, 이들 중에 결신자가 생겨나면서 이들을 교육하기 위한 학습반이 형성되었다. 이렇게 시작된 학습반은 점차 그 수가 증가하여, 1899년 폴링이 떠난 후 스테드맨이 이어받아 계속되는 가운데, 1900년에 이르러 23개의 학습반으로 늘어났다.

우리는 1901년 스테드맨에 의해 알려진 23개 학습반을 통해 적어도 다음 두 가지의 사실을 알 수 있다. 첫째, 1900년 당시 금강 주변에 23개 학습반

---

209) 허긴, 『한국 침례교회사』(대전: 침례신학대학교출판부, 2000), 82-83.

의 존재여부이다.[210] 이에 대해, 필자는 『용안침례교회 112년사』를 중심으로 다음 몇 가지를 살펴보고자 한다.[211] 먼저, 학습반의 분포도이다. 조병산 목사는 용안침례교회가 23개 학습반 중에서 시작됐다고 했다. 용안은 전라북도 익산에 소재하며, 금강 유역에 인접한 지역이다. 그러므로 이곳 역시 폴링의 순회전도 지역 안에 속한다. "용안교회 학습반 신자들은 이미 1900년 이전에 폴링 선교사에게 복음을 듣고 침례를 받았던 것이다"라는 조병산 목사의 기록이 이를 뒷받침해 준다. 결국 용안침례교회 설립과정을 통해서 볼 때, 학습반은 폴링 선교사의 순회 전도했던 지역에 형성되었다는 것을 알 수 있다.

다음은, 이 학습반을 토대로 조직교회가 형성됐다는 것이다. 학습반은 마펫 선교사의 경우와 마찬가지로, 마을 혹은 지역 사회의 신앙적인 구심점이다. 용안도 폴링 순회전도의 거점이었고, 이곳에 설치된 학습반이 발전하여 용안침례교회라는 조직교회 설립으로 이어졌다. 그런 측면에서 용안침례교회 설립은 학습반에서 발전한 형태의 전형적인 모습을 보여주고 있다. 정리하면, 학습반은 폴링의 초기 순회전도 때부터 시작됐고, 그것이 1900년에 이르러 23개로 발전했다. 그리고 이 학습반이 활발하게 운영되는 가운데 몇몇 곳이 신앙 공동체로 발전했으며, 더욱 발전하여 체계적인 조직교회가 되었다.[212]

둘째, 23개 학습반의 구성원에 대한 정보이다. 스테드맨은 "침례를 받은 신자들로 구성된 23개의 학습반"이라고 기록했다. 여기서 우리는 학습반의

---

210) 23개 학습반 존재는 백낙준 박사의 글에서도 찾을 수 있다. 백낙준, 『한국개신교사』(서울: 연세대학교출판부, 1998), 205.
211) 조병산, 『용안침례교회 112년사』(익산: 기독교한국침례회 용안교회, 2012), 41.
212) 허긴, 『한국 침례교회사』(대전: 침례신학대학출판부, 2000), 73.

성격을 그 시기별로 다음과 같이 나눌 수 있다. 즉 폴링이 활동하던 시기의 '초기 학습반'과 폴링 귀국 후 스테드맨이 인수한 이후의 '후기 학습반'이 그 것인데, 이들의 성격은 사뭇 달랐다. 즉 초기 학습반이 전도적 성격이 강했다면, 후기 학습반은 신자들의 공동체적 성격이 강했다. 초기 학습반이 폴링의 순회전도를 통해 기독교에 관심 있는 자들이 모였고 이들 중 소수이기는 하나 결신자가 등장하는 형태라면, 후기 학습반은 그 결신자들이 점차 증가했고 그들 중에 침례를 받은 이들이 속속 나옴으로 조직교회를 이룰 만큼 성장한 신앙 공동체라고 할 수 있다. 또한 초기 학습반은 아직 결신자가 소수였던 관계로 폴링에 전적으로 의존하는 형태였다면, 후기의 학습반은 다수의 신자들에 의해 스스로의 힘으로 운영되던 보다 발전된 형태였다. 정리하면, 초기 학습반은 기독교에 관심 있는 자들이 다수를 이루는 가운데 소수의 신앙인에 의해 관리·운영되던 미숙한 신앙 공동체였다면, 후기 학습반은 다수의 수침자에 의해 관리·운영되는 성숙한 신앙 공동체였다고 할 수 있다.

23개 학습반과 관련하여 1900년 당시 충청도 일대에 침례교인은 대략 어느 정도였을까? 스테드맨의 기록을 통해서 당시 침례교인의 수를 유추해 보면 적어도 25명 이상 존재했던 것으로 보인다. 왜냐하면 지병석 부부와 23개 학습반에 최소 1명의 침례 받은 신자가 존재했었다고 가정하면, 1896년부터 1900년까지 수침자는 적어도 25명이 존재했다고 보기 때문이다. 그러나 스테드맨이 "침례 받는 신자들로 구성된 23개 학습반"이라고 언급했던 것을 감안하여 1명이 아닌 1명 이상의 복수로 계산했을 때, 학습반 당 수침자가 2명이었다면 48명, 3명이었다면 71명, 4명이었다면 94명, 5명이었다면

117명 등 그 숫자는 더욱 늘어날 가능성이 충분히 있다.[213] 한편, 1900년 8월 스테드맨의 요청으로 미남장로회 선교사 윌리엄 불(William Bull, 부위렴)[214]에게 침례 받은 신자가 12명이므로, 최소 수침자인 25명에서 12명을 빼면 13명이 된다. 결국 폴링 선교사가 귀국하기 전인 1899년 말까지 그가 침례를 베푼 신자는 적어도 13명이 되는 셈이다.[215] 그러나 앞서 지적했던 대로 각 학습반의 수침자 수가 복수였음을 감안한다면 폴링이 침례를 베푼 인원은 100명 이상 늘어날 수도 있다. 그런데, 이들의 존재는 1896년 7월 이전에 침례 받았을 것으로 추정되는 지병석 부부 외에는 누구도 알 수 없고, 다만 역사적인 유추(historical analogy)를 통해 파악될 뿐이다. 그렇다면, 이들의 존재와 이름을 알 수 없는 이유는 무엇일까? 아마도 이들은 당시 지역사회나 교회적으로 유력한 인물이 아니었거나, 설사 유력한 인물이었을지라도 기독교에 대한 지역사회의 반감과 저항을 고려하여 이름이 알려지기를 꺼렸기에 그 이름을 알 수 없었을 것으로 추정된다. 당시 지역사회가 아직도 유교의 보수적인 분위기가 팽배해 있었으므로 기독교의 개종은 곧 유자(儒者)의 도리를 버리는 것으로 여겨졌기에, 민중이나 양반 모두 가족들과 문중에 배척당할 것을 두려워하여 자신의 존재를 드러내지 않았을 가능성이 충분하다. 결국 이런저런 이유로 인해 이들의 존재와 이름은 지금까지 알려지지 않고

---

213) 김용국 박사는 당시 공주, 강경, 칠산 등지에 100여명 정도의 침례교인들이 있었을 것으로 추정했다. 김용국, 『꿈의교회 120년사: 꿈의 사람, 꿈의 역사』(서울: 요단출판사, 2016), 73.
214) 허긴, 『한국 침례교회사』(대전: 침례신학대학교출판부, 2000), 45.
215) 송현강 박사는 학습반이 꼭 1인 수침자로 운영되었다고 볼 수는 없으며, 최소 1인 수침자가 2개의 학습반을 운영했을 가능성까지 포함하여 최소 5~10명의 수침자가 존재했을 것으로 추정했다. 송현강, "강경침례교회 초기 역사(1896-1945)," 『한국 기독교와 역사』 제42호 (2015. 3), 22-23; 38-39. 그러나 필자 생각에 이 같은 추정은 터무니없어 보인다 그 이유는 스테드맨이 "침례 받는 신자들로 구성된 23개 학습반"이라고 했기 때문이다. 아무리 양보해도 한 학습반 당 1인 이상의 수침자가 있어야 마땅하지 않은가?

있으나, 분명 폴링에게 침례를 받은 신자였을 것이며,[216] 이들을 중심으로 각 지역의 학습반이 형성·운영·관리되었을 것이다.

폴링에 의해 시작된 지역 거점 형태의 학습반은 1900년 스테드맨이 인수한 이후 점점 더 그 숫자가 늘어났고, 구성원들도 기독교에 관심이 있는 자에서 예비신자로, 다시 침례를 받은 신자로 점차 성장하는 가운데 침례를 받은 신자들로 구성된 학습반으로 발전했다. 그리고 1901년 4월 스테드맨이 귀국하기 전 이 학습반은 소속된 구성원 스스로 관리하고 운영할 수 있을 정도로 성장했다. 신약성경 고린도전서 3:6에 보면 바울은 복음을 심었고, 아볼로는 물 주었으되 오직 하나님께서 자라나게 하셨다고 했다. 금강 유역 각 지역의 학습반 형성을 위해 폴링은 순회전도로 복음을 심었고, 스테드맨은 폴링이 떠난 후에도 계속해서 관리했으며, 결국은 하나님께서 23개 학습반으로 성장시키셨다. 비록 23개 학습반의 존재가 1901년 스테드맨의 기록을 통해서 드러났지만, 이 학습반은 이미 폴링의 강경사역 때부터 시작되었다. 강경·공주·칠산의 교회들이 지역 거점의 삼각구도가 되어 순회전도를 통해 확장되는 가운데 점차 증가하여 1900년에 이르러 23개의 학습반으로 발전했던 것을 알 수 있다.[217]

---

216) 조병산 목사는 용안침례교회 학습반 신자들이 이미 1900년 이전에 폴링에게 복음을 듣고 침례를 받았다고 했다. 조병산, 『용안침례교회 112년사』(익산: 기독교한국침례회 용안교회, 2012), 41; 또한 이들의 이름은 한태형·이자삼·이자운·유내천·장봉이 등이며, 이들은 1900년 이전에 폴링의 전도에 의해 믿고 침례를 받았다는 것이다. 더욱이 그들은 스테드맨이 강경침례교회와 칠산교인들과 함께 인근 지역인 두곡·업포·용안·법성·성당·웅포·난포리 등지에 전도하여 23개 학습반을 만들 때, 학생이 되었다고 한다. 송현강, "강경침례교회 초기 역사(1896-1945)," 『한국기독교와 역사』 제42호 (2015. 3), 81; 이 같은 기록으로 볼 때, 학습반 신자들이 폴링에게 침례 받았을 가능성은 매우 높다.
217) 필자는 한국의 초기 침례교회 형성과정을 두 가지로 본다. 첫째, 학습반→신앙 공동체→조직교

4) 한국 선교 철수

폴링은 1895년에 내한하여 1896년 이후부터 주로 강경 선교본부를 중심으로 강경침례교회와 칠산침례교회를 비롯하여 금강을 중심으로 왕성한 선교활동을 했다. 그의 금강 주변 순회전도는 학습반 형성을 통해 열매가 나타나기 시작했고, 점차 신자들도 생겨났다. 이 시기 칠산의 신앙 공동체에는 적어도 두 명의 신자가 확인되는데, 부여군 임천면 칠산 출신의 양반인 장교환과 역시 양반 출신으로 부여군 양화면 입포의 홍봉춘(국진)이다. 장교환은 폴링의 순회전도에 의해서, 홍봉춘은 스테드맨의 순회전도에 의해서 기독교로 개종한 후 칠산의 신앙 공동체를 중심으로 신앙생활을 하면서 전도활동을 했다. 이렇게 강경 선교본부를 중심으로 활발하게 활동하던 폴링은 1899년에 접어들면서 내외적인 어려움에 봉착했는데, 그 이유는 다음과 같다.

첫째, 장남 고든(Gordon Pauling)의 죽음이었다. 1899년 1월 11일 당시 4세였던 장남 고든의 죽음이 폴링을 괴롭혔다. 고든은 그가 내한하여 얻은 첫 자녀이다. 고든은 폴링에게 있어서 그 존재 자체가 기쁨이요 보람이었다. 선교사역이 아무리 힘들고 어려워도 고든의 재롱으로 이길 수 있었다. 그런 아들이 갑자기 사망했으니, 폴링은 견디기 힘들었다. 당시 강경에는 외국인을 위한 묘지가 없었으므로 서울까지 올라와 양화진에 자신의 아들을 묻었다.

둘째, 엘라씽기념선교회의 재정난이었다. 폴링은 자비량선교사가 아니었

회 순으로 발전했다. 다만, 초기 한국의 침례교회 중에는 이 과정이 뚜렷하게 그리고 점진적으로 이루어진 곳이 있는 반면, 어떤 곳은 이들 과정이 동시적으로 혹은 빠르게 진행하여 조직교회로 발전한 곳도 있다. 둘째, 이들 학습반은 강경·공주·칠산침례교회의 삼각구도 속해서 형성되었다. 세 지역의 교회를 중심으로 순회전도가 점차 확장되는 가운데 23개 학습반이 형성된 것이다. 훗날 23개 학습반이 발전하여 조직교회로 발전한 교회들은 거의 대부분 이 세 교회를 모체로 하고 있다.

기에 본국에서 보내오는 선교비에 절대적으로 의존하고 있었다. 그런데 그 선교비를 보내주던 본국 선교회가 재정난에 빠진 것이다. 엘라씽기념선교회의 재정난은 선교회의 정신적 지주였던 고든의 사망(1895년) 이후 재정적 후원자였던 씽 집사의 사망(1900년)이 직접적인 원인이었다. 물론 씽 안수집사의 죽음 그 이전부터 선교회의 재정난은 서서히 시작되고 있었다. 그 이유를 우리는 1897년 브라이든(A. T. Briden) 내한 이후 선교회의 선교사 파송이 없었다는 것과 가델린과 엘머 등 여성선교사들의 조기 철수를 통해서 짐작할 수 있다. 결국 엘라씽기념선교회의 재정난이 폴링으로 하여금 선교지에서 철수하게 하는데 결정적인 요인으로 작용했다.

셋째, 한국 선교의 어려움이었다. 다른 교파의 초기 선교는 병원과 학교 등의 간접선교를 통한 접촉점을 만든 후 교회로 이끄는 삼각구도(병원-학교-교회)였다. 이는 서로 유기적 관계를 갖고 진행됐기에 현지인들의 기독교에 대한 반감을 불식시킬 수 있었고, 장기적인 선교활동을 가능하게 했다. 그러나 폴링의 경우, 직접선교 정책을 펼쳤기에 장기적인 선교에 한계가 있었다.[218] 그리고 물에 잠기는 침례의 방법이 당시로서는 선교의 또 다른 어려움이었다. 초기 미북장로회 의료선교사였던 알렌(Horce N. Allen)은 자신의 책에서 "침례교도 조선에서 선교를 했지만, 조선 사람들은 목욕을 싫어했기 때문에 침례식에 참석하지 않았다. 이로 인해 침례교는 결국 조선을 떠나 목욕 잘하는 일본으로 갔다"[219]라고 기록하고 있다. 유교문화가 생활 속 깊이 자리를 잡고 있던 당시의 사회 속에서 자신의 맨몸을 타인에게 드러내는 것을 수치로 여겨 꺼렸기에 침례 의식은 당시 사람들에게 거부될 수밖에 없었던

---

218) 송현강, "강경침례교회 초기 역사(1896 1945)," 『한국 기독교와 역사』 제42호 (2015. 3), 24.
219) H. N. 알렌, 『조선견문기』, 신복룡 역 (서울: 집문당, 1999), 161.

것이다.

　위와 같은 요인들이 중첩되어 폴링의 마음을 괴롭혔다. 장남 고든의 죽음으로 마음의 동요가 일어났을 것이고, 본국 선교회의 재정난이 그의 활동을 위축시켰을 것이요, 선교방법과 문화적 차이로 인한 선교의 어려움이 그로 하여금 한국 선교에 대해 깊은 회의를 갖게 했을 것이다. 결국 폴링은 1899년 말 강경 선교본부를 공주에서 활동 중이던 스테드맨 선교사에게 인계한 후 4년여의 한국 선교를 마감하고 귀국했다. 이후 폴링은 펜실베니아 주에서 지속적으로 복음전도 사역을 했고 그 와중에 7명의 자녀를 더 얻었다. 폴링의 부인은 1909년 12월 27일 막내아들을 낳고 4일 만에 소천한 후 1912년, 폴링은 재혼했고 1960년 향년 96세로 소천했다. 한편, 폴링과 함께 내한했던 가델린 양과 스테드맨과 함께 입국했던 엘머 양도 폴링과 함께 본국으로 돌아갔다.[220]

5. 스테드맨의 선교사역(1896~1901)

1) 공주 선교본부 설립과 사역(1896.6~1899.12)

　엘라씽기념선교회가 제2차 한국 선교사로 보스턴선교사훈련학교 출신 스테드맨을 임명한 것은 1895년 2월로, 고든 목사 사후 선교회가 이사회 체제를 갖추면서 이뤄졌다. 이후 그는 다음해인 1896년 4월에 입국했다.[221] 캐

---

220) 송현강, 『대전·충남 지역 교회사 연구』(서울: 한국 기독교역사연구소, 2004), 184.
221) "The Ella Thing Memorial Mission," *The Korean Repository* (July, 1896), 299-300.

나다 노바스코샤(Nova Scotia) 주 빌타운(Billtown) 출신의 스테드맨은[222] 당시 25세의 미혼으로 내한하여 초기에는 엘라씽기념선교회 서울 선교본부에 머물다가 약 2개월 후인 6월에 엘머 양, 엑클스 양과 함께 공주로 이주했다.[223] 공주는 약 4개월 전 폴링과 지병석이 방문하여 선교거점을 구상했던 곳으로, 이후 폴링은 공주읍 반죽동에 2,470평의 땅을 매입하여 공주 선교본부 설치를 위한 만반의 준비를 했다.[224] 이렇게 준비된 공주에 스테드맨이 1896년 6월에 이주함으로 이곳에 엘라씽기념선교회 두 번째 선교거점인 공주 선교본부가 설립되었다. 폴링이 강경 선교본부를 중심으로 활동했었기에 이곳은 자연스럽게 스테드맨에게 넘겨졌고, 그는 이곳에 정착하여 복음을 전하기 시작하면서 공주 선교본부와 공주침례교회(현 꿈의교회)가 설립되었다.[225] 스테드맨은 당시 자신의 사역에 대해 1901년의 글에서 다음과 같이 회고했다.[226]

> 일터는 크고 사람들은 매우 접근하기 쉬웠다. 거의 일백 명에 가까운 사람들이 복음의 기쁜 소식 듣기를 고대하고 있었다. 우리는 마

---

222) 남주희, 『강경침례교회 자료집』(2007).
223) 현재 공주시 반죽동 109번지는 당시 공주군 남부면 하봉천이었다. 1914년 행정구역 개편으로 하봉촌, 상봉촌, 교촌이 합쳐 반죽동이 되었다. 송현강, "강경침례교회 초기 역사(1896-1945)," 『한국 기독교와 역사』 제42호 (2015. 3), 18-19.
224) 김용국, 『꿈의교회 120년사: 꿈의 사람, 꿈의 역사』(서울: 요단출판사, 2016), 62; 한편, 이 땅은 1912년 8월에 실시된 일제의 토지조사령에 따라 두 개로 분할 등기되었다. 공주읍 반죽동 109번지 1,346평은 1912년 9월 19일에 신명균 목사의 이름으로 등기되었고, 공주읍 반죽동 110번지 1,124평은 1912년 10월 27일에 펜윅의 이름으로 등기되었다.
225) 김용국 박사는 공주침례교회(현 꿈의교회)는 사실상 스테드맨에 의해 설립된 것으로 보아야 한다고 주장했다. Ibid., 63.
226) F. W. Steadman, "Korea-Her People and Mission," *The Baptist Missionary Magazine* (Nov. 1901), 674.

을에서 마을로, 도시에서 도시를 두루 다니며 그들이 들어본 적이 없는 '옛날 옛적의 이야기'를 전파했다. 주민들은 온순하고 인내심이 몸에 배어 있었으며 친근했고, 우리의 사역은 매우 고무적이었다.

엘라씽기념선교회 공주 선교본부 부지의 주택은 기존의 가옥을 매입한 것이었기에 스테드맨이 이곳을 수리해서 사용했다.[227] 그리고 이곳에 정착한 지 1년 반 후인 1897년 9월 29일에 서울에서 브라이든(A. T. Briden)과 결혼했다. 그리하여 공주 선교본부에서 활동하는 내한선교사는 모두 4명(스테드맨 부부, 엘머 양, 엑클스 양)이 되었다.

스테드맨의 공주 선교본부 사역을 알 수 있는 공식적인 기록은 현재까지 거의 전무하다. 그래서 그의 공주사역을 추적하는 것은 사실상 불가능하지만, 대체적인 역사적인 정황으로 볼 때, 스테드맨의 공주 선교본부 사역이 폴링의 강경 선교본부 사역보다 활발하지는 못했던 것으로 보인다. 우리는 그 이유를 다음 두 가지로 살필 수 있다.

첫째, 공주라는 지역성과 한국인 조사의 부재이다. 공주는 1932년 도청이 대전으로 옮겨지기 전까지 충청남도 도청소재지였을 뿐만 아니라 충청북도 남부지역의 정치와 행정, 문화와 경제의 중심도시였다. 물론 그 이전부터 공주는 백제의 고도(故都)로 천년이 넘는 역사와 문화 전통에 대한 자부심이

---

227) 미남장로회 선교사 해리슨은 자신의 일기에서 "스테드맨이 그들의 선교부를 브라이든과의 가을 결혼을 앞두고 공주의 집을 수리하는 중"이라고 기록했다. Rev. W. B. Harrison, Journal-1897. 5. 6; 훗날 스테드맨은 1905년 공주를 다시 찾았을 때, 자신이 수리했던 집을 "우리의 첫 번째 선교주택"에 돌아왔다고 감격해 했다. F. W. Steadman, "Out Work in Korea," The Baptist Missionary Magazine (Oct. 1905), 388.

강했다. 더불어 한국의 보수주의와 유교의 아성(牙城)이 유난히 높았던 지역이 바로 공주였다. 이 같은 역사로 인해 이곳에서 새로운 신자를 얻는 일이 쉽지 않았다.[228] 더욱이 폴링은 초기 사역에서 지병석의 도움이 있었기에 강경에 뿌리내리고, 순회전도를 하는데 용이했지만, 스테드맨은 자신을 도울 만한 한국인도 없이 사역했기에 그 고초는 이루 말할 수 없었다. 어쩌면 그의 사역은 무모하다시피 한 것이었을지 모른다. 물론 1897년에 개종한 홍봉춘이 있었지만 그는 잠시 스테드맨과 함께 생활한 후 부여로 이주했기에 별다른 도움이 되지 못했다. 만일 폴링처럼 스테드맨에게도 그를 도울 한국인 조력자가 있었다면 아무리 힘겨운 지역이었을지라도 분명 그의 전도사역은 달라졌을 것이다.[229]

둘째, 평신도 선교사의 한계를 들 수 있다. 폴링은 안수 받은 목사였지만 스테드맨은 평신도였다. 물론 스테드맨의 신앙적 열정은 목사인 폴링과 비교해도 결코 뒤지지 않았을 것이다. 그렇기에 하나님께서 그를 선교사를 불렀을 때, 본국에서 누릴 수 있는 자신의 모든 특권과 기득권을 미련 없이 내려놓고 태평양 건너 한국까지 올 수 있었던 것이 아닌가? 기록으로는 알 수 없으나, 그에 의해 전도 받은 인물이 공주와 그 인근에 많았을 것으로 추정된다. 그러나 스테드맨은 평신도였기에 그들에게 침례를 베풀 수는 없었다. 그러므로 훗날 미남장로회 선교사였던 윌리엄 불에게 결신자의 침례를 부탁하지 않았던가? 스스로 침례를 베풀 수 없었기 때문에 전도와 신앙 공동체 형성에 장애가 된

---

228) 대표적 예로, 공주는 조선 말기까지 충청남도의 중심 도시였으나, 만석지기 부자들과 지역의 보수적인 양반들이 "공주 땅 백 리 안에 쇠마차가 지나가게 할 수 없다"라며 1903년의 철도 건설을 반대함으로 인해 내륙교통이 발전하지 못했고, 충남도청도 1932년에 대전으로 옮겨졌다. 1986년에야 비로소 읍에서 시로 승격된 것도 지역적 특성 때문이었다. 이덕주, 『한국 기독교 문화유산을 찾아서(4): 충청도 선비들의 믿음 이야기』(서울: 도서출판 진흥, 2006), 235-36.

229) 허긴, 『한국 침례교회사』(대전: 침례신학대학교출판부, 2000), 66.

것이 그의 공주사역이 확장될 수 없었던 또 다른 원인이었다.[230]

셋째, 폴링 귀국 후 스테드맨의 선교거점 이동에서 찾을 수 있다. 1899년 말 폴링이 본국으로 돌아갔을 때, 스테드맨은 곧바로 공주에서 강경으로 자신의 선교거점을 이동했다. 만약 공주에서 자신이 지도하는 신앙 공동체가 뚜렷하게 존재하고 있었다면, 그는 쉽게 그곳을 떠나지 못했을 것이다. 오히려 공주를 거점으로 강경과 다른 지역을 순회하며 활동했거나, 최소한 그의 강경 이주는 지연됐을 것이다. 그러나 결과적으로 스테드맨이 강경으로 이주한 것을 볼 때, 공주가 강경보다 신자 집단의 존재가 유력하지 않았고,[231] 당시 엘라씽기념선교회의 중심이 강경이었음을 알 수 있다.

그럼에도 불구하고 스테드맨의 공주 선교본부 사역에서 전혀 열매가 없었던 것은 아니다. 그에게 있어서 빼놓을 수 없는 두 인물이 있다. 첫째, 칠산침례교회와 관련 있는 홍봉춘(洪棒春)이다. 그는 남양 홍씨의 양반 가문에서 출생하여, 어려서 서당에서 학문을 익힌 후 성인이 되어 과거를 보기 위해 집을 떠나 상경했으나 구한말의 어지러운 세상 속에서 뜻을 이루지 못했다. 그런 와중인 1897년경 스테드맨의 전도를 받은 후 오직 기독교에만 소망이 있음을 깨닫고 개종했다.[232] 때때로 홍봉춘은 한국 침례교회사 문헌에서 홍국진(洪國鎭)과 혼돈하여 사용되는데,[233] 그의 장손자 홍종원의 증언에 의하면, 홍국진은 홍봉춘의 유년시절 이름이라고 한다. 예수 믿기 전에는 집안

---

230) 스테드맨이 1901년 4월 귀국하여 서둘러 목사 안수를 받은 것은 아마도 평신도로서의 공주사역을 염두한 것으로 생각된다.
231) 송현강, "강경침례교회 초기 역사(1896-1945)," 『한국 기독교와 역사』 제42호 (2015. 3), 20.
232) 박창근, "한국 최초의 안수집사," 『성광』 제35권 9호 (1992. 10), 44.
233) 김용해, 『대한기독교침례회사』(n. p.: 성청사, 1964), 12; 이정수, 『한국 침례교회사』(서울: 침례회출판사, 1994), 48.

과 동리에서 홍국진으로 불렸으나, 전도를 받고 신자가
된 다음부터 호적상의 본래 이름인 홍봉춘으로 자신을
부르게 하여 예수 안에서 새롭게 된 것을 보다 더 확실
하게 했다고 한다.[234] 그는 개종 후 잠시 공주에서 스테
드맨과 함께 생활하며 성경을 배우고 지역전도에도 동
참했다. 그러나 홍봉춘이 부여군 양화면 입포리 갓개에

해관 오긍선

삶의 터전을 잡은 후 공주의 스테드맨을 떠나 칠산의 신앙 공동체에 속하여
폴링의 지도를 받으며 신앙생활을 했다. 1900년 스테드맨이 강경으로 사역
근거지를 옮겼을 때, 적극적으로 그를 도와 선교지 확장에 힘썼다. 특히 폴
링의 귀국 여파로 강경 지역 교인들 일부가 이탈하여 그 수가 감소했을 때,
금강변의 임천과 양화지역을 순회 전도하여 이탈자를 막는데 앞장섰을 뿐만
아니라 심지어 이곳에서 새롭게 침례지원자들이 다수 발생하는데 중요한
역할을 했다.[235]

둘째, 독립협회 회원으로 활동했던 오긍선(吳兢善)이다. 그는 공주출신으
로, 유년시절은 고향에서 한학을 공부했고, 18세 때(1896년) 상경하여 스승
의 추천으로 내부의 주사로 있으면서 배재학당에 입학했다. 서재필이 설립
한 협성회(協成會)에 가담했고, 독립협회 회원으로 활동했다. 독립협회가 주
권독립운동, 민권운동, 자강운동(自强運動) 전개로 정부와 마찰을 빚자 정부
는 1898년 12월에 독립협회를 강제 해산한 후, 관련자 체포령을 내렸다. 그
는 이를 피해 쫓기다가 1899년 초 스테드맨의 집으로 피신했고,[236] 이것이 인

---

234) 박창근, "한국 최초의 안수집사," 『성광』 제35권 9호 (1992. 10), 44.
235) 송현강, "강경침례교회 초기 역사(1896-1945)," 『한국 기독교와 역사』 제42호 (2015. 3), 21.
236) 오긍선이 스테드맨의 집으로 피신한 곳이 구체적으로 어디였는지에 대해 논란이 있다. 오긍선
의 회고에는 "정동 배재학당 뒤쪽 서대문 근방에 있던 침례교 선교사 스테드만 목사집"이라고

연이 되어 그의 어학선생이 됐다. 한편, 투옥되었던 독립협회 간부들 대부분이 석방되고 사건이 수습되자 오긍선은 상경하여 배재학당에서 학업을 계속했고, 1900년 봄에 졸업을 했다. 이후 오긍선은 공주로 내려와 계속적으로 스테드맨의 어학선생과 선교 일을 돕는 조사로 활동했다. 같은 시기 공주의 금강나루터에서 침례를 받음으로 공주침례교회(현 꿈의교회)의 신자가 되었다.[237] 계속해서 그를 도와 활동하다가 1901년 4월 스테드맨이 한국을 떠난 후 미남장로회 선교사 윌리엄 불의 어학선생을 거쳐 알렉산더(A. J. A. Alexander)의 어학선생으로 활동했다. 이후 알렉산더의 권유로 1902년 10월 미국유학을 떠났다.[238]

2) 강경 선교본부 사역(1899.12~1901.4)

1896년 5월 공주 선교본부를 설립했던 스테드맨은 그곳에서 열심히 사역하는 중에, 1899년 하반기 폴링이 귀국하게 될 것이라는 소식을 접했다.

했고, 해관 오긍선선생 기념사업회편, 『海觀 吳兢善』(서울: 연세대학교출판부, 1977), 26-27; 에비슨의 회고록에 나오는 스테드맨의 회고에는 "우리가 공주에 살고 있을 때 오 박사(오긍선)를 처음 만났다"라고 했다. F. W. Steadman, "오경선 박사에 대한 스테드만(F. W. Steadman) 목사의 회고," Oliver R. Avison, 『고종의 서양인 전의 에비슨 박사의 눈에 비친 구한말 40여년의 풍경』, 황용수 책임번역 (대구: 대구대학교, 2006), 602; 결국 오긍선이 피신한 스테드맨의 집이 서울이었는지 아니면 공주였는지에 대해 면밀한 역사적 검토가 필요하다.

237) 오긍선 전기에는 "1900년 봄 학업을 마치고 공주로 내려가는 길 금강나루터에서 스테드만 선교사를 만나 침례교 의식에 의해 침례를 받음으로 침례교 신자가 되었으며(⋯)"라고 기록되어 있다. 해관오긍선선생 기념사업회편, 『海觀 吳兢善』(서울: 연세대학교출판부, 1977), 28; 스테드맨은 평신도 선교사였기에, 오긍선이 스테드맨에게 침례받았다는 것은 의심의 여지가 있다.

238) 해관오긍선선생 기념사업회편, 『海觀 吳兢善』(서울: 연세대학교출판부, 1977), 16-29; F. W. Steadman, "오경선 박사에 대한 스테드만(F. W. Steadman) 목사의 회고," Oliver R. Avison, 『고종의 서양인 전의 에비슨 박사의 눈에 비친 구한말 40여년의 풍경』, 황용수 역 (대구: 대구대학교, 2006), 602-604; 조지 톰슨 브라운, 『한국 선교 이야기: 미국 남장로교 한국 선교 역사(1892-1962)』, 천사무엘·김균태·오승재공역 (서울: 도서출판 동연, 2010), 74-75.

지금껏 엘라씽기념선교회는 두 부부 선교사(폴링 부부와 스테드맨 부부)와 세 명의 여성선교사(가델린, 엘머, 엑클스)의 노력으로 충청도의 강경과 공주에 선교본부가 설립됐고, 강경침례교회와 공주침례교회(현 꿈의교회), 칠산침례교회가 형성되었다. 그리고 금강 주변 순회전도를 통해 곳곳에 학습반이 세워지는 등의 가시적인 선교결과가 나타났다. 이런 시점에 폴링의 귀국은 스테드맨에게 큰 충격이 아닐 수 없었다. 폴링은 사실상 엘라씽기념선교회 한국 선교 책임자로 다른 5인의 평신도 선교사들을 이끄는 정신적 지주였다. 폴링으로부터 강경 선교본부를 인계받은 스테드맨은 부랴부랴 공주를 떠나 1899년 말 혹은 1900년 초에 강경으로 이주했다.

스테드맨이 서둘러 강경으로 이주한 이유는 무엇일까? 첫째, 폴링의 부재로 인해 충청도 선교의 중심지(강경 선교본부)가 무너질 수 있었기 때문이다. 당시 엘라씽기념선교회의 중심은 강경이었다. 강경을 중심으로 북쪽으로는 공주 선교본부, 서쪽과 남쪽으로는 칠산침례교회와 여러 학습반들이 분포되어 관리되었다. 그런데 강경에서 사역하던 폴링이 떠나자 교역자 부재로 인해 엘라씽기념선교회의 중심축인 강경 선교본부가 흔들리는 조짐을 보였고, 이것이 주변에 영향을 미쳐 충청도 전체를 혼란에 빠뜨릴 수 있는 심각한 문제가 야기되었다. 자칫하면 지금까지의 수고가 수포로 돌아갈 수도 있는 긴급한 상황이 도래한 것이다. 그러기에 스테드맨은 폴링 부재로 인한 혼란을 수습하기 위해 서둘러 공주를 떠나 강경으로 이주했다. 그러나 그가 강경에 정착하여 이곳 선교본부를 미쳐 다 파악하기도 전에 일부 신자들이 이탈하는 사태가 발생하고 말았다.

둘째, 금강 주변 학습반의 효율적인 관리 때문이었다. 순회전도로 형성된 학습반은 스테드맨이 거주했던 공주보다는 강경과 가까웠고, 여러모로 관리하기도 수월했다. 그러므로 공주에 있으면서 학습반을 관리한다는 것은 지리적으로나 구심적 측면으로나 무리가 따랐다. 결국 학습반을 효과적으로 관리하기 위해서는 불가피하게 사역지를 옮길 수밖에 없었다. 그리하여 스테드맨은 지금껏 사역했던 공주를 떠나 강경으로 이주했다.

스테드맨은 강경에 거주하면서 이곳의 선교본부와 칠산침례교회 그리고 금강 주변의 학습반을 분주히 오가며 영혼들을 부지런히 살폈다. 또한 공주 선교본부도 정기적으로 방문하여 이곳 성도들을 돌보는 것도 잊지 않았다. 과거 폴링을 포함하여 일곱명이 나누어 하던 충청도 사역을 이제는 스테드맨 부부와 엑클스 양 세 사람이 감당함으로 인력부족현상이 현저하게 나타났다. 이것은 급기야 강경의 일부 신자들이 이탈하는 사태로 번져갔다. 폴링 부재로 인한 일부 강경 신자들의 이탈은 스테드맨에게 큰 시련을 주었다. 지금껏 쌓은 공든 탑이 무너질 수도 있다는 위기감이 그를 엄습했다. 아마도 그는 서둘러 귀국한 폴링이 원망스러웠을 것이다. 그러나 넋 놓고 있을 수 없었다. 그는 이 같은 현실을 피하지 않고 하나님께 결사적으로 기도했다. 스테드맨은 보스턴선교사훈련학교 재학 시 고든으로부터 신앙선교(Faith Mission)[239] 정신을 잘 훈련받았기에 지금의 시련을 극복할 수 있는 길은 오직 기도밖에 없다고 굳게 믿었고, 오직 기도를 통해 성령의 인도 받기를 갈망했다.

하나님께서는 스테드맨의 기도를 외면하지 않았다. 그를 위로하고 기뻐할

---

239) 오직 믿음으로 선교지를 향해 출발한다는 형태를 '신앙선교'(信仰宣敎)라고 한다. 이 선교방식은 19세기 후반 교과 중심의 관료주의적인 선교를 비판하면서, 인간적인 기구보다 성령의 인도를 주장하는 가운데 등장했다. 신앙선교의 핵심은 인간적인 것을 거부하고 오직 성령의 인도하심을 추구한다는 것이다. 박명수, 『근대 복음주의의 주요 흐름』(서울: 대한기독교서회, 2001), 363-364.

수 있는 응답을 주셨는데, 곧 1900년 여름 12명의 침례 후보자들이 그것이다.[240] 뒤에서 자세히 다루겠지만 장교환, 홍봉춘의 활약으로 금강 주변 마을에서 기독교로 개종한 이들을 중심으로 12명의 침례 후보자가 나타났던 것이다. 앞서 살폈듯이 스테드맨은 평신도 선교사였기에 침례를 베풀 수 없었다. 그래서 당시 군산에서 활동 중이던 미남장로회 선교사 윌리엄 불(부위렴)[241]에게 요청하여 침례를 부탁했다.[242] 윌리엄 불은 스테드맨의 요청에 부응하여 금강에서 12명에게 침례를 베풀었다.

당시 윌리엄 불 선교사에게 침례를 받았던 12명 중, 현재까지 그 이름이 밝혀진 6명은 다음과 같다. 장교환, 홍봉춘, 고내수, 김치화, 김도정, 최준명이다.[243] 그 밖의 6명은 그 이름을 알 수 없다.[244] 이들 6명은 모두 부여의 칠

---

240) F. W. Steadman, "Korea-Her People and Mission." *The Baptist Missionary Magazine* (Nov. 1901), 674.
241) 윌리엄 불(한국명 부위렴)은 1876년 미국 버지니아 주 노포크에서 출생하여, 합덴시드네 대학을 거쳐 리치몬드의 유니온신학교를 졸업했다. 1899년 노포크에서 미국 남장로교에서 안수 받은 후, 1899년 11월 17일 미국 샌프란시스코를 떠나 12월 6일 일본에 기착했고, 12월 9일 남장로교 일본선교부가 운영하던 고베선교부를 출발하여 12월 20일 군산선교부에 부임했다. 1940년 일제에 의해 강제 출국 당하기까지 줄곧 군산선 교부에서 선교사역을 했고, 군산 영명학교와 멜볼딘여학교에서도 협력했다. 김승태·박혜진, 『내한 선교사 총람(1884-1984)』(서울: 한국기독교역사연구소, 1994), 188-89; "Missionary Personals," *The Missionary* (Feb. 1900), 92; Cameron Johnson, "Beneath our vine and fig free," *The Missionary* (May. 1900), 221; 한편, 윌리엄 불의 1899년 12월 군산 도착은 드루 선교사의 부인이 해리슨 부인에게 쓴 편지에서도 나타난다. 송현강, 『대전·충남 지역 교회사 연구』(서울: 한국 기독교역사연구소, 2004), 49-50.
242) 지금까지 윌리엄 불 선교사의 침례시기에 대해 2가지 주장이 있었다. 첫째는 허긴 박사의 주장으로, 1898년 8월이다. 허긴, 『한국 침례교회사』(대전: 침례신학대학교출판부, 2000), 45; 둘째는 이정수 목사의 주장으로, 1899년 8월이다. 이정수, 『한국 침례교회사』(서울: 침례회출판사, 1994), 48-49; 그러나 앞서 살폈듯이 윌리엄 불의 내한 시기가 1899년 12월인 것을 감안하면, 그의 침례는 1900년 여름에 실시된 것으로 보는 것이 타당하다. 송현강, "강경침례교회 초기 역사(1896-1945)," 『한국 기독교와 역사』 제42호 (2015. 3), 23-25.
243) 허긴, 『한국 침례교회사』(대전: 침례신학대학교출판부, 2000), 73.
244) 송현강 박사는 김갑수 목사와 조병산 목사의 글을 토대로, 원당의 척미리암과 정성교, 용안의 이자삼·이자운·유내천·장봉이 등이 시기적으로 이 때 침례 받았을 가능성이 높다고 주장했다.

산침례교회 신자들로,[245] 수침 후 칠산 서촌(西村)의 당산 641번지에 집을 구입한 후 예배당으로 개조하여 이곳에서 예배를 드렸다.[246] 한편, 12명이 침례를 받는데 장교환과 홍봉춘의 역할의 컸다. 문헌상 공식적인 첫 침례교인은 지병석이다. 그의 한국 교회사적 의의는 1896년 폴링에 의해 복음을 받아들이고 침례를 받은 후 폴링과 함께 최초의 한국 침례교회를 강경에 세웠다는 데 있다. 그러나 교회설립 이후 그의 행적에 대해서는 명확하지 않다.[247] 이에 대한 더 많은 연구가 필요하지만, 현재까지 문헌상으로 그의 활동이 뚜렷하게 보이지 않는다.[248] 엘라씽기념선교회의 재정난으로 폴링은 귀국했고, 스테드맨이 서둘러 강경으로 이주했다. 이 때, 강경의 신자들이 폴링의 부재로 인해 흔들렸고, 일부는 이탈하는 사태가 벌어졌다.[249] 만일 지병석이 강경침례교회에서 영향력 있는 인물이었다면, 강경 신자들의 동요를 잠재우고, 이들의 이탈을 막을 수 있었지 않았을까? 당시 스테드맨은 강경에 온 지 얼마 되지 않았다. 그가 강경 선교본부와 강경침례교회의 형편을 미처 다 파악하지 못한 상태에서 누구보다도 지도력을 발휘해야 할 인물은 바로 이 교

송현강, "강경침례교회 초기 역사(1896-1945)," 『한국 기독교와 역사』 제42호 (2015. 3), 2.
245) 송현강, 『대전·충남 지역 교회사 연구』(서울: 한국 기독교역사연구소, 2004), 49; 허긴, 『한국 침례교회사』(대전: 침례신학대학교출판부, 2000), 46.
246) 허긴, 『한국 침례교회사』(대전: 침례신학대학교출판부, 2000), 73.
247) 강경침례교회 담임목사를 역임했던 박창근이 1992년 7월 『성광』에 "한국 최초의 침례가문: 강경침례교회-지병석 총장"이라는 제목의 글을 써서 지병석에 대해 언급했는데, 그는 여기서 한국 땅에서 최초로 침례를 받은 분으로서의 지병석을 강조했다. 한편, 강경침례교회 남주희 장로도 2007년 3월 한국 최초의 침례교 성지 선교 기념 교회로서 강경침례교회를 소개하는 자료집에서 지병석을 언급했지만, 강경침례교회 설립자로서 부각했을 뿐, 교회 설립 이후의 행적에 대해서는 구체적으로 언급하지 않는다. 『한국 침례 교회사』를 저술한 허긴 박사 역시 강경침례교회 설립 이후의 지병석에 대한 구체적인 언급이 없다.
248) 지병석이 총장(총장은 평신도 직분인 당원 안의 통장-총장-반장의 3개 위계 직급 중 하나)의 직분으로 활동했다. 박창근, "한국 최초의 침례가문," 『성광』 제35권 7호 (1992. 7), 40.
249) F. W. Steadman, "Korea-Her People and Mission." The Baptist Missionary Magazine (Nov. 1901), 674.

회의 공동설립자인 지병석이었다. 그의 역할이 절대적으로 필요했던 것이다. 그러나 그 어디에도 그가 지도력을 발휘하여 강경의 신자들이 흔들릴 때 붙잡아 주고, 이탈을 막았다는 기록을 찾을 수 없다. 결과적으로 강경의 신자들이 흔들리고, 일부가 이탈했다는 것을 통해서 볼 때, 강경침례교회에서 지병석이 제 역할을 다하지 못했다는 비판을 피할 수 없을 것이다.

이런 긴박한 상황에서 한국인 신자로 그 역할을 다한 인물이 있었으니, 그가 바로 장교환과 홍봉춘이다. 먼저 장교환에 대해 살펴보자. 그는 폴링의 순회전도에 의해 기독교 신자가 되었지만 부여 칠산의 향반이었고 보수적 성향으로 인해 앞에 나서는 것을 꺼렸을 것으로 보인다. 그럼에도 불구하고 그는 향반이었기에 그가 기독교로 개종했다는 존재 자체만으로도 당시 칠산의 신자들에게 큰 힘이 되었다.

홍봉춘은 스테드맨의 전도를 받아 기독교로 개종한 후, 부여로 이주하여 초기부터 칠산에서 신앙생활 했다. 그러다가 1900년 스테드맨이 공주에서 강경으로 이주하자, 본격적으로 그의 사역을 도왔다. 아마도 그는 장교환보다는 적극적인 성격이었던 것 같다. 그의 이같은 기질은 강경의 신자들이 이탈하여 교인 수가 감소하는 것을 목도하면서 발휘된다. 신자들의 이탈을 막을 수는 없었으나, 분위기 반전을 위해 금강 주변 임천과 양화지역을 순회 전도하여 이곳에서 다수의 새로운 침례지원자들이 발생하는데 중요한 역할을 했다.[250] 문헌상 홍봉춘은 한국 침례교회사에서 지병석 이후 두 번째 신자이다. 분명 다른 신자들이 존재했을 것으로 추정되나 유독 그의 이름이 거명되는 것을 보면, 그의 적극적인 영향력과 존재감이 어떠했는지 짐작된다.

---

250) 송현강, "강경침례교회 초기 역사(1896-1945)," 『한국 기독교와 역사』 제42호 (2015. 3), 21.

그의 한국 침례교회사적 의의는 한국인으로서 스테드맨을 도와 흔들리는 초기 한국 침례교회가 다시 성장할 수 있는 분위기를 만들고, 실질적으로 침례지원자를 발생시키는데 큰 역할을 했다는데 있다. 타 교파의 경우, 한국인 조사(助事)가 선교사를 도왔던 예를 많이 찾을 수 있다. 그러나 초기 한국 침례교 역사에서는 이런 조사 역할을 한 인물이 많지 않다. 지병석이 폴링을 도와 강경침례교회를 세웠다는 것이 전부이다. 그런 상황에서 홍봉춘은 스테드맨이 강경 선교본부로 온 후 그의 순회전도를 도왔고, 다수의 침례 후보자가 나올 수 있게 했다. 참으로 놀라운 일이 아닐 수 없다. 마치 타 교단의 한국인 조사와 같은 역할을 수행하여 스테드맨을 도움을 통해 그에게 큰 힘이 되었다. 혹자는 홍봉춘에 대해 평하기를, "타의 추종을 불허하는 진실하고 엄격한 신앙생활의 모범"이 되었다고 했다.[251] 그런 그의 인품을 인정했던 펜윅은 1906년 첫 대화회 때, 그를 장기영과 함께 평신도 최고의 직분인 감로(監老)로 안수함으로써 그는 한국 침례교의 첫 감로가 되었다.[252]

3) 한국 선교 철수

이렇게 활동하던 스테드맨 조차도 1901년 4월 엑클스 양과 함께 귀국했다.[253] 그가 공주 선교본부를 떠날 때까지(1899년 12월) 미북감리회 선교부와 공주 재산 매도 협상을 계속했는데, 대략 1899년 10월 경부터 공주 선교본부 매각을 위한 엘라씽기념선교회와 미북감리회 선교부와의 협상이 시작되

---

251) 박창근, "한국 최초의 안수집사," 『성광』 제35권 9호 (1992. 10), 44.
252) 허긴, 『한국 침례교회사』(대전: 침례신학대학교출판부, 2000), 101.
253) 송현강, 『대전·충남 지역 교회사 연구』(서울: 한국 기독교역사연구소, 2004), 184.

었다. 양자 간의 협상은 스테드맨이 출국하기 전인 1901년 4월까지 계속되었다. 그러나 협상은 제대로 이루어지지 않았다. 미북감리회 대표 스크랜턴과의 협상이 결렬되면서 스테드맨은 공주 선교본부를 펜윅에게 이양한다.[254] 이러한 매각의 모든 절차는 본국 선교부의 재정난으로 인해 점차 재정적 후원이 감소함에 따른 궁여지책(窮餘之策)으로 여겨진다. 왜냐하면 공주 선교본부의 재산 매각은 사실상 공주 선교를 포기하는 것과 마찬가지였기 때문이다. 그럼에도 불구하고 스테드맨은 공주의 재산을 처분해서라도 본국 선교회의 도움 없이 자립하여 강경 사역에 집중하고자 했다. 또한 1900년 9월 10일부터 제물포에서 열린 장로교선교부연합공의회에 참석하여 다른 교파와도 적극적으로 연대하는 등 활발한 대외적인 활동을 통해 재정적 어려움을 극복하고자 했다.[255]

이 같은 노력에도 불구하고 본국 선교회의 재정난은 스테드맨이 극복하기 힘든 고통이었다. 이 시기 그는 만감이 교차했을 것이다. 아무리 노력해도 해결되지 않는 상황을 그저 바라만 봐야 했기 때문이다.[256] 개척 선교사로서 겪어야 했던 한계에 봉착했던 것이다. 1900년 말부터 스테드맨은 조심스럽게 한국 선교를 접고 귀국할 것을 생각했다. 이듬해인 1901년 1월에는 자주

---

254) 고성은, "강경의 개신교 전래와 수용과정," 『호남교회춘추』 제19호(1992. 5), 141; A. B. Leonard's letter to W. B. Scranton, Jan. 30, 1901; W. B. Scranton's letter to Dr. Leonard, Fed. 1, 1901; H. K. Carroll's letter to W. B. Scranton, Apr. 4, 1901; 이덕주, 『충청도 선비들의 믿음 이야기』 (서울: 도서출판 진흥, 2006), 210-257.
255) "Missions," *Christian Observer* (Nov. 1900).
256) 펜윅의 자서전에 의하면, 엘라씽기념선교회의 철수에 대해 다음과 같이 기록했다. "내가 미국을 방문했을때 나와 만난 뒤 다른 선교부에 소속되어 한국에 파송된 미국 선교사들이 그 무렵에 불만을 느끼고 미국으로 돌아갔는데, 그 선교부 책임자가 선교부 재산을 내게 넘겨주었다." Malcolm C. Fenwick, *The Church of Christ in corea, A Pioneer Missionary's Own Story* (New York: H. Doran Company., 1911), 57-58.

서울을 왕래하면서 본국으로의 귀환을 준비하다가[257] 드디어 4월에 귀국함으로 엘라씽기념선교회의 한국 선교는 막을 내렸다. 이로써 엘라씽기념선교회의 한국 선교는 1895년 폴링의 내한으로 시작하여 1901년 스테드맨의 귀국에 이르기까지 약 6년 남짓한 기간 동안 강경·공주·칠산을 중심으로 이루어졌고, 23개 학습반을 형성했다. 이후 이곳은 펜윅에게 인수되었고, 이곳의 교회들을 토대로 1906년 총회(대화회)가 결성되어 현재 기독교한국침례회의 전신인 대한기독교회가 설립되었다.

4) 평가

엘라씽기념선교회에 대한 학자들의 평가는 다양하다. 먼저, 허긴 박사는 역사신학적인 측면에서 다음 3가지를 제시했다. 첫째, 엘라씽기념선교회가 명실공히 한국 땅에서 시작된 침례교회 선교사역의 효시이며 둘째, 엘라씽기념선교회의 선교사역은 처음부터 자급자족적이며 토착적이고 자립적이었고 셋째, 엘라씽기념선교회의 한국 사역은 한국 침례교회 역사의 근원지가 충청남도의 공주·강경·칠산 지역이었다는 사실을 실증해 준다는 것이다.[258] 한편, 안희열 박사는 선교신학적인 측면에서 엘라씽기념선교회의 한국 선교를 2가지로 제시했다. 첫째, 엘라씽기념선교회는 한국 침례교 선교사역의 선

---

257) 스테드맨이 자주 서울을 왕래했다는 것에 대해 언더우드가 1901년 1월 17일 미북장로교선교부 엘린우드 총무에게 보낸 서신에서 다음과 같이 언급했다. "(…)에비슨 의사는 불안정했고(장티푸스로 두 주일 동안 누워 있다가 회복된 지 얼마 안됐기 때문) 주변에 많은 사람을 두는 것을 원하지 않았지만 두 사람이 간호해 주는 것을 선호했습니다. 이곳(서울)에 있는 침례교 선교회의 스테드맨이 현재 자유 시간이 많기 때문에 돕겠다고 자원했으며, 사실 그가 간호 책임을 맡았습니다." 이만열·옥성득,『언더우드 자료집Ⅲ』(서울: 연세대학교출판부, 2007), 9.
258) 허긴,『한국 침례교회사』(대전: 침례신학대학교출판부, 2000), 49-50.

구자가 되었고 둘째, 엘라씽기념선교회가 한국에서 오지선교전략을 수행했다는 것이다.[259]

필자는 지금껏 살핀 내용을 토대로 선교회의 역사적 의의를 다음과 같이 평가하고자 한다.

첫째, 엘라씽기념선교회의 한국 선교는 교파 선교회가 아닌, 한 개인의 헌신에 의해 설립된 소규모 초교파 선교단체가 태평양을 건너 먼 이국땅에서 선교의 열매를 맺은 첫 사례라는데 한국 교회사적 의의가 있다. 1884년의 알렌, 1885년의 언더우드와 아펜젤러 등은 모두 교파선교사이다. 1888년 입국한 게일은 초교파 선교단체의 후원으로 왔으나, 그는 이후 교파선교사로 자리를 옮겼다. 초교파 선교사로 입국한 대부분의 선교사들이 교파선교사로 자리를 옮길 만큼, 그리고 교파선교사가 아니면 뿌리내리기 어려울 정도로 당시의 한국 선교는 만만치 않았다. 이런 상황에서 엘라씽기념선교회는 이를 극복하고 한국 선교의 쾌거를 이뤘다.

둘째, 엘라씽기념선교회가 당시 선교지 분할정책 속에서도 선교의 사각지대를 인식하고, 시도했다는데 의의가 있다. 선교지 분할정책은 한국 교회사에서 그 명암이 뚜렷할 정도로 공헌과 한계가 분명하다. 선교사 간에 불필요한 마찰 해소하고, 선교의 재정 낭비를 줄이는 데는 공헌했으나, 30년 이상 이것이 한반도에 적용됨으로 인해 선교회 배경에 따라 교회의 특성이 형성되고, 지역성이 더해져 교권분쟁과 교파분열의 단초가 되었다는 비판은 면할 길이 없다. 폴링의 충청도 선교는 미남장로회의 전라도 선교 집중으로 인한 선교 사각지대를 효과적으로 접근했다는데 의미가 있다. 처음부터 오

---

259) 안희열,『시대를 앞서간 선교사 말콤 펜윅』(대전: 하기서원2019), 158-159.

지선교를 추구했던 엘라씽기념선교회의 선교는 빛이 난다. 교파 간의 불필요한 경쟁을 피하면서도 선교의 불모지에 복음을 전했다는 것은 선교의 후발주자로서 매우 바람직한 선교전략이 아닐 수 없다.

셋째, 한국에 최초의 침례교회가 설립됐다는 한국 교회사적, 침례교회사적 의의가 있다. 앞서 펜윅은 약 4년에 걸쳐 서울·소래·원산에서 활동했지만 가시적인 교회를 설립하지 못했다. 이와 다르게 엘라씽기념선교회는 최소 강경·공주·칠산에 교회를 설립했고, 철수하기 전까지 금강 유역에 23개 학습반을 세웠다. 훗날 이들이 교회로 발전한 것을 볼 때, 엘라씽기념선교회는 펜윅과 다르게 가시적인 선교 성과를 올렸다고 할 수 있다.

6. 나오는 말

19세기 후반 이 땅에 선교사들이 내한하여 복음의 씨앗을 뿌림으로 지금의 한국교회가 생겼다. 당시 내한한 선교사들 대부분은 미국의 교파 선교부 소속이었으나, 초교파 선교단체에 의해 교회가 세워지기도 했으니 그 선교단체는 바로 엘라씽기념선교회이다. 한국의 최초 침례교회는 바로 이 선교회에 의해 시작되었다. 이 선교회의 기원은 사무엘 씽의 헌신으로 클래런던 스트리트 침례교회 내에서 설립됐는데, 이 선교회는 1895년 3월 초에 보스턴선교사훈련학교 출신의 폴링과 가델린을 시작으로 총 7명의 선교사를 한국에 파송했다. 폴링은 내한하여 서울 종로의 내자동에 서울 선교본부를 구축했으나 그해 9월 충청도 지역으로 옮겼다. 서울에서 활동할 당시 광목장사 지병석을 만났고, 그의 활동지역인 강경에 자리를 잡으면서 1896년 초 강경 선교본부와 강경침례교회를 설립했다. 이때부터 그는 금강을 중심으로 순회전도하면서 같은 해에 공주침례교회(현 꿈의교회)와 칠산침례교회를 설립했다. 또한 금강 유역에서 가까운 지역에 학습반을 설치하여 개종자들을 위한 예배처요, 구도자들을 위한 성경공부반을 운영했다.

한편, 1896년에 입국한 스테드맨은 서울에 잠시 머문 후 이내 공주로 내려와 선교본부를 설립했다. 그리하여 폴링은 강경 선교본부에서, 스테드맨은 공주 선교본부에서 사역했다. 1899년이 이르러 폴링의 개인사정과 본국 선교회의 재정난이 겹치면서 귀국했고, 그가 사역했던 지역은 스테드맨에게 넘어갔다. 1899년 말에서 1900년 초 강경 선교본부로 이주한 스테드맨은 여러 어려움에 봉착했으나 금강 주변 지역의 23개 학습반 조성과 12명의 침례후보자 배출을 통해 위안을 얻었다. 당시 그는 평신도 선교사였기에 군산에서 활동하던 미남장로회 선교사 윌리엄 불을 초청하여 1900년 여름 금강에서 침례식을 거행했다. 이렇게 왕성한 활동을 하던 그 역시 본국 선교부의 재정난을 극복하지 못하고 1901년 4월 자신이 구축했던 선교지역을 원산에서 활동하던 펜윅에게 이양하고 귀국했다.

엘라씽기념선교회의 한국 선교는 펜윅의 제안에서 시작되었다. 그리고 이 선교회가 철수할 때 펜윅에게 인계되었다. 그런 측면에서 엘라씽기념선교회의 한국 선교는 펜윅의 한국 선교의 연장선이라고 할 수 있다. 펜윅의 제1차 한국 선교와 제2차 한국 선교 사이에 놓인 이 선교회의 활동은 초기 한국 침례교 역사에서 매우 중요한 위치를 점하고 있다. 약 6년 남짓의 짧은 기간이 아쉽지만, 그래도 엘라씽기념선교회의 수고와 헌신은 헛되지 않았고, 훗날 펜윅에게 인계되어 한국 침례교회 형성의 중요한 토대요 모판이 되었음을 감안할 때, 엘라씽기념선교회의 활동은 한국 교회사적으로나 한국 침례교회사적으로 재인식되어 널리 기념되어야 한다.

제4장

펜윅의 제2차 한국 선교
(1896-1906)

제4장 펜윅의 제2차 한국 선교(1896-1906)

1. 들어가는 말

펜윅은 1886년(23세) 회심한 이후 1889년 7월 나이아가라 사경회(Niagara Bible Conference) 강사였던 중국내지선교회(China Inland Mission, CIM) 책임자 허드슨 테일러(H. Taylor)의 강연을 통해 하나님께서 자신을 선교사로 부르고 계심을 알았다. 이후 프린스턴대학교 출신의 학생자원운동(Student Volunteer Movement, SVM)지도자 로버트 윌더(R. P. Wilder) 선교사의 간증을 통해 한국 선교사로 헌신했다. 그리하여 1889년 12월(26세) 한국연합선교회(CUM)의 파송을 받아 내한하여 서울, 황해도 소래, 함경남도 원산에서 약 4년 가까이 선교활동을 하다가 1893년(30세)에 귀국했다.

이번 장에서는 펜윅이 귀국한 이후 1896년(33세) 다시 내한하여 '대한기독교회'라는 교단이 설립되기 직전인 1906년까지(43세) 약 10년의 제2차 한국 선교에 대해 그의 자서전을[260] 중심으로 여러 문헌들을 참고하여 살피려

---

260) 펜윅은 1911년에 자신의 한국 선교에 대한 자서전으로 *The Church of Christ in corea: A Pioneer Missionary's Own Story*를 출판했다.

고 한다. 이를 위해, 먼저 1893년부터 1896년까지 미국과 캐나다에서의 활동 즉 나이아가라 사경회(Niagara Bible Conference)의 참석과 보스턴선교사훈련학교(Boston Missionary Training School, BMTS) 수학 그리고 목사 안수 및 한국순회선교회(Corean International Missionary, CIM) 조직을 다룰 것이다. 다음으로 1896년 다시 내한하여 소래를 거쳐 원산에서의 사역과 1901년 엘라씽기념선교회(Ella Thing Memorial Mission) 선교지의 인수 및 충청지역 교회들의 성장과 확장 등 교단 설립 이전인 1906년까지의 활동에 대해 면밀하게 고찰할 것이다.

2. 귀국 후 펜윅의 활동(1893-1896)

1) 귀국 동기

펜윅이 내한하여 약 4년 가까이 선교활동을 하다가 모든 사역을 내려놓고 귀국한 이유는 무엇일까?[261] 다음 몇 가지로 정리할 수 있다. 첫째, 한국연합선교회(CUM) 선교 후원의 중단 때문이었다.[262] 1891년 가을의 서신사건[263]으로 인해 펜윅과 후원 선교회와의 관계가 급격하게 악화되는데, 이는 선교후원이 중단될 수도 있는 심각한 상황이었다. 이에 펜윅은 급히 귀국하여 이 문제를 수습하려 했으나 뜻대로 이루어지지 않았다. 결국 그는 조선으로 돌아와 소래에서 원산으로 이주한 후 대규모 농장경영을 통해 본국 선교회의 도

---

261) 허긴 박사는 펜윅의 귀국 이유를 언더우드와의 갈등과 평신도 선교사역의 장애로 꼽았다. 허긴, 『한국 침례교회사』(대전: 침례신학대학교출판부, 2000), 35-36.
262) 윌리엄 스코트, 『한국에 온 캐나다인들』, 연규홍 역 (서울: 한국 기독교장로회출판사, 2009), 62.
263) 본서 2장 67페이지의 펜윅 서신사건 부분을 참조하라.

움 없이 스스로의 힘에 의한 자립선교의 토대를 구축하고자 했다. 그러나 타지에서의 농장경영이 그의 생각처럼 그리 순탄치 않았다. 결국 본국 선교회의 선교 후원 중단과 농장경영의 실패로 인해 펜윅은 귀국할 수밖에 없었다.

둘째, 선교의 가시적인 성과 결여를 들 수 있다. 성과의 결여는 펜윅에게 있어서 선교후원 중단의 또 다른 원인이 되었고, 그의 한국 선교에 대한 깊은 절망감의 단초가 되었다. 한국연합선교회(CUM)는 초교파 선교단체로, 회원들의 후원에 절대적으로 의존되어 있었다. 회원들의 지속적인 후원을 위해서는 파송된 선교사들의 성과가 필요했다. 물론 이것은 교파 선교부에서 파송된 선교사들도 예외가 아니었다. 그러나 선교의 성과는 교파 선교사보다 초교파 선교사에게 더 큰 압박이었다. 선교의 실적이 좋아야 더 많은 후원을 받을 수 있었기 때문이다. 그런 측면에서 펜윅은 뚜렷한 가시적인 성과를 내지 못했다. 이것이 본국 선교회의 선교후원 중단의 또 다른 원인으로 작용했고, 펜윅 스스로도 계속해서 한국 선교를 진행해야 하는가에 대한 깊은 절망감에 사로잡혔다. 이는 그의 귀국의 또 다른 이유가 되었다.[264]

셋째, 선교정책의 실패와 평신도 선교사로서의 한계이다. 펜윅은 자서전에서 19년 전 한국 선교를[265] 회상하는 내용이 나오는데, 그는 여기서 자신의 생각이 꽉 막혀 융통성이 없었고, 백인우월주의에 기초한 쓸데없는 자존심으로 인해 선교가 실패했음을 적고 있다.[266] 결국 본토 신자를 통한 전도

---

264) 펜윅의 절친한 친구였던 게일이 1904년에 출판한 『선구자』(The Vanguard)에서 "화이어브로위"라는 인물을 통해 펜윅을 투영했는데, 이로 인해 펜윅은 한국 선교에 대해 깊은 절망감을 가졌던 것 같다. 제임스 S. 게일, 『선구자: 한국 초대교인들의 이야기』, 심현녀 역 (서울: 대한기독교서회, 1993), 139-140; 제임스 S. 게일, 『밴가드(The Vanguard)』, 김재현 역 (서울: 한국고등신학연구원/KIATS, 2012), 163-164.
265) 펜윅의 자서전이 1911년에 출판됐으니, 그 시점에서 19년 전은 1892년을 말한다.
266) Fenwick, The Church of Christ in Corea, 54-56.

가 얼마나 중요한가를 설명한 것으로, 스스로 제1차 한국 선교의 실패를 자인(自認)하고 있다. 더불어 조선에 파송된 대부분의 외국선교사들이 목사였던 반면 펜윅은 평신도였다. 그는 이미 내한 전부터 자신이 목사가 아니라는 것, 정규적인 신학공부를 하지 못했다는 것에 대한 열등감이 있었다. 이로 인해 펜윅은 하나님의 부르심을 피하려고 했었으나 결국 하나님의 감동하심과 이끄심에 따라 평신도 선교사로 내한했다. 그는 선교현장에서 신앙적 영성과 열정으로 자신의 약점을 극복하기 위해 많은 노력을 했다. 그러나 평신도 선교사라는 한계를 극복하지 못했고, 보다 효과적인 선교를 위해서는 목사가 되어야 한다는 것을 강하게 느꼈다. 그리하여 그는 귀국 후 서둘러 목사 안수를 받았다.

2) 나이아가라 사경회 참석

펜윅은 원산에서의 사역을 마무리한 후 1893년 귀국길에 올랐다. 펜윅이 귀국 후 1893년 7월 6일부터 13일까지 개최된 나이아가라 사경회에 참석한 것을 미루어볼 때, 적어도 그는 1893년 5월 전후에 조선을 떠났을 것으로 생각된다. 그는 귀국하여 먼저 한 것 중의 하나가 바로 그 해 7월에 개최된 나이아가라 사경회의 참석이었다. 그는 1889년 내한하기 직전까지 이미 4차례(1886-1889년)에 걸쳐 나이아가라 사경회에 참석했고, 귀국 후에도 이를 계속했다. 1896년 다시 내한하기 전까지 펜윅은 1893년부터 1895년까지 3차에 걸쳐 이 사경회에 적극적으로 참여했다.

1893년 7월 6일부터 13일까지의 제17차 사경회가 나이아가라 호숫가에서 열렸다. 이 사경회에서는 몇 가지 주제를 다루었는데, 에베소서의 성령, 다시 오실 그리스도, 인생의 창조자이며 후원자이신 성령, 신약성경에 나타난 교회와 세상, 승리자로서 그리스도, 기독교 경험의 근원으로서 성령, 주님 재림의 긴박성, 계시, 예언연구의 중요성, 구속과 새로운 일, 성경(성경의 해석자, 요한일서의 분석, 영원한 형벌) 등이다. 특히 스코필드(C. I. ScoField) 박사의 주님 재림의 긴박성과 영원한 형벌 강연은 인상적이었다.[267]

제18차 사경회는 1894년 7월 12일부터 18일까지 열렸다. 이 사경회는 울프킨(C. Woelfkin), 채프만(J. W. Chapman), 스코필드 박사가 강사로 활동하면서, 하나님의 교회, 성령, 시편, 공관복음서에 나타난 세대주의 특징, 교회에서의 관계 등을 강연했다. 펜윅은 이 사경회를 통해 성령론, 종말론, 교회론, 성서론, 성경해석학, 성경읽기에 대해 배웠다.[268]

제19차 사경회는 1895년 6월 26일부터 7월 2일까지 열렸다. 이 사경회에서 다뤄진 주제는 성경의 완전성, 영성과 성령의 법, 화해, 양자, 성령의 사역, 그리스도의 재림, 복음이란 무엇인가?, 신약성경의 비밀, 구약에서의 예배 유형, 다시 오실 이스라엘의 메시야, 삶과 봉사, 미래의 예언시대 등이었다. 펜윅은 이 사경회를 통해 다양한 주제를 공부할 수 있었다.[269]

3) 보스턴선교사훈련학교의 수학과 목사 안수

펜윅이 한국 선교를 하면서 가장 큰 한계로 인식한 것은 바로 자신이 정규적인 신학공부를 하지 못했다는 것과 목사가 아니라는 것이었다. 이로 인

---

267) 안희열, 『시대를 앞서간 선교사 말콤 펜윅』(대전: 하기서원, 2019), 79-80.
268) Ibid., 80-81.
269) Ibid., 81-82.

한 고통을 누구보다도 절실하게 느꼈기에, 그는 귀국하여 목사가 되기 위한 소정의 과정을 밟는다. 즉 이를 위해 펜윅은 보스턴선교사훈련학교(BMTS)의 문을 두드리게 되는데, 그가 이 학교를 선택한 데는 나이아가라 사경회의 강사로 만났던 고든(A. J. Gordon, 1836-1895)의 영향과 깊은 관련이 있다.

펜윅은 가정형편상 정규교육을 받지 못했다. 이로 인해 그가 정규 신학교에 진학한다는 것은 꿈도 꿀 수 없었다. 물론 그 스스로도 기존의 정규 신학교에 수학할 마음이 조금도 없었다. 펜윅은 자신에게 적합한 학교를 찾아야 했고, 이런 과정에서 나이아가라 사경회 강사로 활동했던 고든과의 조우(遭遇)가 이루어졌다. 안희열 박사에 의하면, 펜윅이 보스턴선교사훈련학교(BMTS)에 입학할 수 있었던 이유를 다음 두 가지로 제시했다. 먼저는 펜윅이 나이아가라 사경회를 통해 고든의 글을 접하면서 영향을 받은 것이고, 다음으로는 보스턴선교사훈련학교(BMTS)가 1889년 10월 2일 개원했는데, 공식교육을 받지 못한 평신도도 이 학교에 입학할 수 있다는 자격요건을 펜윅이 이미 알고 있었기 때문이라는 것이다.

한편, 펜윅은 이 학교의 정규학생은 아니었던 것 같다. 왜냐하면 이 학교 동창생 명단에 없었기 때문이다.『고든 대학교 동창회 주소록, 1889-1979』의 동창생 규정에 따르면, 고든 대학을 다닌 모든 졸업생들과 예전의 학생들은 적어도 1년간 전임 학생(full time)이어야 한다고 명시되어 있다. 이를 토대로 볼 때, 펜윅은 1년 미만의 임시학생 또는 청강생이었을 가능성이 높다.[270]

펜윅은 1893년 귀국 직후 보스턴선교사훈련학교(BMTS)에 임시학생(청강생)으로 수학했다. 펜윅이 보스턴선교사훈련학교(BMTS)의 임시학생으로 있을 당시 엘라씽기념선교회의 첫 선교사인 폴링도 함께 청강생으로 선교훈

---

270) Ibid., 152-153.

련을 받고 있었다.[271] 그는 이곳에 있는 동안 고든 목사와 다른 동료 학생들에게 한국을 소개하면서 이곳의 선교가 매우 시급하다고 역설했다.[272] 그의 이 같은 호소는 적어도 다음 두 가지의 영향을 끼쳤는데, 보스턴선교사훈련학교(BMTS) 학생들의 한국 선교사로의 헌신과 엘라씽기념선교회(Ella Thing Memorial Mission)의 한국 선교사 파송 및 후원이다. 이 둘은 별개의 것이 아닌 동전의 양면과 같이 동시적으로 실행되었다. 엘라씽기념선교회는 클래런던 스트리트 침례교회(Clarendon Street Baptist Church)에 출석하던 안수집사 사무엘 씽(Samuel B. Thing)이 자신의 외동딸 엘라(Ella)가 병석에서 유언한 것을 토대로 세워진 초교파 선교단체이다.[273] 1895년에 세워진 직후 펜윅의 간절한 호소에 따라 선교지를 조선으로 선정했고, 이곳에 폴링(E. C. Pauling), 메이블 홀(M. V. Hall), 가델린(A. Gardeline), 스테드맨(F. W. Steadman), 엘머(A. Ellmer), 엑클스(S. AcKles), 브라이든(A. T. Briden) 등 7명을 파송했다. 그런데 공교롭게도 이들은 모두 보스턴선교사훈련학교 출신이었다.

펜윅은 1893년 귀국 직후부터 이듬해인 1894년 4월까지 1년 미만의 단기간 동안 보스턴선교사훈련학교(BMTS)에서 수학하는 중에, 그 자신과 폴링 외 3명이 고든 목사와 피어선(A. T. Pierson, 1837-1911) 박사로부터 목사안수를 받았다.[274] 그리고 폴링은 엘라씽기념선교회의 후원을 받아 미국을 떠나 일

---

271) 오지원, "엘라씽기념선교회의 한국 선교 연구," 『한국 교회사학회지』 제46집 (2017. 4), 196.
272) Malcolm C. Fenwick, The Church of Christ in corea, A Pioneer Missionary's Own Story (New York: H. Doran Company., 1911), 57-58; 이후 본 글에서는 Fenwick, The Church of Christ in Corea로 표기한다.
273) E. C. Pauling, "Our Work in Korea," The Baptist Missionary Magazine 84 (Oct. 1905), 388.
274) 오지원, "에드워드 폴링의 아들", 한국 교회사학회·한국복음주의역사신학회편, 『내게 천 개의 목숨이 있다면1: 양화진 선교사들의 삶과 선교』(서울: 한국장로교출판사, 2014), 209; 한편,

본으로 건너가 한국 선교를 준비했고, 펜윅은 계속 캐나다에 머물며 제2차 한국 선교를 준비했다.

4) 한국순회선교회(CIM) 설립

펜윅은 목사 안수를 받은 직후인 1894년에 캐나다 토론토에서 한국순회선교회(Corean International Missionary, CIM)를 조직했다. 그는 캐나다 신용 융자회사의 토론토 지사 사원인 더글라스(J. R. Douglas)에게 사무총장 겸 재무를 맡겼고,[275] 스스로 회장에 올랐다. 펜윅은 한국순회선교회(CIM)의 원리와 목적 선언문을 발표했는데,[276] 그는 여기서 본 선교회의 설립 목적을 다음과 같이 피력했다.[277]

> 선교지에서 다른 선교단체와 선교사들의 간섭을 받지 않고 한국 전 지역에 복음을 즉시 전할 수 있는 문(門)과 충분한 공간이 활짝 열렸으며 이것이 한국순회선교회의 일차 목적이다. 이 선교회는 성격적으로는 초교파적이며 영적으로는 복음전도적이며 방법적으로는 진취적이지만 다른 사람의 터 위에 교회를 세우지 않고 오지선교가 강

피어선 목사는 미국 북장로교 출신으로, 『세계선교평론지』(The Missionary Review of the World) 편집장, 학생자원운동 (Student Volunteer Movement. SVM) 창시자로 널리 알려져 있다. 평생 112권(54권은 공동저술)의 단행본과 36권의 소책자를 저술했고, 13,000편에 달하는 설교와 강의를 했다. 장로교를 넘어 초교파적인 사역을 했고, 1910년 12월 6주간 한국을 방문했다. 그의 뜻에 따라 1912년 피어선기념성경학원(현 평택대학교)이 서울에 설립되었다. 피어선에 대해 자세한 것은 델라반 L. 피어선이 저술한 『아더 피어선의 생애와 사상』 (서울: 보이스사, 1986)을 참고하라.
275) 안희열, 『시대를 앞서간 선교사 말콤 펜윅』(대전: 하기서원, 2019), 160.
276) 한국순회선교회(CIM)의 원리와 목적 선언문 전문(全文)에 대해서는 Ibid., 296-298을 참고하라.
277) Ibid., 296.

조되며 복음이 모든 열방들에게 전달되는 것을 목적으로 한다.

펜윅은 한국 전지역에 복음을 전할 목적으로 한국순회선교회(CIM)를 설립했으며, 그 성격은 초교파적이고, 복음전도적이며, 오지선교를 지향했다.[278] 이 세 가지는 펜윅의 선교정책인 동시에 한국순회선교회(CIM)가 지닌 독특한 특징이다. 이제 이것에 대해 좀 더 세밀하게 살펴보자.

첫째, 한국순회선교회(CIM)는 초교파선교(超敎派宣敎)적 성격을 가졌다. 펜윅은 본 선교회의 초교파적 성격에 대해 다음과 같이 설명했다.[279]

> 한국순회선교회의 교리적 기준은 배타적으로 어느 한 선교단체의 것을 따르지 않고 오히려 여러 분파의 개혁교회가 채택한 위대한 기본 진리와 소위 복음주의 연맹의 기초를 따르고 있다.

펜윅은 본 선교회가 여러 분파의 개혁교회가 채택한 기본 진리와 복음주의 연맹의 기초를 따른다고 제시함으로 선교회가 초교파적임을 피력했다. 본래 펜윅은 어려서 모친 바바라 라탐의 스코틀랜드 장로교의 보수적인 신앙교육과 스코틀랜드 장로교회 목사 매킨토시의 삶을 통한 깊은 영성을 통해 어려서부터 장로교적인 신앙 속에서 성장했다. 그러나 그는 교파의식이 그다지 깊지 않았고, 회심 후 초교파적 성격의 나이아가라 사경회를 통해 신앙훈련을 받음으로 그의 신앙이 초교파적으로 굳어졌다. 이후 초교파적인 한국연합선교회(CUM)의 후원을 받아 내한함으로 그의 선교활동은 한 마디

---

278) *The Missionary Review of the World*, (1894), 460.
279) 안희열, 『시대를 앞서간 선교사 말콤 펜윅』(대전: 하기서원, 2019), 297.

로 초교파적이었다고 말할 수 있다.

특히 펜윅이 초교파성을 띠게 된 데는 제1차 한국 선교 중에 경험했던 선교지 분할협정(Comity Arrangement)[280]과도 깊은 연관이 있다. 1889년 그가 내한했을 당시 서울은 이미 장로교와 감리교가 각축전(角逐戰)을 벌이고 있었다. 그가 함경남도 원산으로 이주한 것은 바로 이곳이 선교지 분할정책에서 자유로웠기 때문이다.

한국순회선교회(CIM)의 초교파적 성격은 1906년에 설립된 교단 명칭인 '대한기독교회'에서도 찾을 수 있다. 이 명칭에 대해 펜윅은 다음과 같이 기록했다.[281]

> 하나님이 나를 불러 맡기신 사역은 교파를 초월한 것이다. 한국의 방방곡곡에서 영혼들이 주께 나오고 그들을 돌볼 사람들을 세우지 않을 수 없게 되었을때, 우리는 교단 명칭을 될 수 있는 대로 간단하게 붙였다. '대한기독교회'인데, '한국에 세워진 그리스도의 교회'라는 뜻이다.

---

280) 선교지 분할협정은 '교계예양'(教界禮讓) 또는 '예양협정'(禮讓協定)으로 불리며, 선교의 중첩을 피하고, 돈과 시간의 낭비를 줄여 효과적인 복음화를 위한 목적으로 실시되었다. 1892년 미북감리회와 미북장로회 사이에 처음 시도된 이래 1893년 미북장로회와 미남장로회, 1898년 미북장로회와 캐나다장로회, 1909년 미북장로회와 호주장로회, 1901년 미북장로회와 미남감리회 사이에 협정을 맺었다. 이후 장로교, 감리교는 각각의 내부조정이 끝난 후 서로의 조정을 통하여 1907년까지 선교구역을 확정했다. 이렇게 지켜져오던 협정이 1936년 9월 장로교 총회에서 장·감 양 교파의 선교구역 철폐를 결의한 후 이를 감리교에 통고 했고, 감리교는 같은 해 10월 8일 양주삼 총리 주재 하에 전국감리사 회의를 소집하여 이 문제를 논의한 후, 장·감 협의로 설정된 것을 장로교가 일방적으로 파기했으므로 감리교도 그 협정에 구애됨 없이 자유롭게 선교하기로 결의했다. 이후 선교지역 분할협정이 파기됨에 따라 자유롭게 전도와 교회설립이 이루어졌다. 허명섭, 『해방 이후 한국교회의 재형성, 1945-1960』(부천: 서울신학대학교 출판부/현대기독교역사 연구소, 2009), 196.

281) Fenwick, *The Church of Christ in Corea*, 2-3.

펜윅이 1894년에 세운 한국순회선교회(CIM)는 1906년 대한기독교회라는 교단으로 발전했다. 그러나 '초교파'라는 정신은 그대로 이어졌다. 이처럼 펜윅과 한국순회선교회(CIM)는 지속적으로 초교파 정신을 구현했다.

둘째, 한국순회선교회(CIM)는 신앙선교(信仰宣敎)적 특징을 가졌다. 서구의 개신교 선교는 18세기 '근대선교의 아버지'로 불리는 윌리엄 캐리(W. Carly)가 시작한 이래 급속하게 발전했고, 19세기에 이르러서는 라투렛(K. Latourette)의 말대로 '위대한 선교의 세기'가 되었다. 19세기 초부터 미국의 주요 교파들은 선교부를 세웠는데, 19세기 후반에 들어서면서부터 이들은 점점 관료화되었다. 이 교단 선교부는 신자들과 현지 선교사 사이에서 때때로 엄청난 예산을 낭비했고, 또한 현지 사정을 잘 모르면서도 선교 본부에서 모든 선교 정책을 통제했다. 이런 19세기 후반의 관료주의적인 선교를 비판하면서 인간적인 기구보다는 성령의 인도에 맡기는 것이 옳다고 주장하는 새로운 운동이 발흥했는데, 이런 형태의 선교를 '신앙선교'라고 한다.[282]

신앙선교는 조지 뮬러(G. Muller)의 기도운동에서 비롯되었고, 허드슨 테일러의 중국내지선교회(CIM)를 통해 구체적으로 나타났다. 펜윅은 일찍이 나이아가라 사경회의 강사로 왔던 허드슨 테일러의 강연을 통해 깊은 은혜를 받았고, 보스턴선교사훈련학교(BMTS)에 수학할 당시 고든에게 또한 깊은 영향을 받았는데, 그 중에 대표적인 것이 바로 신앙선교이다. 특별히 고든은 "우리 선교단체가 겪는 어려움은 선교사를 돕는 재정과 관련된 것인데 재정의 어려움조차도 우리가 생각지도 못한 신앙과 관련되어 있음을 알아야 한다"[283]라고 했는데, 이 같은 재정 운영방법을 펜윅이 이어받았다. 그는 선교

---

282) 박명수, 『근대 복음주의의 주요 흐름』(서울: 대한기독교서회, 2001), 364.
283) 안희열, 『시대를 앞서간 선교사 말콤 펜윅』(대전: 하기서원, 2019), 163에서 재인용.

사들을 후원하기 위해 후원자들에게 직접적으로 돈을 요구하지 않고 하나님의 사람들의 자발적인 헌금을 강조했다. 또한 펜윅이 복음전도인을 파송한 것 역시 신앙선교에 기초한 것이었다.[284] 결국 펜윅은 "영적으로는 복음전도적이며 방법적으로는 진취적인" 신앙선교를 통해 직접선교를 지향했다.

셋째, 한국순회선교회(CIM)는 오지선교(奧地宣敎)적 특색을 지녔다. 펜윅은 본 선교회의 오지 선교를 다음과 같이 언급했다.[285]

> 본 선교회의 주된 목적은 오지에 복음을 전파하는 것으로 이곳은 그리스도께서 특별한 분으로 인식이 잘 되어있지 않은 지역을 말한다. 선교사들이 일하고 있는 선교단체에서의 갈등과 충돌은 조심스럽게 피해야 하고, 형제간의 사랑이 품어져야 하고 활발한 협력이 증진되어야 한다. 누가 하든 간에 그리스도만 전달된다면 함께 즐거워하자.

오지 선교란 다른 사람이 선교하지 않는 곳을 선교하는 형태의 선교방법으로, 주로 도시에서 멀리 떨어진 산골 등지를 선교지로 삼는다. 일찍이 고든은 오지 선교를 지향하는 중국내지선교회나 국제선교연합회 같은 선교단체와 교류 및 후원을 했다. 이 같은 그의 영향으로 탄생한 것이 바로 펜윅의 한국순회선교회(CIM)이다.

펜윅은 한국순회선교회(CIM) 목적에 오지선교를 언급할 정도로 이것을 매우 중요하게 여겼는데, 이는 허드슨 테일러와 고든의 영향일 뿐만 아니라

---

284) 허긴, 『한국 침례교회사』(대전: 침례신학대학교출판부, 2000), 78.
285) 안희열, 『시대를 앞서간 선교사 말콤 펜윅』(대전: 하기서원, 2019), 297.

북방선교 전도인들

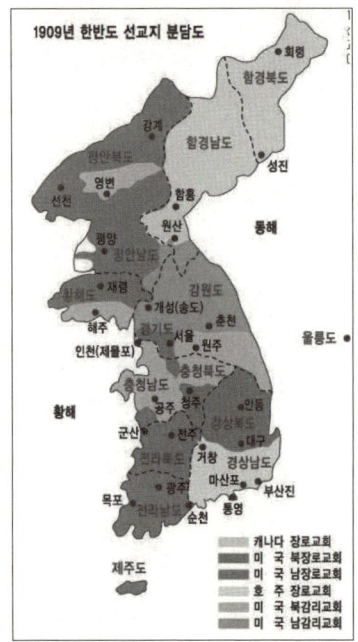
선교지 분할 협정도

그가 제1차 한국 선교에서 얻은 경험의 소산이기도 했다. 앞서 필자는 선교지 분할협정(Comity Arrangement)이 펜윅으로 하여금 초교파 선교를 하는 단초가 되었다고 언급했는데, 이것은 또한 펜윅의 오지선교에 또 다른 단초를 제공했다. 제1차 내한 중에 펜윅은 중국여행을 했다.[286] 이것은 오지 선교를 염두에 둔 여행으로 생각된다. 당시 한반도는 도시를 중심으로 장·감 중심의 선교지분할협정이 맺어져 있었는데, 이로 인해 장·감 외 개신교들의 한국 선교에 어려움을 겪었다. 이것은 펜윅으로 하여금 오지(奧地)로 여겨진 한반도 북쪽의 만주와 시베리아에 관심을 갖는 계기가 되었고, 이후 북방선교의 출발점이 되었다.[287]

1894년에 설립된 한국순회선교회(CIM)는 펜윅의 제1차 한국 선교 경험을 토대로 하면서 이전의 허드슨 테일러와 고든의 영향을 받아 초교파적선교, 신앙선교, 오지선교를 지향하게 되었고,

---

286) 아마도 펜윅은 제1차 한국 선교(1889-1893) 중에 여러번 중국여행을 했을 것으로 여겨지는데, 지금까지 필자가 발견한 것은, 미북감리회 여성 의료선교사 로제타 홀(Rosetta S. Hall)의 1890년 10월 14일자 개인일기에서 "게일은 오와리 호를 타고 중국으로 떠나는 친구 펜윅을 배웅하기 위해 어제 제물포에 왔다"라는 기록 뿐이다. 로제타 홀, 『로제타 홀 일기2』, 김현수·강현희 공역 (서울: 홍성사, 2016), 99.

287) 허긴, 『한국 침례교회사』(대전: 침례신학대학교출판부, 2000), 123.

이에 대한 구체적 실현을 위해 펜윅이 1896년 다시 내한했다.

3. 펜윅의 제2차 내한과 주요활동(1896-1906)

1) 소래 사역

1893년에 귀국하여 나이아가라 사경회와 보스턴선교사훈련학교(BMTS)에서 선교훈련을 받은 펜윅은 목사 안수를 받은 후 한국순회선교회(CIM)를 설립했다. 스스로 회장에 오른 그는 이 선교회의 첫 선교사가 되어 1896년 4월에 다시 내한했다.[288] 그의 내한으로 이제 펜윅의 제2차 한국 선교가 시작되었다.

펜윅이 다시 내한하여 처음 찾은 곳은 다름 아닌 함경남도 원산이었다.[289] 그가 원산을 먼저 찾은 것은 제1차 한국 선교에서 유일하게 선교본부(station)를 마련했던 곳이었기 때문이었다. 당시 원산은 일본과 러시아의 전쟁터였는데, 이로 인해 민간인의 출입은 상상할 수도 없었다. 그는 이 같은 난관을 뚫고 원산 시내로 진입하여 귀국 전 조성했던 농장을 둘러본 후 동료 선교사에게로 갔다. 아마도 '동료 선교사'는 이 지역에서 활동하고 있던 독립 의료선교사 하디(R. A. Hardie)였을 것으로 생각된다. 하디는 1890년 9월 내한하여 1892년 11월 초 원산에 정착을 했고, 1893년 12월에는 캐나다 대학 YMCA 선교부의 지원으로 선교센터를 건립한 후 이곳에서 의료선교 사

---

288) Ibid., 52.
289) "나는 맥켄지씨가 죽은 이듬해 미국에서 원산으로 돌아왔다." Fenwick, *The Church of Christ in Corea*, 39.

펜윅의 선교여행(위) 소래교회 전경(아래)

역을 해 오고 있었다.[290]

펜윅은 원산에서 하디와 함께 지내는 가운데 문득 제1차 선교사역지 중 하나인 황해도 소래(松川)를 떠올렸다. 그리고 그곳에 가 보고 싶은 생각이 간절해졌다. 그러나 지금 당장은 소래에 갈 수 없었으므로 기회를 찾다가 12월 하순경에 이르러 소래를 향해 출발했다.[291] 그곳으로 향하는 길은 매우 혹독했다. 길잡이 소년과 함께 거세게 쏟아지는 눈을 맞으며 산을 넘어야 했고, 고된 여정 속에서 타고 가던 조랑말이 쓰러지는 고난을 감내해야 했다. 1896년 그믐에 이르러 드디어 소래에 당도했다. 펜윅이 소래에 당도했을 때의 감격스런 광경을 그는 자서전에서 다음과 같이 기록했다.[292]

---

290) Ibid., 39-40; 하디는 캐나다 대학 YMCA 선교부의 후원으로 1890년 9월 30일 독립 의료선교사로 내한하여 부산에서 게일과 함께 선교활동을 하다가 상경하여 제중원에서 근무했고, 다시 부산으로 내려가 선교했다. 1892년 11월 초 북감리회 선교사 맥길(W. B. McGill)의 원산 시료소에 잠시 머물다가 같은 해 11월 11일 원산으로 이주해 펜윅의 집 방 한 칸을 빌려 시약소를 열고 환자들을 돌봤다. 이후 선교부 후원으로 1893년 12월 선교센터를 건립했다. 1898년 본국 선교부와의 계약이 만료됨에 따라 미국 남감리회로 이적했고, 1899년 황해도 개성으로 자리를 옮겨 남성병원을 설립하고 의료사역을 시작했다. 박용규, 『한국 기독교회사1』(서울: 생명의말씀사, 2004), 699; 김재현 엮음, 『한반도에 심겨진 복음의 씨앗: 한국에 온 위대한 선교사 50인』(서울: 한국고등신학연구원, 2014), 225-226.
291) 펜윅의 자서전에 의하면, 원산을 출발하여 소래로 가는 도중 어느 산중 마을에서 12월 25일 성탄절을 보냈다. Fenwick, The Church of Christ in Corea, 41.
292) Ibid., 42-43.

그 소년에게서 우리는(펜윅과 일행) 소래 사람들 모두가 잘 있는 것과, 안씨와 서씨가 그의 뒤를 따르고 있다는 것을 알게 되었다. 큰 바위 위에 올라서 보니 두 사람이 산등성이를 올라오고 있었다. 내가 "거기 누구요?"라고 소리치자 그들은 나를 발견하고 눈을 헤치고 황급히 달려와 나를 끌어안았다. 밝은 얼굴에서 그들의 삶을 읽을 수 있었다. 서씨는 나를 보자마자 가슴을 치면서, "당신을 여기서 만나다니, 하나님이 이 죄인에게 자비를 베푸시고 제 죄를 용서해 주셨습니다."라고 말했고, 안씨를 가리키며, "저 죄인에게도 주께서 자비를 베푸시고 그 죄를 용서해 주셨고, 우리 마을 전체를 그리스도께로 인도하셨습니다."라고 말했다. 서씨는 내게 이렇게 말했다. "안씨 부인은 지난 6년 동안 선생님이 다시 돌아오게 해 달라고 간절히 기도했습니다." 우리가 안씨의 집에 도착했을 때 서씨는 안씨의 부인을 불렀다. 그녀는 힘없이 마당으로 나왔는데, 병약해진 몸으로 인해 지팡이에 의지하고 있었다. 그녀는 나를 보자 곧장 다가와 내 손을 잡고 하늘을 바라보며 이렇게 말했다. "주여, 이제 당신의 여종을 평안히 놓아주시는군요. 제 기도를 들으시고 선생님을 다시 보내 주셨습니다." 나는 종종 그때의 광경을 떠올리며 주님의 면류관을 장식할 보석을 얻는데 들인 비용치고는 참으로 충분한 보상을 받았다고 확신한다.

원산에 온지 약 7개월이 지난 후에야 비로소 떠날 수 있었던 황해도 소래는 펜윅에게 있어서 많은 추억이 있는 곳이다. 무엇보다도 서경조(徐景祚)[293]

---

293) 한국 기독교 초기 신자인 서상륜의 동생으로, 형을 통해 복음을 듣고 개종한 후 황해도 장연(소

의 도움을 받아 한국의 말과 글을 익히며 성경을 번역하고, 복음전도 사역을 했던 일들을 잊을 수 없었다. 그러기에 원산에 있으면서도 끊임없이 소래를 그리워하지 않았던가? 펜윅이 소래에 당도했을 때, 마침 서경조를 만났고, 안씨(안대벽의 부친 안제경)도 함께 만날 수 있었다. 더욱이 소래 사역의 첫 열매인 안씨 부인도 만났다. 안씨 부인은 펜윅이 다시 돌아오도록 6년 동안 기도하고 있었으니, 이들의 만남은 더욱 감격스러웠다.

펜윅이 1896년 12월 그믐날 밤 소래에 도착하여 기도회를 가졌다. 이 기도회는 놀랍게도 300여 명의 형제와 자매들이 모여 기도와 찬송으로 하나님께 영광을 돌리며 그리스도 안에서 기쁨을 나누는 축제와도 같았다. 그리고 다음날 아침부터 펜윅은 소래교회에서 두 주간에 걸쳐 성경공부를 했는데, 아침과 낮에는 남자들에게, 저녁에는 안씨 집에서 여자들을 대상으로 했다. 12일째 되는 날, 펜윅은 오랜 친구를 불러서 다음과 같이 물었다.[294]

"하나님께서 우리 집회에 역사하고 계시지 않는다는 것을 알고 있습니까? 내가 보기에 뜨거운 열정이 전혀 보이지 않습니다. 이유는 하나밖에 없습니다. 죄인들이 아무리 많아도, 아무리 악해도 성령의 역사를 방해하지 못합니다. 그러나 서로 미워하는 신자 두 사람만 있어도 성령의 역사를 중단시킬 수 있습니다. 이제 이곳 신자들 중에 누가 서로 미워하는지 제게 말해 주십시오." 그 사람은 엎드려 울면서 자기와 다른 두 사람이 서로 미워하게 된 가엾은 이야기를 들려주었다. 모든 이야기가 다 딱한 것들이었다. 나는 그에게 하나님께

래)을 중심으로 전도활동을 했다.
294) Fenwick, *The Church of Christ in Corea*, 44-45.

사죄하고 그들에게 가서 용서를 구하지 않겠냐고 하자 그렇게 하겠다고 대답했다. 우리는 함께 무릎 꿇고 기도했다. 그는 하나님과 화목하고서 형제들과도 화목하기 위해 길을 나섰다. 그 형제들 중 한 사람은 마침 내 말에 편자를 달고 있었다. 내 친구가 그 사람에게 가서 도와주려고 애쓰는 모습을 보니 참으로 기뻤다. 기회가 생기자 그들은 지금까지 서로 사랑하지 않고 미워했던 자신의 잘못을 고백했다. 다음 날은 주일이었다. 3백 명의 교인들이 모였을 때, 죄 씻음을 받은 교인이 그들 앞에서 간증하자 교인들도 주님 앞에 무릎 꿇고 엎드려 자기 죄를 고백하며 울부짖었다.

1892년 미북장로회와 미북감리회 사이에서 처음 시도된 선교지 분할협정으로 볼 때, 황해도 소래는 미북장로회 관할이었다. 그러나 당시 미북장로회 선교사들은 주로 서울을 중심으로 활동하면서 지방 선교를 타진하고 있던 중이었으므로 소래교회에는 담임 목사가 없었고, 여러 선교사들이 한국어를 익히는 배움의 장으로 거쳐가는 곳이었다. 펜윅이 다시 내한하기 직전에도 캐나다의 독립선교사 맥켄지(W. J. Mckenzie)가 1893년에 내한하여 이곳에서 사역하다가 1895년 전염병으로 별세했다. 이런 와중에 펜윅이 소래를 방문했으므로 소래교회 교인들은 그와의 만남이 무척 반가웠고, 펜윅 역시 제1차 한국 선교 당시 소래에서 활동했던 관계로 그들과의 만남이 간절했다. 이런 만남에서 소래교회 기도회가 시작되었다. 300여 명이 모인 성경공부와 기도회의 열기는 참으로 놀라웠다. 특별히 형제를 미워한 죄의 고백과 화해, 그리고 이로 인한 소래교회 교인들의 울부짖는 간절한 기도는 훗날 평양 대부흥운동의 서막이라고 해도 과언이 아닐 정도로 대단했다. 허긴 박사는 펜윅의 소래교회 집회에 대해 이렇게 평가 했다. "두 주일 동안 계속된 펜윅의 소래교회 집회는 이 땅에 일어난 최초의 오순절의 체험이요 성령의 역사였다. 이것은 놀라운 영적인 대각성이며 회개의 역사였다. 이 소래부흥회는 한국 땅에서 일어났던 최초의 영적인 회개운동이며 대부흥회였다."[295]

펜윅의 소래부흥회와 관련하여 그와 오순절운동과의 관련성을 제기한 유근재 박사의 논문이 우리의 시선을 끈다. 그에 의하면, 펜윅에게 지대한 영향을 끼친 고든 목사는 아주사 오순절운동이 미국에서 일어나기 전에 오순절적 은사운동과 치유사역을 이끌었던 목회자 중의 한 사람이었다고 한다. 이런 고든의 영향으로 인해 펜윅 역시 비록 방언에 대한 언급은 없으나 이를 터부시하지 않았고 치유나 축사가 그의 두 권의 자서전에도 등장하고 있는 것으로 봐서 펜윅의 기록에 다 기록되지 않았으나 소래부흥회에서 오순절의 역사가 일어났다고 믿었다는 것이다.[296] 과연 펜윅이 오순절주의에 영향을 받았을까? 지금까지 한국 교회사와 펜윅에 대한 연구 그리고 그와 관련된 사료를 토대로 볼 때, 적어도 두 가지는 분명하다. 먼저 한국의 대부흥운동에서 방언의 역사가 일어나지 않았다는 측면에서 이를 오순절운동이라고 보지 않는 것이 한국 교회사학계의 지배적인 주장이다. 또한 펜윅의 소래부흥회에서 오순절운동적인 요소를 찾을 수 없다는 것이다. 이 같은 정황(情況)으로 미루어 볼 때, 필자는 양자 간의 관련성은 없다고 본다.

그러나 펜윅은 자신의 자선전에서 축사와 치유에 대해서는 비교적 담담

---

295) 허긴, 『한국 침례교회사』(대전: 침례신학대학교출판부, 2000), 54.
296) 유근재, "은사주의자 Malcolm C. Fanwick: 기독교한국침례회의 전신인 동아기독교회의 설립자인 캐나다 출신의 독립선교사인 그의 생애와 신학을 오순절 은사주의 입장에서 재조명," 『오순절신학논단』 13 (2015. 12), 109; 113-114.

하게 서술하고 있다. 예를 들면, 그는 신명균이 장기영의 외아들 판순(석천)을 고친 것에 대해 다음과 같이 묘사했다. "신씨가 우리 집에서 300마일 떨어진 곳에 있는 새로운 곳에 부임하여 첫 번째 행한 일은 귀신 들린 한 청년을 하나님의 능력으로 고친 후 그를 집중적으로 보살피는 일이었다."[297] 여기서 펜윅은 판순의 병과 귀신들린 것이 서로 연관성이 있다고 보았고, 신명균의 강력한 기도를 통해 축사와 치유현상이 일어나 판순의 병이 고쳐졌다고 했다. 신명균이 이렇게 할 수 있었던 것은 문헌에는 찾을 수 없으나 펜윅에게 가르침을 받았거나 영향이 있었을 것으로 추정된다. 결국 펜윅은 축사와 치유를 어느 정도 인정하고 있음을 알 수 있다. 그렇다고 유박사의 주장대로 펜윅을 은사주의자로 보는 것은 다소 무리가 따른다. 왜냐하면 이곳 외에 축사와 치유와의 관련성을 찾기가 쉽지 않기 때문이다.

펜윅의 소래교회 부흥회는 대단했다. 며칠 뒤 펜윅이 동료 선교사인 아펜젤러(A. P. Appenzeller)에게 그때의 광경을 설명하자 그는 "형제여, 죄 때문에 그렇게 눈물 흘리는 한국인을 볼 수 있다면 수천 리를 걸어가서라도 만나고 싶군요. 그러나 난 아직 한 번도 그런 사람을 보지 못했습니다."라고 매우 가슴 아파하면서 말했다.[298] 소래교회 집회가 있은 후 소래 사람들은 펜윅에게 자기들의 목사가 되어 달라고 간청했다. 그에게 사례금과 큰 집, 하인들을 제공할 뿐만 아니라 죄인을 구원하는 일에 함께 하겠다고 했다. 그러나 펜윅은 이를 거절했다. 훗날 그는 이때의 처사에 대해 다음과 같이 회고했다.[299]

---

297) Fenwick, *The Church of Christ in Corea*, 70.
298) Fenwick, *The Church of Christ in Corea*, 46.
299) Ibid., 46.

내가 없는 동안 이미 다른 선교부가 소래 지역에서 사역을 시작했다. 그래서 당시 열려진 문을 하나님과 함께 당당하게 들어가지 못했고, 문제가 복잡해지는 걸 두려워했는데, 그것을 나는 두고두고 후회했다. 14년이 지난 지금(1911년) 이 글을 쓰면서 만약 그때 이것을 의식하지 않고 하나님의 부르심에 순종했더라면 주께서 예비하신 이 사람들로 인하여 이 땅에 은혜의 역사가 시작되었을 것이라고 확신한다. 때로는 평화를 얻는데 지나치게 값비싼 대가를 치르게 한다.

우리는 여기에서 펜윅의 오지선교정책을 엿볼 수 있다. 다른 사람이 선교하지 않는 곳을 선교하려했던 그의 입장에서 볼 때, 소래 지역은 이미 미북장로회 관할 지역이었으므로 더 이상 미련을 두지 않았던 것이다. 그러나 펜윅은 이 같은 자신의 태도에 이후 두고두고 후회했다. 아마도 그 이유는 다음 두 가지로 설명될 수 있다. 먼저는 소래교회 집회를 통한 부흥의 놀라운 역사를 계속 이어갈 수 있는 기회를 놓쳤다는 것과, 소래 지역의 지정학적 이점인 선교적 교두보를 잃었다는 아쉬움이 그것이다.

자신들의 목사가 되어주길 간절하게 원했던 소래교회 교인들을 뒤로하고 혼자 가겠다는 펜윅을 향해 교인들은 극구 만류하면서, 가장 장래가 촉망한 청년과 함께 가게 했다. 이는 그 청년에게 목회 훈련을 받게 하려는 것이었다. 그리고 전도사역을 위한 전도지 출판을 위해 넉넉한 후원금과 함께 16km나 동행해 주었다.[300]

---

300) Ibid., 46-47.

2) 원산 정착과 자립선교 구축

1896년 연말 황해도 소래를 방문한 펜윅은 이듬해인 1897년 1월 혹은 2월경 소래를 떠나 두 주간 서울에 머물렀다. 그는 서울에 머무는 동안 소래에서 있었던 일들에 관해 이야기했고, 이것은 동료선교사들에게 큰 힘이 되었다. 서울에 잠시 머물렀던 펜윅은 이내 원산으로 돌아왔다. 그는 원산 앞바다가 보이는 약간 높은 지역에 약 10만 평의 정도의 땅을 구입하여 커다란 초가집을 짓고 농장을 조성했다.[301] 펜윅의 농장 경영은 이미 제1차 한국선교에서부터 시작된 것으로, 자립선교를 위한 토대요 산업선교의[302] 시작이었다. 일찍이 그는 "캐나다에 있을 때 나를 농촌에 자라게 하여 농업과 원예와 상업을 가르치신 분이 주님이라고 나는 믿는다."[303]라고 말할 정도로 자신이 농촌 출신인 것을 하나님의 뜻으로 여겼고, 이로 인해 농업, 원예, 상업에 능했다. 펜윅은 이 같은 자신의 장점을 선교지 한국에서도 사용하신다고 굳게 믿었다. 농사에 관한 각종 지식과 경험이 풍부했기에 그의 농장 경영은 성공적이었다. 1898년 8월 *The Korean Repository*[304]에 기고한 논문 '한국

---

301) 김용국, 『한국 침례교사상사, 1889-1997』(대전: 침례신학대학교출판부, 2005), 139.
302) 펜윅은 농업 개량을 목적으로 내한한 선교사는 아니다. 그가 오직 견지한 선교정책은 신앙선교를 바탕으로 한 직접선교이다. 그럼에도 불구하고 필자가 그의 선교를 "산업선교"로 명명하는 것은 그의 의도(순수한 복음 선교)와는 별도로 국내의 농업 개량을 위해 많은 활동을 했고, 많은 영향을 미쳤기 때문이다.
303) Fenwick, *The Church of Christ in Corea*, 15.
304) 1892년 1월부터 북감리회 선교사 올링거(F. Ohlinger)에 의해 발행된 최초의 영문 잡지로, 한국의 언어, 문화, 제도, 경제, 사회, 시사 등을 기사로 취급했다. 이 잡지는 당시 한국 선교를 위한 예비지식을 얻는데 가장 유용한 안내서로 활용되었다. 1892년 12월호까지 올링거가 발행한 후 그가 미국으로 돌아감에 따라 잠시 휴간하다가 1895년 1월부터 아펜젤러와 헐버트에 의해 다시 발행되었고, 1898년 12월에 종간했다. 이후 1901년 1월에 창간한 The Korea Review로 연결되었다. 이만열, 『한국 기독교문화운동사』(서울: 대한기독교출판사, 1987), 384.

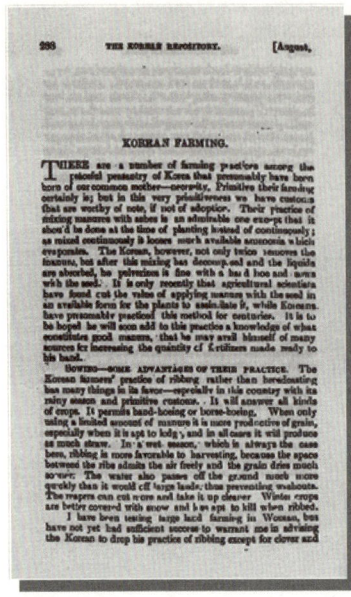
한국의 농사법

의 농사법'(Korean Farming)을 통해 잘 알 수 있다. 그 시작은 다음과 같다.[305]

가난이라는 우리의 공통된 어머니를 가진 온순한 한국의 농부들 사이에서 다양한 농사 기술이 있어왔다. 그들의 농사법은 분명히 원시적이나 그러한 원시적인 방법 중에는 비록 우리가 채택할 만한 것은 못 되더라도 명기할 만한 가치를 가진 관습이 있다.

이 논문에서 펜윅은 농사법에 대해 매우 자세하게 소개하고 있다. 그는 한국인들의 거름을 만드는 기술을 비롯하여 씨 뿌리는 방법, 농작물의 윤작법, 적합한 곡물 재배법, 다른 곡물의 도입과 재배 등을 자세하게 서술했다. 예리한 관찰력으로 한국의 농사법을 자세히 설명하고 있는 펜윅의 모습은 마치 농업 분야의 전문가라고 해도 과언이 아닐 정도로 해박했다. 당시 내한 선교사 중에 농사에 대해 이만한 지식과 소양을 갖춘 인물이 없었다는 측면에서 펜윅의 존재적 가치는 참으로 높았다고 할 것이다.

펜윅은 논문 말머리에 다음과 같은 조언도 잊지 않았다.[306]

나는 한국인에게 거룩한 능력을 배경으로 하는 복음이 아닌 어떤

---

305) Malcolm C. Fenwick, "Korean Farming," *The Korean Repository* (Aug, 1898), 288.
306) Ibid., 293.

것을 가르치려는 시도도 결코 감사해야 할 일이 아니라고 종종 말했었다 (…) 그러나 그들의 이러한 성격에도 불구하고 자신들의 복지에 대해 관심을 갖지 않는 이 사람들에게 희망적으로 개방성의 여지를 남겨놓고 있다. 내가 지금 말하는 것은 어떤 실례를 통해 가르칠 수 있는 가능성에 관한 것이다. (…) 실례를 통해 서구인들의 지식에 대한 충분한 관심을 갖게 한 다음 이론수업을 진행하면 되는 것이다. 한국 정부가 그들의 자원을 자국의 발전을 위해 가장 잘 사용할 수 있는 산업분야가 어느 것인가에 대해서 자문해 온다면 나는 주저함 없이 완전히 서구 교사들이 고용된 그리고 한국인들에게 대해 깊은 연민을 가진 한국 경험을 가진 능력있는 외국인 감독자가 있는 농과대학과 시험농장을 추천할 것이다.

펜윅의 주된 선교관은 직접선교를 통해 개종자를 얻는 것이었다. 당시 대부분의 다른 선교사들은 간접선교 즉, 학교 또는 병원을 통한 선교에 주력한 반면, 펜윅은 신앙선교에 입각한 직접선교를 견지했다. 그럼에도 불구하고 그는 농장을 경영하면서 자신의 갖고 있는 지식을 활용한 산업선교에도 많은 관심과 기여를 했다.

1899년 윤치호(尹致昊)가 덕원 감리(시장)로 부임했을 때, 펜윅은 그와 의기투합하여 원산지역 과수업의 발전에 기초를 놓았다. 이 같이 할 수 있었던 것은 펜윅의 자립선교 이념과 윤치호의 실업교육 이념의 목표가 동일했기 때문이다. 윤치호는 자신의 산업교육 이념을 다음과 같이 피력했다.[307]

---

307) 민경배, 『한국교회 사회사(개정판)』(서울: 연세대학교출판부, 2008), 201-202에서 재인용.

산업교육만이 선교부가 수행해야 할 유일한 종류의 교육입니다. 인문계 교육은 그 자체로서는 좋습니다. 그러나 선교부는 그런 교육을 할 만한 재정이나 인적 자원이 없습니다. 조선 최대의 요청은 우리 겨레들에게 '일의 고귀함'을 가르치는 데에 있습니다. 쟁기를 잡으면 그것들을 잘 쓸 줄 아는 조선의 청년이 세익스피어나 스펜서를 인용하는 청년보다 얼마나 더 바람직한 청년인지 알 수 없습니다.

일찍이 해외유학을 통해 서구문물을 경험하면서 조선의 현실을 냉정하게 직시했던 윤치호의 입장에서 볼 때, 무엇보다도 지금 조선에 필요한 것은 산업교육이며, 선교부가 이를 시행해야 한다고 굳게 믿었다. 이런 와중에 윤치호는 펜윅을 만났다. 다른 어떤 선교사보다도 펜윅의 선교정책이 윤치호의 생각과 일치했으므로 둘은 의기투합할 수 있었다. 이를 통해 펜윅은 자립선교의 토대를 마련할 수 있었고, 윤치호는 자신의 실업교육 이념을 실현할 수 있었다. 한편, 펜윅은 원산에 거주하는 이들에게 전지법, 소독 및 농약사용법을 소개했다. 그런데 놀랍게도 이 같은 기술을 습득했던 이들 중에 원산의 과수원 거부들이 나왔는데, 대표적으로 윤정하(尹定夏), 이덕일(李德一)을 꼽을 수 있다.[308]

펜윅의 농장 경영은 매우 성공적이었다. 그가 재배한 호박은 너무 커서 두 사람이 들어 지게에 실을 정도였고, 샐러리는 높이가 6cm에 직경이 18cm에 이르렀다. 또 옥수수는 한 대에 26개가 달려있을 정도로 엄청난 수확을 거두었다. 민경배 박사는 "이처럼 외국 과수와 농작물이 한국에서 성공했다는 것은 선교사들이 산업부분에도 영적 사업에 버금가는 업적

---

308) Ibid., 135-136.

을 남겼다는 뜻이 된다"라고 주장하며 펜윅의 농장 경영을 매우 높이 평가했다.[309] 미남감리교 선교사 무스(J. R. Moose)도 펜윅의 원산 농장에 대하여 "그의 시범 농장은 아주 인상적이었으며, 이 농장의 사업은 고도의 수준으로 운영되었다"라고 극찬했다.[310] 한편, 펜윅은 한국의 농법뿐만 아니라 광물에까지 조예가 깊었다. 1905년 *The Korea Review*에 '한국의 청동'(Korean Bronze) 이란 글을 실었는데, 여기서 그는 한국 청동식기들의 우수성을 소개했다.[311]

펜윅의 농장 경영은 그의 의도와 다르게 한국교회 산업선교의 초석이 되었다. 비록 자립선교를 위한 기반을 위해 시작됐으나, 본의 아니게 당시 장·감 선교사들의 교육과 의료선교 일변도와 다른 한국 선교의 패러다임을 제시했다는 측면에서 한국 교회사적 의의가 있다.[312] 1926년 농장을 매각한 이후 펜윅의 산업선교는 중단됐지만, 1890년에 시작되어 그가 잠시 귀국했던 시기(1893-1896년)를 제외하고, 1926년까지 대략 33년간의 농장 경영은 그의 한국 선교 43년 전체에서 결코 적지 않은 기간이었음을 감안할 때,[313] 펜윅의 산업선교는 한국 사회에 있어서 매우 의미 있는 사역이었으며, 앞으로 이에 대한 더 많은 연구가 필요하다.

---

309) Ibid., 136.
310) J. R. Moose, "The City of Wonsan," *The Korea Mission Field*, Vol 2 (1907), 174.
311) Malcolm C. Fenwick, "Korean Bronze," *The Korea Review* (Oct, 1905), 384-385.
312) 박용규 박사는 펜윅이 시도한 원산의 모범 농장은 새로운 선교 모델로 주목받았다고 기술했다. 박용규, 『한국 기독교회사1』(서울: 생명의말씀사, 2004), 700-701.
313) 펜윅의 내한선교 약 43년 동안 농장 경영이 약 33년이었으므로 그의 선교에서 차지하는 비율이 약 76.7%에 해당된다. 이로 보건데 펜윅의 농장 경영은 그의 활동에 매우 큰 비중을 차지했다고 할 수 있다.

3) 초기 원산사역과 새로운 선교지 인수

펜윅은 한국에 도착한 지 하루 이틀이 지난 후 첫 예배를 드림으로 본격적인 제2차 한국 선교를 시작했다. 그는 이때의 광경을 자서전에 다음과 같이 기록했다.[314]

> 한국에 도착한지 하루 이틀 뒤에 드린 첫 예배에서 7명이 그리스도를 믿겠다고 고백했다. 당시 나는 그들이 구원받은 거라고 생각했으나, 지금은 그들이 구원받지 못했다는 것을 안다. 그들 중 한 명도 믿음을 지속하지 못했고, 예수 그리스도의 군사로서 살지 못했기 때문이다. 얼마 뒤 무리가 모이기 시작했고, 나는 간청하고 호소했다. 그들 중 많은 사람들이 신앙을 고백했으나 마치 목욕한 돼지들이 다시 진흙탕을 뒹구는 것 같았다. 이렇게 수년간 좌절로 보내다가 마침내 무언가 변화가 있어야 한다는 생각이 들기 시작했다.

펜윅의 제2차 한국 선교 초기의 활동은 제1차 때와 크게 다르지 않았다. 즉 현지인을 앞세우기 보다는 선교사 위주로 설교하여 개종하는 형태였다.[315] 이는 자신의 선교 경험이 반영된 것으로, 과거에 자신의 설교를 통해 믿기로 작정했던 많은 사람들이 이내 세상으로 돌아간 것을 통해 한국인

---

314) Fenwick, *The Church of Christ in Corea*, 57.
315) 펜윅은 1893년 귀국한 이후에도 다른 선교사들처럼 한국에 여러 백인 선교사들을 데리고 가려는 여론에 매력을 느꼈고, 교단의 『선교 원리와 실천』에 본토인 신자를 설교자로 세우는 것을 막는 조항을 삽입해야 한다고 주장하기까지 했다. 이는 본토인 신자가 잘못된 교리를 전하는 것을 우려했기 때문이다. Ibid.

자체 또는 한국인 개종자에 대한 불신에서 비롯되었다. 펜윅이 한국에 돌아와 드린 첫 예배 이후 수년간의 선교활동에서 이전과 같이 별다른 성과를 얻지 못했다. 이는 자서전에서 밝힌대로 자신의 융통성 없는 생각과 백인우월주의로 인한 자존심 때문이었다. 결국 이로 인해 그는 중대한 결심을 한다. 결국 펜윅은 엘라씽기념선교회를 인수할 때까지 약 5년 간 원산에서의 사역은 별다른 진척이 없었다고 볼 수 있다.

복음찬미

그럼에도 불구하고 이 시기에 펜윅은 중요한 두 가지의 괄목할만한 성과를 거두었다. 그것은 『복음찬미』와 전도용 소책자 『만민됴흔긔별』의 발간이다. 첫째, 『복음찬미』에 대해 살펴보자. 찬송은 신앙의 감동과 경험을 가사와 악보를 통해 구현해 내는 신앙고백적인 성격을 갖는다. 그런 의미에서 찬송가는 성경과 더불어 기독교에 있어서 매우 중요한 위치를 차지한다. 일찍이 이 같은 중요성을 인지했던 초기 내한 선교사들에 의해 『찬미가』(1892), 『찬양가』(1893), 『찬셩시』(1895) 등이 발간됐고, 이를 통해 초기 신자들의 신앙 증진에 기여했다. 펜윅 역시 찬송의 중요성을 익히 알고 있었다. 그래서 제1차 한국 선교 당시 소래에 머물면서 간단한 찬송가 번역을 통해 전도에 사용했다. 구체적으로 "하ᄂᆞ님 아버지 주신 칙에", "주 긔별 내게 잇슴 흘나르야"를 번역하여 자신의 한국어 실력을 테스트했고, 이를 전도에 적극 활용했다. 1892년 한국 기독교 최초의 찬송가인 『찬미가』가 북감리회 선교사

존스(G. H. Jones)와 로드와일러(L. C. Rothweiler)에 의해 편집된[316] 이후 펜윅의 『복음찬미』가 다소 늦은 7년 후에 이루어졌지만 아직 한국교회에 찬송이 보편화되지 않았다는 측면에서 나름 역사적 의의를 갖는다고 할 수 있다. 1899년에 발행된 『복음찬미』 초판에는 14곡이 수록됐는데,[317] 현재는 그것을 찾을 수 없는 관계로 그 가사를 정확하게 알 수 없으나, 1904년판 『복음찬미』를 통해서 볼 때, 그 내용의 대동소이함을 통해 대체적으로 파악할 수는 있다.[318]

펜윅은 찬송가의 가사가 복음적인 신앙에서 엄밀하게 선별되어야 한다고 강조했는데, 그의 이같은 입장은 『복음찬미』 서문에 잘 나타나 있다.[319]

> 예수 그리스도의 십자가의 복음의 은혜와 진리 이외의 어떤 것도 이 찬미의 내용이 되어서는 아니 된다. 은혜스럽지 못한 비찬송적인 것이 있다면 마땅히 제거해야 한다. 나의 복음찬미 속에 음악의 선율에 맞지 않는 바가 있거나 또한 축복된 우리의 구세주이신 주님의 공적을 찬양하는데 어긋나는 단 하나의 가사나 용어가 있다면 또 말씀의 진리에 어긋나는 바가 있다면 그것은 마땅히 뽑혀서 폐기되어야 한다. 또한 만일 복음찬미가 우리를 사랑하시고 우리의 죄악을 씻으시는 우리 주님을 향한 찬양이 아니고 하나님의 복음을 위한다는 인간의 어떤 행위를 찬양하는 것이라면 그것도 마땅히 뽑혀서 폐기되어야 한다.

---

316) 이만열, 『한국 기독교문화운동사』(서울: 대한기독교출판사, 1987), 345-346.
317) 허긴, 『한국 침례교회사』(대전: 침례신학대학교출판부, 2000), 210.
318) 김남수, "『복음찬미』(1904) 연구," 『복음과실천』, 제28집 (2001. 가을호), 415.
319) 허긴, 『한국 침례교회사』(대전: 침례신학대학교출판부, 2000), 211-212에서 재인용.

위 서문을 통해 볼 때, 펜윅의 『복음찬미』는 오직 예수 그리스도에게 초점이 맞춰져 있다. 만일 그 분의 십자가 복음의 은혜와 진리를 찬양하는데 방해되는 요소가 있다면 마땅히 폐기되어야 한다는 강조는 펜윅의 복음주의적인 신앙을 충분하게 보여준다.

『복음찬미』 초판은 찾을 수 없으나, 1904년판 『복음찬미』를 통해 그 가사들을 유추해 볼 수 있는데, 그 첫 장인 "하느님 아바지 주신 칙에"의 가사는 다음과 같다.[320]

<뎨일>

일 하느님 아바지 주신 칙에 됴흔깃 부신 말삼만코나
    아름답고됴 흔말삼즁에 예수씨날스랑홈뎨일이다

후렴 예수씨날스랑ᄒ시니 나는깃부오 나는깃부오
    예수씨날스랑ᄒ시니 나는참반갑쇼

이 늘이져바리고어듸가되 예수씨써서날늘스랑ᄒ오
    어그런길멀니갈지라도 싱각홀째면난ᄎᄌ러가오

삼 우리대왕님나타내실째 하느만노리를내가알면
    길게이노리를ᄒ겟스듸 예수씨닐엇지스랑홀가

ᄉ 예수씨나를스랑홈으로 나도쥬님을스랑홀니다
    불샹ᄒ신우리쥬님써서 죄형벌빗고도라가셧네

---

320) 최봉기·펜윅신학연구소편, 『말콤 C. 펜윅: 한국 기독교 토착화의 거보』(서울: 요단출판사, 1996), 159; 이것은 현재 우리가 사용하고 있는 새찬송가 202장 "하나님 아버지 수신 책은"이나.

오 나를이러케ᄉ랑ᄒ시니 엇더케엇ᄌ감샤ᄒ오릿가
　　마귀흔테이말만닐느면 엇지놀나고셜니도망ᄒ오

『복음찬미』 초판 편집에서 첫 장을 이 곡으로 한 것을 통해 우리는 펜윅의 신학사상을 엿볼 수 있다. 즉, 그의 성서론과 복음주의적 신앙이 그것이다. 기독교 신앙의 가장 핵심인 성경은 하나님께서 우리에게 주신 귀한 말씀이요, 이 말씀 속에 인간을 향한 하나님의 사랑인 복음을 강조하고 싶었기에 펜윅은 무엇보다도 이 찬송을 첫 장으로 정했다.[321] 이 같은 『복음찬미』의 영향은 이후 동아기독교 신자들에게 많은 끼쳤는데, 대표적인 한 사례를 살펴보자. 1939년 몽골선교 중에 야만적인 토족에 의해 순교한 이현태(李賢泰) 교사의 부인은 남편 장례식 이후 남아있는 가족들과 함께 순교자적 자세로 끝까지 『복음찬미』로만 전도했다. 박병식 감로는 이 사실을 전 교회에 다니며 간증하면서, "우리의 『복음찬미』는 어떤 장이든 한 장으로 넉넉히 거듭날 수 있다 했다." 또한, 이로 인해 모든 교회들이 찬미 공부하기를 더욱 힘쓰게 되었다고 한다.[322] 결국 펜윅의 거룩한 의도 속에 편집된 『복음찬미』는 그를 따르던 동아기독교인들에게 복음 전파의 좋은 매체가 되었다.

둘째, 전도 소책자 『만민됴흔긔별』을 살펴보자. 1899년 펜윅은 『복음찬미』와 더불어 전도용 소책자인 『만민됴흔긔별』을 발간했다. 그는 로스역번역위원회의 위촉을 받아 서경조와 함께 『約翰福音傳 요한복음젼』을 1891년

---

321) 1898년 장로교에서 발행한 『찬성시』 7장에 "하ᄂ님 아버지 주신 책"이란 제목의 찬송이 실려있는 것으로 보아, "하ᄂ님아바지주신칙에"만으로 펜윅의 신학사상을 가늠하는 것은 무리일 수도 있다. 그러나 『복음찬미』 편집에 있어서 이 찬송을 제1장으로 배치한 것은 펜윅 나름의 분명한 의도가 있다는 것을 보여준다.
322) 김갑수, 『한국 침례교 인물사』(서울: 요단출판사, 2007), 133.

2월 서울의 삼문출판소에서 발간한 이래 번역위원회를 탈퇴한 후 안대벽을 조력자로 삼아 1899년에 『요한복음』과 『빌립보서』를 번역하여 합본으로 발간[323]하는 등 성경 번역에 주력하는 한편, 효과적인 복음전도를 위한 전도용 소책자 제작에도 힘썼는데 그것이 바로 『만민됴흔긔별』이다.

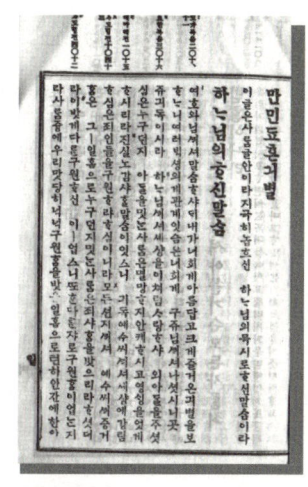

만민됴흔긔별

한국에 내한한 초기 선교사들은 성경번역과 함께 전도용 문서와 간단한 교리서를 간행하는데 힘썼다. 대표적으로 『성교촬요』(聖敎撮要, 1889), 『성교촬리』(聖敎撮理, 1890), 『샹뎨진리』(上帝眞理, 1893), 『즁싱지도』(重生之道, 1893), 『구셰진전』(救世眞詮, 1894) 등이 있다. 이것들은 대부분 중국에서 발행·소개되어, 그 명성이 확인된 것들을 한글로 옮긴 것이었다. 이들은 비신자들에게는 기독교를 쉽게 이해시켜 전도하기 위해, 초신자들에게는 기독교의 교리를 깨우쳐 신앙의 기초를 다지기 위해 출판되었다.[324]

펜윅도 다른 선교사들과 같이 전도에 있어서 문서의 필요성을 절감하여 『만민됴흔긔별』을 발간했는데, 이는 다른 선교사들에 비해서 조금 늦었다고 할 수 있다. 소책자 첫 페이지에 "이 글은 사름 글 안이라 지극히 놉흐신 하ᄂ님의 믁시로 ᄒ신 말슴이라"는 말로 시작하여 인간의 구원 문제를 다룬 성경 구절 100여 개를 발췌 수록하여 구원의 복음 진리를 설명하고 있다.

---

323) 이것은 현재까지 발견되지 않고, 증언과 문헌으로만 전해지고 있다. 허긴, 『한국 침례교회사』(대전: 침례신학대학교출판부, 2000), 207.
324) 이만열, 『한국 기독교문화운동사』(서울: 대한기독교출판사, 1987), 333.

12쪽의 얇은 소책자로 당시 2전(錢)을 받고 팔았다. 초기 권서순회전도자들은 한 달에 5원 분량(250부)의 『만민됴혼긔별』과 성경책을 짊어지고 빈 들과 산골을 넘나들며 복음을 전파했다.[325]

약 5년 간의 원산 사역에서 별다른 진척이 없는 것으로 인해 깊은 고뇌 속에서 무언가 중대한 변화의 필요성을 절감하고 있을 때, 펜윅의 제2차 한국 선교에서 커다란 전환점이 될 만한 두 가지의 큰 사건이 발생했다. 그것은 충청지역에서 활동하던 엘라씽기념선교회의 철수로 인해 선교지를 넘겨받은 것과 한국인 동역자 신명균(申明均)과의 만남이다.[326] 먼저 펜윅의 엘라씽기념선교회 인수에 대해 살펴보자.

엘라씽기념선교회는 고든 목사가 시무하던 클래런던 스트리트 침례교회 안수집사 사무엘 씽(Samuel B. Thing)의 외동딸 엘라(Ella)의 유언에 의해 1895년 초에 설립된 초교파 선교단체이다. 보스턴선교사훈련학교에 수학했던 폴링(E. C. Pauling)부부와 메이블 홀(M. V. Hall), 가델린(A. Gardeline), 스테드맨(F. W. Steadman), 엘머(A. Ellmer), 엑클스(S. AcKles), 브라이든(A. T. Briden)이 선교회의 파송을 받아 내한했는데, 폴링부부, 메이블 홀, 가델린은 충청도 강경을 중심으로, 스테드맨, 엘머, 엑클스는 공주를 중심으로 활동했다. 이들에 의해 강경침례교회, 공주침례교회(현 꿈의교회), 칠산침례교회가 설립되었고, 이곳을 중심으로 금강 주변에 23개 학습반(성경공부반, 예배처)이 형성되는 등 괄목할만한 성장을 이루었다. 강경 선교본부(Station) 중심으로 활동했던 폴링 일행이 씽 안수집사의 죽음으로 인한 선교부 재정난으로 1899년 말에 철수함

---

325) 허긴, 『한국 침례교회사』(대전: 침례신학대학교출판부, 2000), 212-213.
326) Fenwick, The Church of Christ in Corea, 57.

에 따라 공주 선교본부에서 활동하던 스테드맨이 강경과 공주를 오가며 사역했다. 스테드맨 역시 지속적인 재정난을 극복하지 못하고 1년여를 버티다가 1901년 4월 자신의 선교지를 펜윅에게 인계하고 귀국했다. 그가 펜윅에게 선교지를 인계한 것은 보스턴선교사훈련학교에서의 인연에서 비롯됐는데, 그러나 더 큰 이유는 엘라씽기념선교회와 펜윅의 한국순회선교회(CIM)의 선교관이 일치했기 때문이었다.

5년여의 원산 사역에서 별다른 성과가 없었던 펜윅의 입장에서 엘라씽기념선교회의 선교지 인계는 적어도 다음 두 가지의 중요한 의미를 갖는다. 먼저, 자신의 선교사역을 전환할 수 있는 절호의 기회였다. 아무리 선교적 의욕에 넘쳤던 펜윅 일지라도 5년여의 사역에서 가시적인 열매가 없는 현실은 자신의 사역에 깊은 회의와 자괴감을 느끼기에 충분한 것이었다. 그래서 그 역시 무언가 변화가 있어야만 한다는 생각을 하지 않았던가? 자신의 활동에 어떤 변화가 있지 않고는 앞으로의 사역에 희망이 없다는 절박함이 그의 마음을 짓누르고 있었을 것이다. 이런 상황에서 엘라씽기념선교회의 선교지 인계는 펜윅으로 하여금 새로운 사역으로 전환할 수 있는 기회를 열어 주었다.

다음은, 물리적인 선교지 확장이다. 소래에서 그랬던 것처럼, 선교지 분할정책으로 인해 펜윅의 활동 영역은 원산에 국한되어 있었다. 그는 한반도를 넘어 간도와 시베리아에 이르는 한국 선교의 큰 그림을 그리고 있었으나 막상 현실은 원산을 벗어나지 못하고 있었다. 사실상 그는 원산을 중심으로 고립된 상태였다. 그런데 이제 원산을 넘어 충청지역까지 선교지를 넓힐 수 있는 기회가 주어졌다. 이는 그의 활동영역이 원산을 벗어나 충청지역으로 확장된 것이요, 장차 한반도 전역으로 발전할 수 있는 토대가 마련되었음을 의

미한다. 결국 선교의 큰 그림을 그릴 수 있는 첫 걸음을 내딛게 되었다.

4) 인수한 선교지 상황

펜윅이 엘라씽기념선교회로부터 충청지역 선교지를 인수한 직후 이곳의 상황에 대해 북장로회 선교사 밀러(F. S. Miller)의 조사 김홍경은 다음과 같이 소개했다.[327]

> 은진 강경포와 임천 원산포[칠산]에 회당이 있는데, 상거가 삼십리 가량인데 이 근래에 상약하기를 "우리가 멀지 아니한 곳에서 주일을 각각 보는 것이 매우 섭섭한 일이라"하고 "한주일은 원산포[칠산]에서 보고 한주일은 강경포에서 보기로 하자"하고 주일을 당하면 사오십명 남녀 교우가 이 고렴에 더위를 무릅쓰고 삼십리 길을 걸어온 줄 모르고 서로 왕래하여 주일을 지내니 형제 사랑하는 열심을 매우 감사하게 되었다.

이것은 1901년 8월 8일자 『그리스도신문』 '교회통신'에 실린 기사로, 초기 한국 침례교회의 모습을 알 수 있는 사료가 전무한 상태에서, 어쩌면 거의 유일한 자료라고 할 수 있다. 이 기사는 펜윅이 엘라씽기념선교회 충청

---

327) 김홍경, "교회통신," 『그리스도신문』, 1901. 8. 8; 한편, 허긴 박사도 당시의 상황을 다음과 같이 진술했다. "강경교회와 칠산교회를 중심으로 전파된 스테드맨 선교사의 복음전도로 금강을 중심으로 인근 지역인 두곡·입포, 대안 지역인 용안·법성·성광·웅포·난포리 등지에 침례 받은 신자들로 구성된 23개의 학습반을 조성했다. 이때 이 지역의 학습반 신자들은 칠산교회의 전용 나룻배를 타고 강경과 칠산을 왕래 하면서 예배를 드렸다." 허긴, 『한국 침례교회사』(대전: 침례신학대학교출판부, 2000), 73.

지역 선교지를 인수한지 약 4개월 가량 지난 시점의 충청지역의 강경과 칠산 지역의 모습을 보여주고 있다. 이 글을 통해서 우리는 적어도 다음과 같은 몇 가지 사실을 알 수 있다. 먼저 충청지역 선교지를 대표하는 곳이 강경과 칠산이었다는 것, 다음은 1901년 여름 당시 강경과 칠산의 신자들이 함께 예배를 드렸다는 것, 마지막으로 강경과 칠산 신자들의 신앙이 매우 친밀했다는 것이다. 그런데 우리는 이것을 통해 다음 몇 가지 의문이 생긴다.

첫째, 이 기사에서 펜윅에 대한 언급이 없다. 펜윅은 1901년 4월에 엘라씽기념선교회로부터 충청지역 선교지를 인수했다. 이 기사가 나갈 시점은 약 4개월 후 8월인데, 여기에 펜윅에 대한 언급이 없다. 왜 그럴까? 결론적으로 말하면, 펜윅이 아직 이곳에 오지 못했기 때문이다. 함경남도 원산과 충청지역 선교지와는 그 거리가 너무도 멀다. 지금과 달리 내륙 교통이 발달하지 않았던 당시로서 자신이 거주하고 있던 원산에서 약 480km 떨어진 충청지역 선교지에 온다는 것은 여간 어려운 것이 아니었다. 더욱이 당시로서는 외국인의 내륙 여행이 자유롭지 못했고, 신변의 위험을 감수해야 했기에 펜윅의 충청지역 선교지 방문은 여러모로 어려웠다. 결국 이 신문 기사가 나갈 당시 그는 이곳에 오지 못했기 때문에 그곳에 없었다. 뒤에서 다시 언급하겠지만, 펜윅의 충청지역 방문은 1901년 9월, 그러니까 그가 이곳을 인수한지 약 5개월이 지난 후에야 이루어졌다.[328]

둘째, 이 기사에서 공주에 대한 언급도 없다. 초기 한국 침례교회는 강경, 공주, 칠산지역 중심의 삼각구조 속에서 복음이 금강 주변으로 확산되어 형

---

328) Timothy Hyo-Hoon Cho, "A History of the Korea Baptist Convention: 1889-1969," Th.D. diss (Southern Baptist Theological Seminary, 1970), 63.

성되었다.[329] 이런 측면에서 이 세 곳은 초기 한국 침례교회사에서 매우 중요한 거점인데, 공교롭게도 이렇게 중요한 곳 중의 하나인 공주가 기사에서 빠져있다. 물론 제한된 사료라는 한계가 있지만, 공주에 있는 침례교인들이 빠졌다는 것은 '당시 이곳에 무슨 변화가 있었던 것은 아닌가?'라는 의문을 갖게 한다. 역사적 정황 속에서 알 수 있는 실마리가 있는데, 그것은 1899년 말 폴링의 귀국 이후 스테드맨이 공주에서 강경 선교본부로 이주한 것에서 찾을 수 있다. "만일 스테드맨의 공주 사역이 활발하고 괄목할만한 열매가 있었다면, 서둘러 강경으로 이주할 필요가 있었을까?"라는 것이다. 이 문제를 해결할 구체적인 증거가 아직까지 없는 상태에서 내릴 수 있는 결론은 스테드맨의 공주 사역 성과가 그다지 좋지 않았으므로 폴링 귀국 이후 스테드맨이 서둘러 공주에서 강경으로 이주했다고 보는 것이다. 그의 강경 이주 이후 공주의 침례교인들은 흩어졌거나 아니면 현격하게 줄어들어 그 존재감을 찾을 수 없을 정도가 되었기 때문에 이 기사에 언급되지 않았던 것이다. 결국 이 모든 것을 종합해 볼 때, 1901년 8월 당시 충청지역 선교지는 강경과 칠산이 주도하고 있었음을 알 수 있다.

엘라씽기념선교회의 스테드맨이 충청지역에서 사역했을 당시 금강 일대의 23개 학습반 신자들은 강경 또는 칠산을 오가며 예배를 드렸는데,[330] 이는 강경침례교회와 칠산침례교회가 금강 주변 침례교인들의 선교 중심지였기 때문이다. 그가 귀국한 후 강경과 칠산의 신자들이 함께 예배를 드렸는데, 그 이유는 스테드맨이 이곳을 펜윅에게 인계했으나, 이곳에 펜윅이 오지

---

329) 오지원, 『칠산침례교회 120년사: 금강을 따라 전해진 복음의 여정』(부여: 칠산침례교회, 2016), 100-101.
330) 허긴, 『한국 침례교회사』(대전: 침례신학대학교출판부, 2000), 73.

않았기 때문이다. 이로 인해 강경과 칠산의 신자들은 스테드맨이 떠난 후 영적지도자 부재의 위기 속에서 신앙적 결속의 필요를 강하게 느꼈다. 이들이 함께 예배를 드릴 수 있었던 또 다른 이유는 강경과 칠산이 지리적으로 약 30리(약 11.78km) 정도로 가까웠기 때문이다. 금강 유역은 내륙보다 수로를 이용한 교통이 발달했는데, 나룻배를 통해 서로 소통하면서 한 주일은 강경에서, 다른 한 주일은 칠산에서 예배를 드렸던 것이다.[331]

이같이 함께 예배를 드림으로 강경과 칠산 신자들의 신앙이 매우 친밀했다. 김홍경 조사의 글이 『그리스도신문』을 통해 8월 8일에 실린 것을 감안하면, 기자의 취재는 아무리 늦어도 7월에 이루어졌을 것이다. 이 시기는 우리나라에서 매우 더운 시기로, 지금처럼 냉방기기가 발달하지 않은 관계로 왕래가 쉽지 않았다. 이때 강경과 칠산의 신자들은 혹독한 여름 더위를 무릅쓰고 30리 길을 서로 왕래하며 예배를 드렸음을 볼 때, 이들의 신앙이 얼마나 돈독했고, 가까웠는지를 알 수 있다. 영적 구심점이 사라진 상태에 서로 뭉쳐야 한다는 일종의 영적인 생존본능의 발동이 작동했던 것이다. 영적 지도자의 부재와 삼복더위라는 이중적 악재 속에서도 주 안에서 서로 사랑하는 열정 속에서 감사의 신앙을 갖고 있었던 것은 참으로 놀라운 일이 아닐 수 없다. 이는 불안한 현실과 열악한 환경을 극복하는 신앙이요, 뜨거운 형제 사랑을 통한 감사 신앙으로의 발전이다. 이것을 통해 볼 때, 강경과 칠산의 신자들이 얼마나 서로 간에 신앙이 돈독했는가를 알 수 있다.

그런데 이 같은 아름다운 모습 속에서 충청지역 선교지 내적으로는 혼란

---

331) 송현강 박사는 이때 강경침례교회와 칠산침례교회의 교인 수가 합쳐 40-50명이었다고 했다. 송현강, "강경침례교회 초기 역사(1896-1945)," 『한국 기독교와 역사』 제42호 (2015. 3), 29.

과 갈등을 겪고 있었다.[332] 뒤에서 다시 언급하겠지만, 1901년 9-10월에 펜윅과 신명균이 충청지역 선교지를 방문하여 신자들을 돌보기는 했다. 그러나 이것은 어디까지나 임시방편에 불과했다. 그 이유는 이들이 방문자에 불과했기 때문이다. 한편, 신명균이 이곳에 정착한 것은 그해 12월이었다. 그러면 이곳에 일어난 내적 혼란과 갈등은 구체적으로 무엇인가? 결론부터 말하자면, 영적 지도자 부재가 그것이다. 충청지역 선교지의 내적 혼란은 1899년 폴링의 귀국에서 시작되었다. 그의 귀국으로 인해 영적 지도자 부재 속에서 강경침례교회 신자들 일부가 이탈했고, 이로 인해 기존 교인 수가 감소하는 사태가 벌어졌다.[333]

우리는 여기서 강경침례교회 설립자 중의 한 사람인 지병석(池丙錫)[334]의 역할에 대한 궁금증이 생긴다. 그는 폴링과 함께 강경침례교회를 설립한 한국인으로, 폴링이 순회선교로 때때로 교회를 비울 때, 이곳을 돌봤던 인물이었다. 아마도 폴링은 귀국 전 강경침례교회 교인들에게 자신을 대신할 인물로 스테드맨을 소개했을 것이고, 그의 지도를 받아 전도에 매진할 것을 요청했을 것이다. 특별히 함께 교회를 설립했던 지병석에게 더욱 간곡하게 교회와 교인들을 부탁했을 것이다. 그러나 폴링의 의도대로 잘 되지 않았던 것 같다. 아마도 그 이유 중의 하나는 폴링이 목사였던 반면 스테드맨은 평신도였고, 이로 인해 그의 영적 지도력을 의심했을 것으로 사료된다. 결국 강경침

---

332) 1901년 4월 엘라씽기념선교회가 충청지역 선교지를 펜윅에게 인계한 후 같은 해 12월 펜윅이 이곳에 신명균을 파송하여 직접 관리하기까지 이곳은 내적 혼란과 갈등을 겪고 있었다.
333) F. W. Steadman, "Korea-Her People and Mission." The Baptist Missionary Magazine (Nov. 1901), 674; 송현강, "강경침례교회 초기 역사(1896-1945)," 『한국 기독교와 역사』 제42호 (2015. 3), 21.
334) 박창근 목사는 지병석의 한문 이름이 지금껏 알려진 池秉錫이 아니라 池丙錫이었음을 지병석의 손자 지복남을 통해 확인해 주었다. 박창근, "한국 최초의 침례가문: 강경침례교회-지병석 총장," 『성광』 제35권 7호 (1992. 7), 39.

례교회에 혼란이 일어났고, 일부 이탈자가 생겼다. 그렇다면 당시 강경침례교회에서 지병석의 역할은 어떠했을까?[335] 사료가 미진하여 다 알 수는 없으나, 결과적으로 신자들 일부의 이탈과 교인 수가 감소하는 등의 혼란을 막지 못했다는 측면에서 볼 때, 교회 내 그의 리더십이 크지 않았을 것이라고 예상할 수 있다. 한편, 공주침례교회는 스테드맨이 떠나온 후 사실상 그 존재감을 상실했다.[336] 물론 스테드맨 선교사가 사역할 당시 그를 도왔던 조사 오긍선(吳兢善)의[337] 활약이 있었지만, 그 역시 스테드맨이 귀국한 후 미남장로회가 있는 군산으로 이주함으로 인해 공주침례교회는 더 이상 발전하지 못하고 미미한 상태가 되었다.[338]

---

335) 박창근 목사는 지병석이 강경침례교회에서 총장 직분으로 헌신했다고 한다. Ibid., 40; 한편, 총장은 1906년 설립된 대한기독교회의 기본적인 공적 직분이며, 이때 구성된 공식적인 기본 조직으로, 감목(총회장)-목사-감로(장로)-당원(구역, 현 지방회)을 두었다. 총장은 당원 안의 통장-총장-반장의 3개 위계 직급 중 하나이다. 이정수, 『한국 침례교회사』(서울: 침례회출판사, 1994), 60-61; 강경침례교회에서 차지하는 지병석의 위상에서 볼 때, 감로 정도는 되어야 하지 않았을까 생각된다. 한편, 그는 1903년 이후 권서순회 전도자로 활동했다. 허긴, 『한국 침례교회사』(대전: 침례신학대학교출판부, 2000), 82-83.
336) 만일 스테드맨의 공주사역이 유력했다면, 그가 강경으로 떠나지 않았을 것이다. 또한 스테드맨이 강경으로 떠난 후 공주침례교회는 혼란에 빠졌을 것이다. 그러나 이를 입증할 만한 사료가 지금까지 없는 것으로 보아 스테드맨의 공주사역은 유력하지 않았을 것으로 생각된다.
337) 그는 충남 공주 출신으로, 1896년 배재학당을 입학하여 수학하는 중에 1897년 8월에 설립된 독립협회가 담했다. 적극적으로 활동하다가 1898년 12월 정부에 의해 독립협회가 강제 해산 당한 후, 관련자 체포령에 의해 쫓기다가 1899년 초 서울의 스테드맨의 집으로 피신했다. 이것이 인연이 되어 그의 어학선생이 되었다. 한편, 투옥되었던 독립협회 간부들 대부분이 석방되고 사건이 수습되자 오긍선은 상경하여 배재학당에서 학업을 계속했고, 1900년 봄에 졸업했다. 스테드맨의 요청을 받아들여 그의 어학선생과 선교사역을 돕는 조사로 활동했다. 같은 시기 공주의 금강나루터에서 침례를 받음으로 공주침례교회 신자가 되었고, 그를 도와 선교활동을 하다가 1901년 4월 스테드맨이 한국을 떠난 후 남장로교 선교사 윌리엄 불의 어학선생을 거쳐 알렉산더(A. J. A. Alexander)의 어학선생으로 활동하다가, 그의 권유로 1902년 10월 미국유학을 떠났다. 해관오긍선선생 기념사업회편, 『海觀 吳兢善』(서울: 연세대학교출판부, 1977), 16-29; 조지 톰슨 브라운, 『한국 선교 이야기: 미국 남장로교 한국 선교 역사(1892-1962)』, 천사무엘·김균태·오승재 공역 (서울: 도서출판 동연), 74-75.
338) 허긴, 『한국 침례교회사』(대전: 침례신학대학교출판부, 2000), 72.

영적 지도자 부재로 인한 충청지역 선교지의 혼란은 1900년 말에 더욱 심화되었다. 강경으로 이주한 스테드맨은 재정난을 타개하기 위해 많은 노력을 했으나, 사실상 역부족이었다. 결국 그는 1900년 말부터 귀국을 위해 자주 서울로 왕래하면서 충청지역 선교지를 비우는 일이 많았는데,[339] 이것이 이전부터 가중되어 온 혼란을 더욱 부추겼다. 스테드맨은 떠날 때 앞서 폴링이 그랬던 것처럼 유력한 신자들에게 충청지역 선교지가 펜윅에게 인계될 것을 말했을 것이고, 펜윅이 인수할 때까지 이곳을 잘 돌보도록 부탁했을 것이다. 혼란 속에서 스테드맨은 귀국했고, 결국 이곳은 펜윅에게 인계되었다.

스테드맨은 귀국 후에도 충청지역 선교지 신자들에 대해 염려했다. 왜냐하면 원산에 있는 펜윅이 이곳을 잘 돌볼 수 없다는 것을 너무도 잘 알고 있었기 때문이다. 그래서 그는 귀국 후 서둘러 미국 북침례교 교단에서 목사 안수를 받았고, 미국침례교선교사연맹(American Baptist Missionary Union)에

---

339) 스테드맨이 충청도를 떠나 서울에서 활동했다는 것을 언더우드가 1901년 1월 17일 미북장로교선교부 엘린우드 총무에게 보낸 서신을 통해 알 수 있다. "(…) 에비슨 의사는 불안정했고(장티푸스로 두 주일 동안 누워 있다가 회복된 지 얼마 안됐기 때문) 주변에 많은 사람을 두는 것을 원하지 않았지만 두 사람(언더우드와 스테드맨)이 간호해 주는 것을 선호했습니다. 이곳(서울)에 있는 침례교 선교회의 스테드맨이 현재 자유 시간이 많기 때문에 돕겠다고 자원했으며, 사실 그가 간호 책임을 맡았습니다." 이만열·옥성득, 『언더우드 자료집Ⅲ』(서울: 연세대학교출판부, 2007), 9; 이것은 1897년 10월 미북장로교 해외선교부 의료선교사로 파송되어 제중원에서 활동했던 에바 필드(E. H. Field)가 1901년 1월 14일 엘린우드 총무에게 보낸 서신에서도 확인된다. 옥성득, 『한국간호역사자료집 I: 1886-1911』(서울: 대한간호협회, 2011), 540; 한편, 스테드맨과 같이 사역했던 엑클스 양도 이 때 함께 도왔던 것으로 보이는데, 이에 대해 1896년 10월 미북장로교 해외선교부 의료선교사로 파송되어 제중에서 활동했던 에스더 쉴즈(E. L. Shields)가 1901년 8월 2일 엘린우드 총무에게 보낸 서신에 다음과 같이 기록되어 있다. "추신, 새디 엑클스 양이 다시 한국에 오면 우리는 아주 기쁠 것입니다.(쉴즈가 이 서신을 쓸 때 엑클즈는 이미 미국으로 출국했음) 그녀와 우리 선교회의 관계는 아주 원만했으며, 그녀의 신실하고 진실한 봉사는 많은 것을 의미할 것입니다. 서울에 있는 우리는 그녀가 이 선교지부에 남아있기를 바라지만 그녀는 우리가 사역하는 어느 곳이든 바람직한 추가 인원이 될 것이며, 임명 위원회가 그녀의 적소를 찾으리라고 확신합니다.(…)" Ibid., 503-504.

자신을 한국 선교사로 파송해 줄 것을 요청했다. 그러나 선교사연맹(ABMU)은 재정적인 문제로 난색을 표했고, 결국 한국에 갈 수 없음을 깨달은 스테드맨은 1902년 선교사연맹(ABMU)의 파송을 받아 한국과 가장 가까운 일본(규슈의 시모노세키)에서 사역하면서 자신의 복귀 가능성을 열어 두었다. 한편, 1902년 2월 9일 충청지역 선교지의 신자들은 그에게 한국에 와서 새로운 신자들에게 침례를 베풀어 줄 것을 요청했다.[340] 스테드맨은 일본에서 활동하면서 본국의 선교사연맹(ABMU)에 한국 선교사 파송을 지속적으로 청원하는 한편,[341] 군산 주재 남장로회 선교사 윌리엄 불(William Bull, 부위렴)[342]에게 자신이 입국할 때까지 충청지역 선교지 신자들을 돌봐 달라고 간곡히 부탁했다.[343]

김용해 목사의 『대한기독교침례회사』(1964)에 의하면, 1901년까지 설립된 침례교회는 최소 5개(강경, 공주, 칠산, 광천, 화진)가 있었고,[344] 금강유역 주변

---

340) 허긴, 『한국 침례교회사』(대전: 침례신학대학교출판부, 2000), 71.
341) F. W. Steadman, "Baptists in Korea," *The Baptist Missionary Magazine* (March. 1904), 102; F. W. Steadman, "War and Missions in Korea: Must the latter give way for the former?" *The Baptist Missionary Magazine* (Apr. 1904), 132-133.
342) 윌리엄 불(한국명 부위렴)은 1876년 미국 버지니아주 노포크에서 출생하여, 합덴시드네 대학을 거쳐 리치몬드의 유니온신학교를 졸업했다. 1899년 노포크에서 미국 남장로교에서 안수 받은 후, 1899년 11월 17일 미국 샌프란시스코를 떠나 12월 6일 일본에 기착했고, 12월 9일 남장로교 일본선교부가 운영하던 고베선교부를 출발하여 12월 20일 군산선교부에 부임했다. 1940년 일제에 의해 강제 출국 당하기까지 줄곧 군산선교부에서 선교사역을 했고, 군산 영명학교와 멜볼딘여학교에서도 협력했다. 김승태·박혜진, 『내한 선교사 총람(1884-1984)』(서울: 한국기독교역사연구소, 1994), 188-89; "Missionary Personals," *The Missionary* (Feb. 1900), 92; Cameron Johnson, "Beneath our vine and fig free," *The Missionary* (May. 1900), 221.
343) 스테드맨이 윌리엄 불에게 강경·칠산의 신자들을 관리해 달라고 한 시기는 아마도 신명균이 공주에 부임하기 직전(1901. 12)인 것으로 보인다.
344) 충청남도의 강경침례교회(1896)·공주침례교회(1896)·칠산침례교회(1896)·광천침례교회(1900), 경상북도의 화진침례교회(1900)이다. 김용해, 『대한기독교침례회사』(n.p.: 성청사, 1964), 127; 한편, 이 통계는 논란의 여지가 있다. 1999년 울릉도 목회자 향우회 역사편찬위원회에서 발행한 『울릉도 침례교 발전사』에 의하면, 경상북도 영전의 죄인회가 기독교로 개종한 후

으로 23개 학습반이 있었으므로, 당시 교인 수는 최소한 수백 명에 달했을 것으로 추정된다.[345] 그러나 앞서 김흥경 조사의 언급에서 알 수 있듯이 당시 충청지역 선교지의 중심은 강경침례교회와 칠산침례교회였다. 그 중에서도 가장 빠르게 성장하고 있었던 교회는 바로 칠산침례교회였다. 1896년 폴링의 순회전도사역으로 시작된 칠산의 신앙 공동체는 1897년 이후 장교환[346]과 홍봉춘(국진)의 돌봄 속에서 성장하는 가운데 여러 명의 침례 후보자들을 배출했다. 이후 1900년 여름 스테드맨의 요청으로 군산에서 활동하던 남장로회 선교사 윌리엄 불(William Bull, 부위렴)에 의해 침례 받은 신자 12명이 탄생했을 때, 그 중 칠산침례교회 신자가 6명(장교환, 홍봉춘, 고내수, 김치화, 김도정, 최준명)으로 50%나 차지했을 정도였다.[347] 이들을 중심으로 칠산 서촌(西村)의 당산 641번지에 집을 구입한 후 예배당으로 개조하여 이곳에서 예배를 드렸는데,[348] 이것이 공식적인 칠산침례교회의 첫 예배당이다. 순수하게 한국인의 자발적인 헌신으로 예배당을 마련했다는데 한국 침례교회사적 의의가 있다.

1896년 울릉도에 입도하여 북면 석포 지개골에서 복음을 전했고, 개종한 사람들이 강덕삼의 집에서 예배드림으로 석포침례교회가 설립되었다고 한다. 이것은 좀더 역사적으로 살펴봐야 하겠지만, 만일 이것이 맞다면 1901년의 침례교회는 6개가 된다. 울릉도목회자향우회역사편찬위원 편,『울릉도 침례교 발전사』(경북: 울릉도목회자향우회, 1999), 16; 119.

345) 1904년 4월에 발행된 The Baptist Missionary Magazine에 The Missionary Review of the World의 한국 기독교 통계가 있는데, 이곳에 의하면, 한국에는 엘라씽기념선교회의 교인 50명이 있다고 했다. F. W Steadman, "War and Missions in Korea: Must the latter give way for the former?" *The Baptist Missionary Magazine* (Apr. 1904), 133.

346) 칠산의 향반으로, 장기영의 당숙(부친의 사촌형제)이다. 폴링의 순회전도 때 전도받아 결신한 이후 초기 칠산의 신앙 공동체를 이끌었다.

347) 허긴,『한국 침례교회사』(대전: 침례신학대학교출판부, 2000), 73; 한편, 송현강 박사는 김갑수 목사와 조병산 목사의 글을 토대로, 원당의 최미리암과 정성교, 용안의 이자삼·이자운·유내천·장봉이 등이 이때 침례 받았을 가능성이 높다고 했다. 송현강, "강경침례교회 초기 역사(1896-1945),"『한국 기독교와 역사』제42호 (2015. 3), 2.

348) 허긴,『한국 침례교회사』(대전: 침례신학대학교출판부, 2000), 73.

엘라씽기념선교회 철수로 충청지역 선교지의 어려움은 다른 어느 곳 보다도 한참 성장하고 있던 칠산침례교회에서 더욱 심했다. 1902년 초에 이르면서 칠산침례교회 내 의견 충돌이 일어나는데,[349] 그것은 고내수와 김치화로부터 시작된다. 이들은 자신들에게 침례를 베푼 윌리엄 불 선교사가 속한 미 남장로회에 가입할 것을 주장했다. 그 이유는 영적 지도자 부재로 인한 혼란, 새로 인계된 펜윅 일

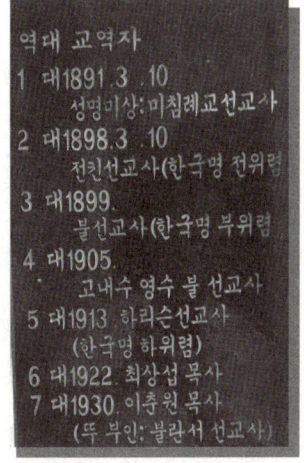

오량교회 비석

행과의 갈등, 그리고 새로운 개종자들에 대한 효과적 관리를 위함이었다. 그리고 이내 고내수는 윌리엄 불 선교사를 찾아가 새로운 신자들의 세례요청을 통해 미남장로회 가입을 시도했다.[350] 당시 윌리엄 불은 군산을 거점으로 활동하면서 스테드맨의 요청으로 충청지역 선교지를 함께 돌보고 있었다. 그는 처음에 고내수의 요청을 거절했고, 사태를 관망하며, 최대한 중립적인 태도를 취했다.[351] 이는 스테드맨의 간곡한 부탁과 그와의 우호적인 관계를 고려했기 때문이었다. 이와 같은 윌리엄 불 선교사의 노력에도 불구하고 고내수와 김치화는 1902년 말에 이르러 칠산침례교회를 떠나고 만다. 그는 당시 교회 내에서 상당한 지도력을 발휘하고 있었으므로 많은 수가 그를 따라

---

349) 송현강 박사에 의하면, 스테드맨의 선교 중단과 철수 이후 그가 돌봤던 침례교인들의 상당수가 이교(異敎)로 갔고, 나머지도 몇 개의 분파로 쪼개져 있었다고 한다. 송현강, 『미국 남장로교의 한국 선교』(서울: 한국 기독교역사연구소, 2018), 104.
350) *Reports of the Southern Presbyterian Mission in Korea*(1903), 11.
351) *Reports to the Thirteenth Annual Meeting of the Southern Presbyterian Mission in Korea*(1904), 28.

교회를 이탈했다.[352]

고내수는 칠산침례교회를 이탈하여 1903년 초부터 미남장로회에 속한 화산교회(현재 서천군 한산면 기산교회)에 출석하기 시작했다. 당시 그는 초왕리에 살았으나 이곳에서 가장 가까운 장로교회가 화산리에 있었으므로 이 교회에 출석했다. 그는 이곳에서 신앙생활을 지속하다가, 1905년 자신의 집에서 초왕교회(현 오량교회)를 설립했다.[353] 이 때 함께 했던 이들이 대략 65명에 달했는데, 이들 대부분은 이미 고내수와 함께 칠산침례교회에서 신앙생활을 했었던 무리들이었다. 그 해 초왕교회는 고내수의 리더십을 통해 새로운 예배당을 지었고, 무려 51명이 세례문답에 참여했다.[354] 고내수의 활발한 전도활동으로 100여 명의 신자공동체로 성장한 초왕교회는 시간이 지나면서 청포교회·옥곡(옥실)교회·지석(괸돌)교회·오덕(수침)교회 등을 차례로 분립시켰다.[355] 한편, 김치화도 고내수와 함께 칠산침례교회에서 이탈한 후 양화면 원당리 1구에 장로교회를 세워 수년간 이끌었으나, 몇 년 뒤 칠산교회 이탈을 깊이 뉘우치고 원당침례교회로 돌아와 1927년까지 그곳에서 목회를 했다.[356]

5) 신명균과의 만남과 파송

5년여의 원산 사역에서 별다른 성과가 없었던 1901년 당시 펜윅에게 온

---

352) W. B. Harrison, "A Letter from Kunsan, Korea," The Missionary (Jun, 1905), 300-301.
353) 송현강, "강경침례교회 초기 역사(1896-1945)," 『한국 기독교와 역사』 제42호 (2015. 3), 31; 한편, 김갑수 목사는 고내수가 초왕교회를 세운 것은 1901년이며, 스테드맨 선교사가 한국 선교를 철수하고 돌아가자 군산 주재 남장로회 선교부에 연락하여 그 교회를 장로교회로 예속시켰다고 한다. 김갑수, 『은혜의 발자취』(대전: 침례신학대학교출판부, 2013), 45.
354) W. B. Harrison, "A Letter from Kunsan, Korea," The Missionary (Jun, 1905), 300.
355) 송현강, "강경침례교회 초기 역사(1896-1945)," 『한국 기독교와 역사』 제42호 (2015. 3), 32.
356) 김갑수, 『은혜의 발자취』(대전: 침례신학대학교출판부, 2013), 124.

첫 번째 좋은 소식이 엘라씽기념선교회 선교지 인수를 통한 선교지 확장이었다면, 두 번째는 한국인 동역자와의 만남이었는데, 그가 바로 신명균이다. 펜윅은 그와의 첫 조우에 대해 자서전에 다음과 같이 기록했다.[357]

펜윅과 신명균

> 또 같은 시기에(1901년 4월 스테드맨이 자신의 선교지를 펜윅에게 넘길 즈음) 남루한 상복을 입은 키 작은 사람이 그리스도에게 돌아와 훌륭한 신앙을 고백을 하는 일이 있었다. 나는 그에게 사역을 맡기기로 결심했다.

우리는 위 글을 통해 신명균에 대해 다음 몇 가지를 알 수 있다. 첫째, 신명균은 한국적인 유교문화에 충실한 인물이었다. 그가 펜윅을 처음 만난 것은 1901년 4월 전후로, 스테드맨 선교사가 자신의 선교지를 펜윅에게 인계할 시점과 비슷한 시기이다. 신명균은 평산(平山) 신씨 문중의 양반이요 한학자로, 조상의 삼년상(喪)을 끝내고 묘에서 마지막 제사를 드린 후 집으로 돌아가는 중에 펜윅을 찾았다고 한다. 그의 모습은 상복을 입은 채 남루했고, 초라하기 그지없었다. 조상에 대한 효(孝)를 다하는 것이 유교문화의 핵심임을 감안하면, 그는 한국적인 유교문화에 충실했던 전형적인 인물이었다고 할 수 있다.[358]

---

357) Fenwick, *The Church of Christ in Corea*, 58.
358) Ibid., 59-60; 한편, 장일수 목사의 증언에 의하면, 신명균은 서울 태생으로 평산 신씨 문중의 양반이었고, 한학자이며, 당시 한국 최고의 일어학원과 군관학교를 졸업한 지성인이라고 한다. 허긴, 『한국 침례교회사』(대전: 침례신학대학교출판부, 2000), 59.

둘째, 신명균이 기독교로 개종했다는 것이다. 구한말 유교주의적인 양반들이 기독교로 개종한다는 것은 매우 어려웠다. 당시 보수적인 양반들은 서구열강과 기독교를 동일시했는데, 이로 인해 유교주의자들은 위정척사(爲政斥邪) 사상에 충만하여 서구를 배척했다. 신명균도 예외가 아니었다. 동 시대 양반들처럼 기독교에 대한 시선이 곱지 않았을 것이다. 그럼에도 불구하고 그는 무슨 이유인지는 분명치 않으나[359] 3년 탈상(脫喪)한 후 펜윅을 찾아와 기독교로 개종했다.

그가 탈상 후 펜윅을 찾아온 이유는 무엇일까? 펜윅의 글로는 분명하게 파악할 수 없으나, 장일수(張一秀) 목사의 증언에 의하면, 신명균은 순수한 신앙보다는 당시 개화사상에 젖어 청운의 뜻을 품고 서양의 신학문을 섭렵하기 위하여 미국에 유학하려는 동기에서 펜윅을 찾아왔다고 한다.[360] 그의 증언이 어느 정도 타당성이 있는 것은, 초기 한국 교회사 속에서 신명균과 같은 인물을 얼마든지 찾을 수 있기 때문이다. 19세기 말 당시 조선의 젊은이들 중에는 빈부귀천을 막론하고 기독교를 서구문명으로 인식했고, 기독교를 가까이 하는 것을 출세의 기회로 여겨 너도나도 선교사들을 찾았고, 그들이 세운 학교로 몰려들었다.[361] 신명균 역시 구한말 서양이 동양을 지배했던 서세동점(西勢東漸)의 혼란 속에서 유교가 더 이상 당시의 시대정신을 대변할 수 없다고 인식했다. 따라서 그는 자신이 갖고 있던 유교적인 의무, 즉 삼년상을 다한 후, 유교적 굴레에서 벗어나 자신의 길을 가기 위해 펜윅을 찾았던 것이다.

---

359) 장일수 목사에 의하면, 신명균은 교회에서 예배드리는 찬송 소리에 이끌리어 교회에 들렀다가 펜윅 선교사와 만나게 되었다고 한다. Ibid.
360) Ibid., 65.
361) 이만열, 『한국 기독교 수용사 연구』(서울: 두레시대, 1998), 205.

상복 차림의 신명균이 주일날 펜윅을 찾아왔을 때, 비록 남루한 상복을 입어 보잘 것 없었을지 모르나, 그는 외모가 준수하고 품위와 지성을 지닌 인물일 뿐만 아니라 그의 신앙고백과 간증이 분명하고 거짓이 없었다.[362] 약 10일 정도 지났을 때, 신명균은 자신의 삶을 주님께 드려 전적으로 헌신할 것을 다짐했다.[363] 그의 헌신으로 펜윅은 한국인 동역자를 얻었다. 이는 펜윅이 그토록 얻고자 했던 것이었다. 이후 신명균은 펜윅의 한국인 조력자가 되어 그와 함께 순회전도를 시작했다. 마침 펜윅은 신명균과 함께 엘라씽기념선교회로부터 인수한 충청지역 선교지를 1901년 9월에 처음으로 방문했다. 이들은 나귀를 타고 개성·서울·안성을 거쳐 충청남도 공주·강경·칠산 등지를 두루 순방하면서 이양 받은 선교지를 점검했고, 특히 강경과 칠산의 침례 받은 신자들과(지병석, 장교환, 김치화, 김도정, 최준명, 고내수 등) 교제를 했다. 또한 이들 지역에서 대규모 전도 집회와 대사경회를 개최하여 이들의 신앙을 견고하게 세웠고, 금강 주변을 다니며 순회전도를 했다.[364] 펜윅과 신명균은 이 지역에 더 머물며 활동하다가 약 2개월 후 원산으로 돌아갔다. 그리고 펜윅은 같은 해 12월에 신명균을 충청지역 선교 책임자로 파송했다.[365]

펜윅은 처음에 신명균을 충청지역 선교지에 파송하는 것에 대해 염려했다고 한다. 왜냐하면 그가 기독교로 개종한 지 불과 수개월 밖에 되지 않았

---

362) Fenwick, *The Church of Christ in Corea*, 59; 허긴, 『한국 침례교회사』(대전: 침례신학대학교출판부, 2000), 59; 한편, 김용국 박사는 신명균이 개종한 후 1901년 여름에 펜윅으로부터 침례 받았을 가능성이 커 보인다고 주장했다. 김용국, 『꿈의교회 120년사: 꿈의 사람, 꿈의 역사』(서울: 요단출판사, 2016), 83.
363) Fenwick, *The Church of Christ in Corea*, 60.
364) 허긴, 『한국 침례교회사』(대전: 침례신학대학교출판부, 2000), 65.
365) 이정수, 『한국 침례교회사』(서울: 침례회출판사, 1994), 53; 허긴, 『한국 침례교회사』(대전: 침례신학대학교출판부, 2000), 72.

고, 성경에 대한 배움에 있어서 양적으로나 질적으로 미흡했고,[366] 이로 인해 그의 신앙이 견고하기 않다고 판단했기 때문이다. 더욱이 영적인 지도자가 된다는 것은 자신의 신앙은 물론이요 특별한 리더십이 요구되는데, 이것에 대해서도 펜윅은 신명균을 신뢰할 수 없었다. 더불어 지리적으로도 원산과 충청지역은 자주 왕래할 수 있는 거리가 아니었던 관계로 펜윅이 신명균을 효과적으로 지도할 수 없었기에 그의 고민은 깊었을 것이다. 결국 펜윅의 입장에서 볼 때, 그를 충청지역 선교지 책임자로 파송한다는 것은 대단한 모험이었다. 그러나 펜윅은 신명균이 하나님의 사역을 위해 준비해 두신 사람임을 깨달았을 때, 모든 것 내려놓고 기꺼이 순종했다.[367] 그의 백인우월주의와 현지인을 신뢰하지 못하는 것 등의 장애가 하나님 앞에서 일거에 무너지는 순간이었다. 허긴 박사는 펜윅이 신명균을 충청지역으로 파송한 것은 그의 한국 선교사업에 있어서 하나의 중요한 전기(轉機)를 이루는 역사적인 의미가 담겨 있다고 높이 평가하면서, 다음 두 가지를 언급했다. 먼저는, 펜윅이 신명균을 파송함으로 인해 원산 중심의 한국순회선교회와 충청도 중심의 엘라씽기념선교회가 실질적으로 하나로 통합되고 일원화되었다는 것이다. 다음은, 신명균의 충청지역이 펜윅의 한국 선교사업을 침례교의 선교사업으로 자리 잡게 하는 결정적 계기가 되었다는 것이다.[368]

신명균은 펜윅의 지시에 따라 1901년 12월 충청지역 선교지 책임자로 부임했다. 그런데 놀라운 것은 그가 정착한 곳이 공주였다는 것이다. 주지하다시피 당시 충청지역 선교지 중심지는 강경과 칠산이었다. 그럼에도 불구하고

---

366) 펜윅에 의하면, 신명균은 그에게서 단 몇 주만 배웠다고 한다. Fenwick, *The Church of Christ in Corea*, 78.
367) Ibid., 61-62.
368) 허긴, 『한국 침례교회사』(대전: 침례신학대학교출판부, 2000), 65-66.

그가 공주에 정착한 이유는 무엇인가? 다음 몇 가지를 유추해 볼 수 있다.

첫째, 공주의 지리적 위치와 선교적인 접촉점이다. 강경에서 북동쪽으로 약 30마일 거리에 있는 공주는 충청 감영의 소재지로, 사실상 충청지역 행정의 중심지이며, 서울에서 전라도로 내려가는 길목에 있을 뿐만 아니라, 충청도 내륙 교통의 중심지로서 지리적으로 중요한 위치에 있다. 이 같은 중요성을 알았기에 스테드맨 선교사도 이곳에 선교본부를 설립했었다. 그러나 공주는 한국의 보수주의와 유교의 아성(牙城)으로 인해 새로운 신자를 얻는 일이 쉽지 않은 곳이기도 했다.[369] 이로 인해 스테드맨은 별다른 성과을 얻지 못한 채 강경으로 이주했다. 이 같은 지리적 중요성을 알고 있었던 신명균은 충청지역 선교의 중심지로 공주를 선택했다. 그리고 과거 자신이 양반이요 한학자였다는 것이 중요한 선교적 접촉점이 될 수 있음을 인식하여, 이것을 적극적으로 활용함으로 유교의 도시를 기독교의 도시로 만들고자 구상했다.

둘째, 엘라씽기념선교회 공주 선교본부의 재건이다. 폴링의 귀국으로 스테드맨이 강경으로 이주한 이후 공주는 미북감리회 선교부와의 매각 협상이 진행됐는데, 이 과정에서 이곳은 사실상 잃어버린 선교지가 되었다.[370] 스

---

369) 대표적 예로, 공주는 조선 말기까지 충청남도의 중심 도시였으나, 만석지기 부자들과 지역의 보수적인 양반들이 "공주 땅 백 리 안에 쇠마차가 지나가게 할 수 없다"라며 1903년의 철도 건설을 반대함으로 인해 내륙교통이 발전하지 못했고, 충남도청도 1932년에 대전으로 옮겨졌다. 1986년에야 비로소 읍에서 시로 승격된 것도 지역적 특성 때문이었다. 이덕주, 『한국 기독교 문화유산을 찾아서(4): 충청도 선비들의 믿음 이야기』(서울: 도서출판 진흥, 2006), 235-236.
370) 대략 1899년 10월경부터 공주 선교본부 매각을 위한 엘라씽기념선교회와 미북감리회 선교부와의 협상이 시작되었다. 고성은, "강경의 개신교 전래와 수용과정," 『호남교회춘추』 제19호 (1992. 5), 141; 양자 간의 협상은 스테드맨이 출국하기 전인 1901년 4월까지 계속되었다. A. B. Leonard's letter to W. B. Scranton, Jan. 30, 1901; W. B. Scranton's letter to Dr. Leonard, Fed. 1, 1901; H. K. Carroll's letter to W. B. Scranton, Apr. 4, 1901; 엘라씽기념선교회 대표 스테드맨과 미북감리회 대표 스크랜턴과의 협상은 결국 결렬되어, 스테드맨은 펜윅에게 공주 선교본무를 이양했다.

테드맨이 귀국하고 신명균이 부임하기 직전(1901년 말)까지 공주는 미북감리회 선교부의 선교본부 설립이 진행 중이었다.[371] 결국 공주는 엘라씽기념선교회 철수 이후 어느 선교회도 들어오지 않은 영적 공백상태였다. 신명균은 이런 것을 감안하여 과거 스테드맨이 개척했던 공주 선교본부 재건을 염두에 두었고, 재건된 선교본부를 통해 흩어진 신자들을 다시 모아 충청지역 선교지의 거점으로 삼고자 했다. 당시 강경과 칠산은 리더십이 있는 신자가 있어 순회하며 관리해도 되는 반면, 공주는 그렇지 못했으므로 자신이 이곳에 정착하는 것이 옳다고 여겼다.

충청도 책임자로 부임 초기 신명균은 이곳에서 별다른 영향력을 발휘하지 못했다. 그것은 이 지역의 혼란과 갈등으로 고내수와 김치화를 따르던 무리들의 교회 이탈을 막지 못했다는 데서 찾을 수 있다. 당시 그는 이곳의 지역적 특성과 신자들의 신앙을 파악하는데 시간이 필요했고, 혼자 충청지역 선교지 전체를 관리해야 하는 한계가 있었다. 그러나 1902년 초 신명균은 칠산의 영향력 있는 향반인 장기영(張基永)[372]의 아들 판순(張錫天)[373]의 병을 강력

---

371) 미북감리회 선교부는 1902년에 하리동(현 중학동)에 선교본부 부지를 확보하고 이듬해 여름 의료선교사 맥길(W. B. McGill)과 한국인 이용주를 파송하여 본격적인 충청도 선교에 나섰다. 송현강, "강경침례교회 초기 역사(1896-1945)," 『한국 기독교와 역사』 제42호 (2015. 3), 28.

372) 장기영은 1859년 10월 24일 충남 부여군 임천면 칠산리 장치환의 외아들로 출생했고, 그의 가문은 칠산 지 역에서 상당한 토지를 소유한 향반(鄕班)이었으며, 칠산의 북쪽 인동(仁同) 장씨 집성촌을 이루며 살았다. 그는 전통적인 유교적 교육을 받으면서 성장했고, 조상들로부터 물려받은 땅과 재산으로 인해 남부럽지 않은 삶을 살았다. 김갑수, 『한국 침례교인물사』(서울: 요단출판사, 2007), 49; 김민영·김중규, 『금강 하구의 나루터·포구와 군산·강경지역 근대 상업의 변용』(서울: 도서출판 선인, 2006), 126.

373) 장석천은 장기영의 외아들로, 1885년 11월 19일 충남 부여군 임천면 칠산리에서 출생했다. 조상 잘 둔 덕에 부유한 유년시절을 보냈으나, 어려서부터 지병으로 고생했다. 그러나 1902년 초 신명균의 영력있는 기도로 지병이 기적적으로 치유되었고, 이후 아버지의 권유에 의해 신명균을 따라 원산에 갔다. 그는 신명균 밑에서 약 5년간 머물면서 신학문을 익혔고, 철저한 신앙훈련을 받았다. 공주성경학원이 개원했을 때 첫 입학생이 되어 수학했고, 졸업 후에는 순회전도자로 활동했다. Fenwick, The Church of Christ in Corea, 85.

한 영적 능력으로 고치면서 리더십을 발휘함에 따라 이곳은 차츰 안정을 되찾았다. 그리고 1902년 가을에 펜윅과 황상필이 칠산을 방문하여 대대적인 사경회와 전도집회를 인도하면서 안정된 선교지가 점차 성장하기 시작했다.

신명균이 충청지역 선교지 책임자로 부임한 이후 그의 사역은 다음 몇 가지로 정리된다. 첫째, 한국인 사역자 양성에 힘썼다. 1901년 12월에 부임한 신명균은 충청지역 선교지 안정에 각고의 노력을 다했다. 이것은 점차 가시적인 성과가 나타났고, 1902년 가을에 이곳을 방문했던 펜윅은 어느 정도 안정된 이곳이 신명균만으로는 다 관리할 수 없음을 인식하여 현지인 지도자 양성을 위한 성경학교 설립을 구상했다. 그리고 이것이 구체화된 것은 1903년 2월로, 펜윅은 신명균과 한학자 출신 황상필을 교사로 임명했고, 이들은 2월 10일 공주 반죽동에 교사(校舍)를 신축하여 성경학원을 개원했다. 신명균은 초대 원장과 교사로, 황상필은 교사로 한국인 신자들을 가르쳤는데, 초기 입학생으로는 장석천·황태봉·고문중 등이 있었다.[374] 신명균은 지속적으로 침례를 받은 열정적인 신자들을 엄선한 후 성경학원에 입학시켰는데, 그 수가 30여 명에 달했다.[375] 이 학생들 대부분은 금강 주변의 23개 학습반 출신들이었고, 3년 동안 학업을 하면서 인근 촌락에 파송되어 전도사

---

374) 허긴, 『한국 침례교회사』(대전: 침례신학대학교출판부, 2000), 61; 한편, 허긴 박사는 공주성경학교 첫 입학생으로 이종덕을 언급했으나, 이종덕은 1907년 장석천의 전도로 기독교에 입교했으므로, 첫 입학생이라 할 수 없다.
375) 용안침례교회 한철수 장로(한찬필 감로의 손자)의 증언에 의하면(할아버지에게 들은 기억), 30여 명의 학생 중 9명은 용안에서 간 학생들이라고 한다. 이들 중에는 1906년 교단 최초로 만주 시베리아에 선교사로 파송된 한찬필 감로의 큰아들 한태형(교단에는 한태영으로 알려짐)을 비롯해 이자삼·이자헌 형제, 장봉이, 유내권, 김보국 등이다(배인구 집사가 모친 김병숙에게 들은 증언, 김병숙은 김보국의 여동생임). 조병산, 『용안침례교회 112년사』(익산: 기독교한국침례회 용안침례교회, 2012), 41.

역에도 힘썼다. 성경학원은 신명균과 황상필 외에 손필환도 함께 교사로 활약했는데, 그는 공주성경학원 오기 전에 전국의 각 도(道)에서 하나씩 설치되었던 관립측량학교 출신 한학자였다. 그는 학식과 필재와 화술이 뛰어나 얼마든지 출세와 보장된 생활을 할 수 있는 인재였으나 펜윅과 신명균을 만난 이후 모든 것을 버리고 공주성경학원에서 오직 후학을 양성하는 일에 매진했다. 그의 영향으로 공주성경학원에는 측량 전공과정도 개설되었다.[376]

1903년 이후부터 공주성경학원을 통해 복음전도자로 양성된 한국인 일꾼들이 펜윅의 파송을 통해 권서순회전도자로 활약하기 시작했는데, 이들은 대부분 1900부터 1903년 기간에 공주·강경·칠산 등지에서 침례를 받았던 열정적인 신자들이었다.[377] 권서순회전도자의 활동은 이미 1880년 초부터 한국에 등장했다. 만주에서 활동했던 로스(John Ross)와 매킨타이어(John McIntyre)를 도와 성경번역에 참여했던 이들(백홍준, 이응찬, 김청송, 서상륜 등)이 기독교로 개종한 후 권서인(매서인)이 되어 만주와 한반도 북쪽(함경도·평안도)에서 활동하면서 성경을 팔았을 뿐만 아니라 복음을 전했고, 결신자가 생긴 곳을 중심으로 신앙 공동체를 형성했다.[378] 이들은 초창기에 오지순회선교사로 활동하다가 점차 도시에도 진출했으며, 대부분 유급 권서인으로 활동했다. 그러나 초기 침례교 권서순회전도자들은 오로지 오지지역을 순회하는 전도자로 활동했으며, 무보수의 행상인으로 활약했다.[379]

---

376) Fenwick, *The Church of Christ in Corea*, 78-84; 이정수, 『한국 침례교회사』(서울: 침례회출판사, 1994), 54.
377) Ibid., 82-83.
378) 자세한 것은, 이만열, "勸書에 관한 연구," 『동방학지』 제65집 (1990. 6), 77-173을 참고하시오.
379) 허긴, 『한국 침례교회사』(대전: 침례신학대학교출판부, 2000), 83; 한편, 이만열·옥성득은 펜윅의 독자적인 권서 활동으로 인해 선교사간 갈등을 초래했다고 했다. 이만열·옥성득, 『대한성서공회사 I: 조직·성장과 수난』(서울: 대한성서공회, 1993), 340-349.

공주성경학원에서 훈련받은 학생들이 금강 주변 지역에 전도 일꾼으로 투입되어 적극적인 순회전도가 이루어짐에 따라 강경·공주·칠산의 영향으로 형성되었던 23개 학습반이 점차 발전하고 조직화되기 시작했다. 더불어 권서순회전도자들의 활동이 금강 유역을 너머 한산·온양·옥천·영동·고산 등지로 확산됨에 따라 전도지역의 지경이 넓어졌다.[380] 결국 공주성경학원에서 젊은 사역자들을 양성하고 배출한 것이 장차 '대한기독교회'라는 교단으로 발전하는데 중요한 토대가 되었던 것이다.

펜윅이 토착인 사역자 양성을 위한 성경학원을 세웠다는 것에 대해 허긴 박사는 다음 세 가지 측면에서 시사하는 바가 크다고 평가했다. 먼저는 당시 공주를 중심으로 강경과 칠산에서 선교사역이 활발하게 이루어지면서 이 사역을 감당할 지도자의 배출이 시급했던 현실적 요청의 반영이었다. 또한 펜윅이 신명균의 지도력과 사업 역량에 매우 커다란 신임과 기대를 지니고 있었다는 점이며, 마지막으로는 펜윅이 토착인 사역자의 양성과 공급을 이 성경학원을 통하여 마련하려는 포석과 복안을 가졌다는 것이다.[381]

둘째, 신명균은 충청지역 선교지를 돌보며 교회개척에 힘썼다. 그는 공주성경학원을 통해 한국인 사역자 양성에 힘쓰는 한편, 몸소 충청지역 선교지를 돌아보며 이곳의 지역교회를 든든히 세우는 일에 힘썼다. 엘라씽기념선교회의 스테드맨으로부터 충청도 지역 선교지를 인수했을 때, 이곳에는 23개 학습반이 존재하고 있었다. 그는 공주에 부임한 이후 이곳에 있는 이들 중에 몇몇을 선발하여 성경학원에서 교육시켰다. 그리고 2년 동안 이들과 함께 12개의 교회를 세웠다. 이에 대해 펜윅은 다음과 같이 기록했다.[382]

---
380) 이정수, 『한국 침례교회사』(서울: 침례회출판사, 1994), 53.
381) 허긴, 『한국 침례교회사』(대전: 침례신학대학교출판부, 2000), 75.
382) Fenwick, *The Church of Christ in Corea*, 72.

신씨는 곧 12개 교회를 개척했고, 작은 나귀를 타고 정규적으로 그 교회들을 방문했는데, 많은 학생들이 동양의 풍습대로 뒤따라 걸으며 그를 수행했다.

신명균의 전도 및 심방

신명균이 12개 교회를 세울 수 있었던 것은 이미 23개 학습반이라는 영적 모판이 있었기에 가능했다. 이 학습반에서 지역교회로 발전한 대표적인 모델을 우리는 전라북도에 소재한 용안침례교회에서 찾을 수 있다. 그런데 여기서 주목되는 것은 "왜 23개 학습반 중 12개만이 교회로 발전했을까"이다. 여기에는 다음 두 가지의 가능성이 제기된다. 먼저는, 허긴 박사의 주장대로, "23개 학습반 가운데 가장 성공적이었던 12개 학습반을 신명균이 택하여 가정교회로 개척했다."[383] 즉, 23개 학습반 가운데 교회로 발전할 수 있는 가능성이 곳이 12개였다는 것이다. 다음으로는, 고내수·김치화의 교회 이탈과 관계된 것으로, 이들의 교회 이탈 여파로 23개 학습반 중 12개만이 교회로 발전할 수 있었다는 것이다. 즉 23개 학습반 중에는 고내수·김치화와 함께 이탈했거나 아니면 아직은 조직교회가 될 수 없는 곳도 있었으므로 12개만이 교회로 발전할 수 있었다.

이후 신명균의 교회개척은 1906년에 이르러 31개로 늘어났다. 1905년 스테드맨이 마지막으로 강경·공주·칠산을 방문했을 때, 이들 세 지역의 침례교인이 200명 조금 넘었으며, 당시 한국에는 모두 300명 정도의 침례교인이

---

383) 허긴, 『한국 침례교회사』(대전: 침례신학대학교출판부, 2000), 76.

펜윅과 신명균, 초기 교인들

신명균의 가족

존재했다고 한다.[384] 결국 신명균의 활약으로 교회의 수만 증가한 것이 아니라, 신자의 수도 함께 증가했음을 알 수 있다. 스테드맨 선교사가 2차로 방문했을 당시(1903. 11) 30명 이었던 것과 비교하면, 약 2년 사이

펜윅과 조사들

에 10배 이상으로 신자 수가 폭발적으로 증가했음을 알 수 있다. 뜨거운 믿음과 투철한 사명감으로 무장했던 초기 권서순회전도자들은 강경·공주·칠산을 중심으로 금강 주변 도시와 촌락 그리고 기름진 미곡 주산 지역인 온양과 한산 등의 충청남도 지역, 인근 전라북도 지방을 벗어나 충청북도의 옥천·영동 등지의 산간 지역으로 뻗어가면서 1905년에 이르러 무려 31개의 교회개척을 이루는 놀라운 성과를 거두었고, 사역자는 날로 증가했다.[385] 이같은 괄목할만한 성장에는 신명균의 피나는 노력과 수고가 있었다. 그의 이

---

384) F. W. Steadman, "Our Work in Korea," The Baptist Missionary Magazine (Oct. 1905), 388.
385) 허긴, 『한국 침례교회사』(대전: 침례신학대학교출판부, 2000), 93.

같은 헌신에 대해 펜윅은 다음과 같이 기록했다.[386]

> 예수님은 신씨의 가정에 불화를 일으켜 아버지와 아들, 형제간 남편과 아내를 갈라 놓으셨다. 신씨의 아내는 처음에 남편을 지지하다가 다시 식구들에게로 돌아갔다. 그러나 신씨와 명문가 출신인 그의 모친은 집을 떠나 사방 180cm 밖에 안 되는 작은 방에서 살았다. 신씨는 이 방에 '판순'이라는 어린 제자를 들였다. 나중에 사역지로 이사했으나 역시 작은 오두막이었다. (…) 나는 50달러를 마련하여 그에게 보내 집을 수리하는 데에 사용하라고 했다. 그 후에 내가 그의 집을 방문했을 때 그들은 전과 다름없이 초라하게 살고 있었다. 어떻게 된 일이냐고 물었더니 그는 자꾸 대답을 회피했다. 그래서 다른 사람에게 물어보니 이 헌신적인 양반이 인근 마을에 전도자를 보내는데 그 돈을 썼다고 했다. 그 돈은 특별히 집을 수리하라고 보낸 것인데 왜 그랬냐고 묻자 그는 대답하기를 "목사님, 주위에 많은 사람이 예수 그리스도를 모른 채 죽어 가고 있는 상황에서 도무지 그 돈을 나를 위해 쓸 수가 없었습니다." 나는 조사들과 학생들에게 그간의 정황을 묻고 나서, 신씨와 그의 가족 그리고 학생들이 죽어가는 영혼들에게 십자가의 증인들을 더 많이 파송하기 위하여 묽은 죽으로 연명해 왔다는 것을 알게 되었다.

자급선교를 지향했던 펜윅은 신명균의 딱한 사정을 알고 그에게 50달러를 주어 집을 수리할 수 있도록 했으나, 그는 이것을 쓰지 않고 인근 마을에

---

386) Fenwick, *The Church of Christ in Corea*, 70-72.

전도자를 파송하는데 사용했다. 펜윅에게
받은 돈을 도저히 사사로이 자신의 집을 고
치는데 사용할 수 없었던 그의 깊은 마음과
헌신이 있었기에 초기 침례교회가 놀랍게
발전할 수 있었다. 이 같은 성장을 기반으로

신명균의 집

1906년 10월 6일 강경침례교회에서 '대한기독교회'
라는 교단이 조직되었고, 이 때 신명균은 교단 최초의
목사로 인준을 받음으로 감리교에 이어 두 번째로 한
국인 목사가 되었다.

장기영 감로

셋째, 초기 한국 침례교 역사에서 빼 놓을 수 없는
신명균과 장기영, 장석천과의 관계이다. 장기영은 1859년 10월 24일 충남 부
여군 임천면 칠산리 장치환의 외아들로 출생했다.[387] 그의 가문은 칠산 지역
에서 상당한 토지를 소유한 향반(鄕班)이었고, 칠산의 북쪽 인동(仁同) 장씨
집성촌에 살고 있었다.[388] 전통적인 유교적 교육을 받으면서 성장했고, 조상
들로부터 물려받은 땅과 재산으로 인해 남부럽지 않은 삶을 살았다. 그러던
차에 1901년 9월 펜윅과 신명균이 스테드맨에게 엘라씽기념선교회 선교지
를 인계받아 처음으로 충청도를 방문하여 칠산에서 대대적인 전도 집회를
인도하고 있었을 당시, 장기영은 집안의 당숙이 되시는 장교환으로부터 전
도를 받았다. 집안 당숙의 간곡한 부탁으로 인해 교회에 출석하기는 했지만,
그에게 근심거리가 있었으니, 곧 외아들 석천(어려서 불렀던 이름은 '판순')의 오

---

387) 김갑수, 『한국 침례교인물사』(서울: 요단출판사, 2007), 49.
388) 김민영·김중규, 『금강 하구의 나루터·포구와 군산·강경지역 근대 상업의 변용』(서울: 도서출판
선인, 2006), 126.

랜 병환이었다. 장교환은 이런 장기영의 사정을 알고 그에게 신명균을 소개했는데, 그는 신명균이 영력이 강하며 축사(逐邪)의 은사가 있기에 반드시 석천의 지병을 고칠 수 있다고 알려주었다. 이에 장기영은 귀가 솔깃했다. 지금껏 어떤 의사도, 어떤 약도 효험이 없었기에, 당숙의 조언은 그에게 한 줄기 소망이 빛이었다. 그리하여 장기영은 지푸라기라도 잡는 심정으로 1902년 초 신명균을 찾아갔다.[389]

당시 신명균은 펜윅과 함께 엘라씽기념선교회의 선교지 순방 차 공주를 거쳐 칠산을 방문 중에 있었다. 장기영은 신명균에게 자신의 처지를 설명하면서 외아들을 고쳐줄 것을 간청했다. 이에 신명균은 먼저 장기영과 장석천에게 복음을 전했고, 그리고 강한 영력으로 기도하니, 장석천의 병이 신기하리만치 깨끗하게 나았다.[390] 이것은 장기영에게 매우 충격적인 사건이었다. 그 무엇으로도 고칠 수 없었던 외아들의 병이 신기하게 신명균의 능력 있는 기도로 치료됐기 때문이었다. 이를 통해 장기영은 막연하게만 여겼던 하나님이 과연 살아계시며, 지금도 우리에게 역사하고 계신다는 것을 확실하게 믿게 되었다. 이런 체험적인 신앙으로 인해 그는 뿌리 깊은 유교집안이니, 덕망 있는 양반의 체면이니 하는 허울을 벗어버렸다. 이후 망설임 없이 그와 그의 일가(一家)는 기독교로 개종했다.

이 같은 장기영의 회심은 평생토록 친족들에게 모진 박해와 수모를 받게 되는 원인이 되었다. 즉 뿌리 깊은 유교 가문에서 기독교인이 나왔다는 것은 문중의 수치요 있을 수 없는 일로 여겼기 때문이다. 김갑수 목사에 의하면, 장기영이 제사에 불참할 때마다 문중에서 그를 심하게 핍박했고, 급기야

---

389) 허긴, 『한국 침례교회사』(대전: 침례신학대학교출판부, 2000), 74.
390) Fenwick, *The Church of Christ in Corea*, 70.

문중에서 그를 추방했다고 한다.[391] 한편, 기독교 신앙을 가진 가정의 위대한 유산을 연구하고 있는 전영철 격대연구소 소장도 장기영이 자신의 문중 제사만이 아니라 마을 사람들에게도 상당한 영향을 끼쳐 유교적인 전통을 지켜오던 양반 가문과 지역사회에 큰 파문을 일으켰고, 이로 인해 제사 참여와 교회출석 중단의 압력을 받았으며, 심지어 심한 매질까지도 받았다고 했다.[392] 이처럼 문중으로부터 받은 모진 박해를 받았음에도 불구하고 장기영은 이를 신앙으로 극복했다. 그만큼 그가 경험한 신앙은 분명하고 확고하여 결코 흔들리지 않았던 것이다. 그의 회심은 이내 칠산의 사람들에게도 널리 퍼져 나갔고, 이어 하나 둘씩 마을 사람들이 칠산침례교회로 모여들기 시작했다. 장기영의 회심을 계기로 칠산침례교회는 지역사회에 뿌리를 내렸고, 날로 성장했다. 한편, 장기영은 병에서 고침 받은 아들 장석천을 신명균에게 맡겨 그의 제자가 되게 했다.[393]

장기영은 회심 이후 1902년 봄, 일본에서 활동하던 스테드맨 선교사가 잠시 내한했을 때, 주저 없이 침례를 받았다. 그리고 칠산침례교회 신자의 일원이 되어 많은 활약을 펼쳤는데, 교회에 전도용 나룻배를 헌물하여 금강 주변 전도에 기여했다. 고내수, 김치화의 교회 이탈로 인해 흔들리는 칠산침례교회를 돌보는데 큰 역할을 했다. 또한 그의 지도력에 의해 칠산침례교회가 부흥함에 따라 1906년 첫 대화회(총회)에서 초대 감로(장로)가 되었다.

장석천은 장기영의 외아들로, 1885년 11월 19일 충남 부여군 임천면 칠산리에서 출생했다. 조상 잘 둔 덕에 부유한 유년시절을 보냈으나, 어려서부터

---

391) 김갑수, 『한국 침례교인물사』(서울: 요단출판사, 2007), 53.
392) 전영철, 『믿음, 그 위대한 유산을 찾아서1: 한국 기독교 130년, 믿음의 명문가들』(서울: 도서출판 선교횃불, 2013), 307-308.
393) Ibid., 306.

장석천 목사

지병으로 고생했다. 그러나 1902년 초 신명균의 영력 있는 기도로 지병을 기적적으로 치유(治癒)받았고, 이후 아버지의 권유에 의해 신명균을 따라 원산에 갔다. 그가 원산으로 가게 된 것은 지금껏 육체의 질병으로 인해 또래 친구들처럼 한학을 배우지 못했기에, 그는 신명균 밑에서 한문과 성경을 배우기 위해 함께 떠났다. 장석천은 신명균의 집에서 약 5년간 머물면서 신학문을 익혔고, 철저한 신앙훈련을 받았다.[394] 그는 시간이 날 때마다 펜윅의 집에 들러 성경에 대한 의문점을 열심히 질문했다. 머리가 명석했던 장석천은 특히 신약에 대한 지식이 해박하여 4복음서와 사도행전의 주요 절수를 암송하고 신약에 있는 어떤 구절도 잘 찾아낼 수 있어서 '걸어 다니는 성구 색인'이라 불렸고, 펜윅 선교사는 그의 방문을 언제나 환영했다.[395]

한편, 장석천은 1902년 봄 일본에서 활동하던 스테드맨이 잠시 내한했을 때, 아버지와 함께 그에게 침례를 받았다. 그리고 1903년 2월 신명균이 원산에서 공주로 부임할 때, 동행했다. 공주성경학원이 개원했을 때, 황태봉·고문중과 함께 첫 입학생이 되어 신명균, 황상필, 손필환으로부터 교육을 받으면서 목회자로서 갖추어야 할 학문과 소양을 익혔다. 한편, 학업과 병행하여 전도에도 매진했던 장석천은 1903년 공주 신영리 출신인 박노기와 손필환, 이영구를 전도하여 결신시켰다.[396]

---

394) Fenwick, *The Church of Christ in Corea*, 85.
395) Fenwick, *The Church of Christ in Corea*, Ibid., 86; 전영철, 『믿음, 그 위대한 유산을 찾아서1: 한국 기독교 130년, 믿음의 명문가들』(서울: 도서출판 선교횃불, 2013), 306.
396) 이정수, 『한국 침례교회사』(서울: 침례회출판사, 1994), 65.

6) 사역의 부흥과 확장

신명균이 충청지역 선교지에서 활약하고 있었을 즈음 펜윅은 원산에서 사역했는데, 그는 농장 경영을 통해 자립선교 토대를 구축하는 한편, 원산지역을 중심으로 전도사역에 힘썼다. 다시 내한한지 약 7년이 지난 1903년, 그의 나이 40세 때 다음과 같은 의미있는 일들이 생겼다. 첫째, 평생의 반려자를 만나 결혼했다.[397] 펜윅의 아내가 된 하인즈(F. B. Hinds, 1864-1933)는 미국 캔터키주 어바인(Irvine) 출신으로, 무디성경학원과 보스턴선교사훈련학교에서 수학했고, 1898년 12월(34세)에 미남감리회 선교부(The Methodist Episcopal Mission, South) 한국 선교사로 파송받아 내한했다. 처음에는 캐롤(Arena Carroll)과 함께 황해도 개성에서 전도사역에 힘쓰다가, 호수돈 여학교가 개교하자 교사로 자리를 옮겼다. 그녀에 대해 동료 선교사들과 한국인 신자들은 성자(Saint)로 불리던 두세 사람의 선교사 가운데 한 사람이라고 했고, 같은 선교회 소속 선교사 저다인(J. L. Gerdine)은 그녀가 소천한 후 그녀에 대해 평가하기를 "그녀의 신앙심과 사상에는 그리스도의 재림사상이 매우 강했다"라고 했다.[398]

하인즈와 펜윅의 만남은 어떻게 이루어졌을까? 펜윅은 자신의 결혼에 대해 어디에도 언급하고 있지 않다. 그러나 그와 관련된 문헌들을 살펴보면 다음 몇 가지의 단서들을 찾을 수 있다. 먼저, 보스턴선교사훈련학교와의 관련성이다. 펜윅은 귀국 직후인 1893년 7월부터 1894년 4월 사이에, 하인즈는

---

397) 허긴, 『한국 침례교회사』(대전: 침례신학대학교출판부, 2000), 55; 한편, 펜윅과 하인즈의 결혼이 1900년이었다는 주장이 있는데, 이는 면밀한 검토가 필요하다. 최선수 엮음, 『부르심을 받아 땅끝까지: 내한 캐나다 선교사들의 삶과 신앙, 헌신의 발자취』(서울: 홍성사, 2011), 139.
398) 허긴, 『한국 침례교회사』(대진. 침례신학대학교출판부, 2000), 54에서 재인용.

펜윅과 하인즈

1898년 12월 내한 전 어느 시기인지는 알 수 없으나 1년 미만의 임시학생 또는 청강생으로 보스턴 선교사훈련학교에서 수학했다.[399] 펜윅과 하인즈가 동일한 시기에 선교사훈련학교를 수학했는지에 대해 문헌상으로는 알 수 없으나,[400] 분명한 것은 둘이 같은 학교에 수학했다는 것이다. 감리교 출신이었던 하인즈가 어떻게 초교파 성격의 보스턴선교사훈련학교에 수학했을까? 필자의 생각에는 그녀가 무디성경학원을 수학한 후, 무디의 영향으로 나이아가라 사경회에 참석했을 것이며, 이곳의 강사로 활동했던 고든에게 감화를 받아 그가 운영하던 선교사훈련학교에 청강생이 됐을 것으로 생각된다. 결국 하인즈는 내한하여 활동하던 중 같은 학교 출신의 펜윅에게 관심을 갖게 되었고, 이는 사랑의 관계로 발전하여 결혼에 이르렀을 개연성이 높다.

다음은, 펜윅을 추종하던 이들의 증언에 의한 그와 하인즈와의 만남이다.[401]

> 1900년 감리교 여선교사이며 개성 호스톤 여학교 초대 여교사 한 분이 펜위익 목사의 명성을 듣고 와서 하늘나라의 덮으시고 오묘하신 이치를 밝히 증거 하시는 펜위익 목사의 말씀을 듣고, 과거 자기 신앙관의 그릇 됨을 절실히 깨닫고 과연 당시 교계에서 찾아보기 어

---

399) 안희열, 『시대를 앞서간 선교사 말콤 펜윅』(대전: 하기서원, 2019), 153.
400) 보스턴선교사훈련학교 재학에 대해 펜윅의 수학 기간은 비교적 정확하게 파악되나 하인즈는 그렇지 않다. 내한 전 어느 시기에 수학했다고만 알려져 있다. 그러므로 정황상 동일한 시기에 수학했을 가능성을 전혀 배재할 수 없으나, 아직까지 문헌적으로 나타나있지 않다.
401) 김용해, 『대한기독교침례회사』(n.p.: 성청사, 1964), 13-14.

려운 복음이라 하여 그를 높이 존경하고 친교하여 오던 중 두 분은 하나님의 뜻으로 백년가약의 결혼을 했으며 특히 복음이 일치되는 가운데서 그들은 일심동체로 복음전파에 뜻과 마음을 봉헌했다.

펜윅을 추종했던 이들은 하인즈가 펜윅이 인도하는 사경회에 참석했다가 그의 신앙과 정신에 감동을 받아 서로 가까워졌고, 마침내 결혼에 이르렀다고 한다.[402] 펜윅이 사경회를 인도

하인즈 여사의 여성교육

한 곳이 개성인지 아니면 그가 활동하고 있었던 원산인지 혹은 제 3의 장소였는지는 알 수 없다. 그러나 당시 펜윅의 사경회가 내한선교사들 사이에서 회자될 정도로 인상적이었음은 분명하다. 그랬기에 하인즈가 펜윅의 사경회에 참여했고, 그가 선포하는 말씀에 큰 감동을 받았다. 결국 그는 자신이 속한 선교부를 떠나 펜윅과 결혼에까지 이르게 되었다.

펜윅과 하인즈와의 만남이 어떻게 이루어졌는지는 사료적 측면에서 분명하지 않아 이를 추적함에 한계가 있다. 그러나 독신 선교사 펜윅이 하인즈와의 만남을 통해 그의 인생과 사역에 큰 전환점이 되었다는 것은 부인할 수 없는 사실이다. 결혼할 나이로서는 좀 늦은 40세의 펜윅와 39세의 하인즈가 이역만리의 선교지 한국에서 백년가약을 맺음으로 이후 펼쳐질 펜윅 사역은 이전과 다른 전기(轉機)를 이룬다. 1901년 초 한국인 동역자 신명균을 만나 충청지역 선교지를 관할하게 함으로 펜윅의 선교적 지경(地境)이 외연적(外延的)으로 확장됐다면, 1903년 하인즈와의 결혼은 개인적 삶과 선교사

---

402) 허긴, 『한국 침례교회사』(대전: 침례신학대학교출판부, 2000), 56.

역의 내연적(內燃的) 기반이 조성됐다고 할 수 있다.

둘째, 원산성경학원의 개원이다. 하인즈와 결혼한 직후 원산에는 펜윅 부부와 소래에서 펜윅을 보살피며 가정부의 일을 맡아왔던 안씨 가족, 한 사람의 보조교사와 4명의 토착인 학생들과 이정화, 황태봉, 황상필 등이 있었다.[403] 펜윅 부부는 이들을 목회하면서 한국인 사역자 양성을 시작했다. 앞서 살핀 바에 의하면, 펜윅은 신명균과 황상필을 교사로 임명했고, 이들은 공주 반죽동에 교사(校舍)를 신축하여 공주성경학원을 시작했다. 원산성경학원 개원도 이와 비슷한 시기로 여겨지는데, 그 시작은 다음과 같다.[404]

> 눈이 아직도 감겨있다는 것을 깨닫지 못한 상태였던 나는 유망한 청년들을 발굴하여 목회자가 되기 위해 가르치고 훈련시켜야 한다는 전통적인 생각에 사로잡혔다. 나와 아내는 분별없이 세상에 젖어 살던 세명의 청년들을 선택하여 성경학원을 시작하기로 했다. 우리는 보조교사 한 명을 두고 청년 네 명을 대상으로 학교를 시작했다.

혼자 사역할 때는 엄두도 낼 수 없었던 한국인 사역자 양성을, 펜윅은 결혼하면서 그의 아내와 함께 시작했다. 펜윅은 학생들이 현실과 동떨어진 사람들이 되거나, 배운 사람이 육체의 노동하는 것을 수치로 여기는 한국적 풍습에서 벗어나도록 오전에는 농장에서 부지런히 일하게 했고, 오후에는 공부하도록 교과과정을 편성했다. 그리고 교과목은 성경의 읽기와 쓰기, 셈하는 것으로 한정했고, 교수 방식은 동양식으로 했다. 성경교육은 일정 본

---

403) Ibid.
404) Fenwick, *The Church of Christ in Corea*, 63-64.

문을 자유롭게 요약할 수 있을 정도로 반복해서 읽혔고, 그리스도의 모형에 대한 영적 의미는 가르치지 않은 대신에 각 모형에 대한 영적 의미를 기도로써 하나님께 구하라고 했다. 또한 성경의 해석이 2 곱하기 2는 4라는 사실만큼 분명하지 않으면 성령께서 주신 해석이 아니라고 확신해도 된다고 가르쳤다. 그들의 과제 중에는 복음을 전하는 것도 포함되었는데, 이는 배운 바를 전하도록 하는데 있었다.[405]

교육이 한참 진행되고 있었을 때, 캐나다장로회 해외선교부(Canadian Presbyterian Foreign Mission Work) 회장 맥케이(R. P. McKay)가 펜윅의 사역지를 방문하여 학생들의 실력향상과 교육 방식에 크게 만족했고, 선교사 맥레(D. M. McRae)도[406] 여러 번 청년들을 만나보고, 일상에서 접하는 실제적인 것들에 관한 강의를 참관한 후 교육 방법에 큰 만족을 표시하며, 애정 어린 칭찬으로 격려해 주었다. 펜윅은 이들의 칭찬과 격려에 힘입어 스스로 바른 교육을 하고 있다고 믿으며, 이들이 사역자로 성장할 수 있도록 심혈을 기울였다. 그러나 이 교육은 사실상 실패하고 만다. 이에 대해 펜윅은 다음과 같이 기록했다.[407]

> 총명했던 보조 교사는 사회에 나가 쉽게 지도자가 될 만큼 많은 지식을 터득한 후 돈을 벌기 위해 세상으로 나갔다. 첫째와 둘째 청년은 4년간 훈련을 마친 뒤 제칠일 안식일 예수재림교회 선교사의 설

---

405) Ibid., 64-67.
406) 맥레는 캐나다장로회 해외선교부의 파송을 받아 1898년 9월 다른 선교사 2인과 함께 내한하여 함경남도 선교 개시했다. 맥레와 펜윅과의 관계는 1899년 6월 21일 사랑하는 연인 에디스에게 쓴 편지에 나와 있다. 당시 그는 펜윅의 집에 머물고 있다고 했다. 헬렌 F. 맥레, 『팔룡산 호랑이: 던간 M. 맥레 목사의 삶』(오산: 한신대학교출판부, 2010), 138.
407) Fenwick, The Church of Christ in Corea, 67-68.

득에 그에게로 넘어갔다. 제칠일을 지키라는 명령에 순종하지 않으면 멸망할 것이라는 말과, 자기에게 오면 적잖은 급여를 주겠고, 앞으로 더 올려 주겠다는 제의에 넘어간 것이다. 그들보다 어린 청년은 영어를 가르쳐 주지 않는다는 이유로 뛰쳐나갔고, 넷째 청년은 일찌감치 지쳐서 세상으로 갔다.

이 일을 겪고 난 뒤 펜윅 부부는 자주 눈물로 베개를 적셨고, 그들이 자신을 버린 일로 크게 상심했다. 펜윅은 자서전에서 약 8년 전의 이 일을[408] 떠올리며 말하기를 "그제서야 우리는 외국인이 이곳에 필요한 사역에 최선의 도구가 아니라는 사실을 깨닫게 되었다"[409]라고 했다.

셋째, 한국 대부흥운동의 출발인 원산부흥운동에 펜윅이 적극적으로 가담했다. 그는 당시 원산에서 활동하던 장로교, 감리교 선교사들과 함께 연합집회를 개최했는데, 이것을 1928년에 발행된 『조선예수교장로회사기』는 다음과 같이 기록했다.[410]

> 1903년(癸卯) 겨울에 쉬덴(스웨덴) 목사 프란스(F. Franson)가 남감리회 선교사 하리영(Robert Hardie) 집에 방문하여 1주간을 기도한 후 원산에 있는 장·감 양 교파와 침례회까지 연합하여 창전예배당에서 1주간 매일 밤 집회를 하여 기도하는 중 하리영이 은혜를 특별히 많이 받았다.

---

408) 펜윅의 자서전은 1911년에 출판되었다.
409) Fenwick, *The Church of Christ in Corea*, 69.
410) 가독성을 위해 현대문으로 옮겼음. 車載明, 『朝鮮예수敎長老會史記』(京城: 朝鮮예수敎長老會 總會, 1928), 179.

1900년대 초 한국의 상황은 1895년 을미사변 이후 노골화된 일본의 제국주의적 야심이 더욱 증대된다. 20세기에 접어들면서 일본은 1902년 영일동맹을 맺고, 동아시아의 이권 분할에 대한 기득권을 보장받았다. 이를 토대로 1904-5년에 러일전쟁을 일으켜 한국의 지배권 확립과 남만주 진출의 교두보를 확보했으며, 1905년 가쓰라·테프트 밀약을 통해 미국으로부터 한국 합병을 묵인 받는다. 한편, 같은 해 체결된 을사늑약으로 한국의 외교권을 탈취했고, 이듬해 통감부를 설치하여 한반도에서 일본 식민지를 위한 발판을 만든다. 1907년 한일신협약을 통해 사실상의 합병 수순을 밟아 드디어 1910년 한일병탄조약(경술국치)을 맺음으로 우리의 국권을 강제로 탈취했다.

국권이 기울어가는 암울함 속에서 한국교회는 다음과 같은 활동을 했는데, 그 하나는 신앙적 측면에서의 '대부흥운동'이요, 다른 하나는, 애국적 측면에서의 '위국(爲國)기도회'이다. 먼저 대부흥운동을 살펴보자. 1903년 초 중국 의화단의 난을 피해 국내에 입국한 남감리회 여선교사 화이트(M. C. White)와 원산에서 활동하던 캐나다장로회 여선교사 맥컬리(L. H. McCully)가 함께 자신들과 함께 사역하는 선교사들 가운데 성령이 풍성하게 임하도록 함께 모여 기도회를 가졌다.[411] 이 기도회는 점차 그 규모가 커져서 같은 해 8월 24-30일까지 원산의 남감리회와 캐나다장로회 소속 여선교사들이 함께 모인 초교파 기도회와 사경회로 발전했다. 당시 이 지역에서 활동하던 남감리회 선교사 하디(R. A. Hardie)가 집회 강사로 초청되었다.[412] 하디는 사경회를

---

411) 박용규, 『평양 대부흥운동: 100주년 기념 개정판』(서울: 생명의말씀사, 2007), 43.
412) 당시 하디는 독립 의료선교사에서 남감리회 선교사로 이적한 이후 강원도와 함경도를 아우르는 넓은 지역을 순회하며 활동했는데, 이로 인해 영육간에 많이 지쳐있었다. 더욱이 높은 산과 깊은 골짜기 때문에 교통도 불편했고, 산악지역 주민 특유의 보수적 성향과 미신 때문에 복음 전

준비하는 과정에서 먼저 큰 은혜를 경험했고, 이 같은 마음으로 집회를 인도했을 때, 청중들 역시 많은 은혜를 받았다. 사경회 후 하디는 자신이 시무하는 교회에서 한국인 교인들에게 공개적인 회개를 했는데, 이 때 역시 많은 교인들이 은혜를 받았고, 교인들 스스로 하나님 앞에서 자신의 죄를 통회(痛悔)하고 자복(自服)한 것이 원산부흥운동의 도화선이 되었다. 이 같은 소문은 이내 선교사들에게 알려졌고, 이 때 미국의 유명한 부흥전도자요 스칸디나비아선교회 회장인 프란손(F. Franson)이 극동아시아 순방 중 한국에 들러 원산에서 사경회를 열자고 제안했다. 이에 원산에 있던 장로교, 감리교, 침례교가 함께 의기투합하여 10월 창전교회에서 1주일간 초교파적인 연합사경회를 개최함으로 원산부흥운동의 불길이 솟아올랐다.

   1928년 장로교 총회에서 발행한 『조선예수교장로회사기』의 기록을 통해, 우리는 침례교와 관련된 다음 몇 가지 사실들을 알 수 있다. 먼저 1903년 당시 펜윅이 이끄는 원산의 침례교가 다른 교파들과 연합활동 할 수 있는 위상(位相)을 갖고 있었다는 것, 다음은 펜윅이 다른 교파에 배타적이고, 다른 선교사들과 반목·대립한 것이 아닌 원만한 관계 속에서 적극적으로 연합사경회에 가담했다는 것, 마지막으로 20세기 초 한국 대부흥운동의 출발점인 1903년 원산부흥운동에 침례교가 적극적으로 가담함으로 이후 전개되는 평양 대부흥운동에 일정부분 기여했다는 것이다. 지금까지 대부분의 한국 침례교회사에는 초기 한국 침례교가 대부흥운동과 무관 또는 참여에 대해 침묵하거나[413] 펜윅의 근본주의 사상으로 인해 대부흥운동을 철저히 배격했

   도가 쉽지 않았다. 하디는 열심히 했으나 그 결과는 신통치 않았다. 이덕주, 『불꽃의 사람 로버트 하디』(서울: 신앙과지성사, 2013), 27-28.
413) 이정수 목사에 의해 집필된 『한국 침례교회사』에는 이 같은 내용을 찾을 수 없다.

다는 주장이 팽배했다.[414] 그러나 『조선예수교장로회사기』의 기록에서 보는 바와 같이, 초기 한국 침례교와 대부흥운동과의 연관성이 사료적으로 확인됨에 따라 이에 대한 후속적인 자료 발굴과 연구가 계속되어야 할 것이다.

1901년 엘라씽기념선교회 충청지역 선교지를 인수한 펜윅은 과거의 침체에서 벗어나 사역의 활력을 띠면서 점차 활동의 토대가 다져지고 그 영역이 넓어졌다. 이로 인해 또한 다른 교단과의 교류로 연결되는데, 마침 스칸디나비아선교회 회장 프란손(F. Franson)이 극동아시아 순방 중 한국에 들러 원산에서 집회를 갖자는 제안을 친구 하디를 통해 들은 후, 그는 원산에서 활동하던 캐나다 장로회 선교부, 미남장로회 선교부와 적극적으로 협의했다. 이들의 협의는 1903년 10월 창천교회에서 초교파적으로 1주일간 연합집회를 개최하는 것으로 열매를 맺었다. 이 집회는 선교지 분할정책으로 인해 각 교파별 선교사들 간의 반목과 대립이 일어날 수 있는 상황에서 이를 극복하고 교파를 초월하여 연합할 수 있는 기회가 되었을 뿐만 아니라 원산지역 기독교 신자들에게 그리스도 안에서 형제애를 경험하고, 그리스도의 지체의식을 심어주는데 기여했다. 이 집회는 내적(교파연합)으로나 외적(전도활동)으로나 매우 성공적이었다. 그랬기에 이 같은 초교파 연합집회는 이듬해에도 계속되었던 것이다.

1903년 10월 장·감·침의 초교파적 연합사경회로 시작된 원산부흥운동은 1904년에도 계속 이어졌는데, 그 해 1월 원산의 남산동교회에서 3개의 교파가 연합하여 주최한 사경회에 하디가 2주간 인도함으로 1903년 부흥의 불을 계속 이어갔다. 이에 대해 『조선예수교장로회사기』는 다음과 같이 기록했다.[415]

---

414) 허긴, 『한국 침례교회사』(대전: 침례신학대학교출판부, 2000), 112.
415) 가독성을 위해 현대문으로 옮겼음. 車載明, 『朝鮮예수敎長老會史記』(京城: 朝鮮예수敎長老會 總

익년(1904년) 춘정월에 위 3파(장로교·감리교·침례교) 교회가 주최한 연합사경회 중에 장로회 선교사 업아력(A. F. Robb)이 특별 은혜를 받아 며칠간 통회하고 금식을 했으며 거리에서도 기도를 계속함으로 신자들이 비웃었고 불신자들은 술 취한 자라 했다.

남산동교회에서 개최된 초교파 연합집회는 이전 창천교회 연합집회와 마찬가지로 선교사들이 먼저 큰 은혜를 경험했는데, 남감리회의 하디가 그랬고, 캐나다장로회의 럽(A. F. Robb)이 그랬다. 당시 선교사들이 갖고 있던 백인우월주의와 사회진화론적 사상은[416] 한국인의 전근대성에 따른 미개함을 조소(嘲笑)했고, 일본의 한국 통치를 정당화하는 이유가 되었다. 교회가 부흥하지 않는 원인을 한국인에게서 찾았던 선교사들이 연합사경회를 통해 자신들이 성령 충만하지 않았음을 깨달았고, 모든 문제의 원인은 자신들에게 있음을 깊이 인식하여 통회할 때 성령의 역사가 일어났다. 이 같은 놀라운 역사는 선교사들을 넘어 한국인 신자들에게까지 영향을 끼쳐 저마다 하나님 앞에서 자복(自服)하니, 이로 인해 집단적인 회개운동이 일어났으며, 원산 일대가 부흥을 열기로 가득 찼다.

펜윅의 원산부흥운동 가담 이후 그의 대부흥운동 참여는 1903년에 이어 1906년에도 계속되었다. 1903년 이후 정초 설이 끼어있는 겨울 1~2월이 한국교회의 사경회와 부흥회 계절이었다면, 여름 8~9월은 선교사들의 휴양

會, 1928), 179; 민경배, 『한국 기독교회사(신개정판)』(서울: 연세대학교출판부, 2007), 266.
416) 다윈의 진화론과 스펜서의 사회생물학적 이론이 융합된 형태의 이론으로, 넓은 의미로는 다윈의 진화론을 인간사회에 적용한 이론이요, 좁은 의미로는 사회정책과 이데올로기를 말한다. 결국 인간의 문명도 생물학적 적자생존의 원칙에 입각하여 흥망성쇠한다고 주장한다. 전복희, 『사회진화론과 국가사상: 구한말을 중심으로』(서울: 한울아카데미, 2007), 14-28.

과 기도의 계절이었다. 1903년 원산부흥운동을 통한 초교파적 연합은 1905년 재한복음주의 연합공의회 결성으로 이어져 선교사들의 초교파적 연합 기도회와 성경공부 모임이 더욱 활성화되었다. 1906년 여름에도 원산과 평양 두 곳에서 선교사들의 연합사경회가 있었는데, 원산에서는 8월 5일부터 일주일 동안 '제3회 원산지방 사경회'가 열렸다. 이 때 남감리회의 하운셀(C. G. Hounshell)과 펜윅이 아침 경건회를 인도하며 사경회를 이끌며 선교사 중심의 대부흥운동을 견인했다.[417]

1900년 초 일본의 제국주의적 침략의 야욕으로 점차 국권이 기울어가는 암울함 속에서 영적 생명력을 불어넣은 것이 원산부흥운동이었다면, 애국적 차원에서 일어난 것은 위국기도회이다. 청일전쟁(1894-5)에서 승리한 일본은 한반도 내의 또 다른 경쟁세력인 러시아를 무력으로 제압한 뒤(1904-5) 미국과의 밀약(1905)을 통해 한반도 점령을 보장받은 후 드디어 강제로 을사늑약을 체결하여 대한제국의 외교권을 약탈했다. 을사늑약은 이 땅 백성들의 항일운동의 도화선이 됐는데, 이후 애국적 국권회복운동은 크게 두 부류로 진행되었다. 먼저는 의병운동에 의한 무력적 저항이요, 다음은 실력양

---

417) 이덕주, 『한국 토착교회 형성사 연구』(서울: 한국 기독교역사연구소, 2001), 103; 한편, 유근재 박사에 의하면, 원산지방사경회에서 펜윅은 그리스도의 재림이라는 특강으로 세대주의적 종말론 신앙을 강조하여 주님 오실 날이 멀지 않았으므로 어서 속히 이방인에게 복음을 전하러 갈 것을 촉구하여 큰 호응을 받았다고 한다. 유근재, "은사주의자 Malcolm C. Fanwick: 기독교한국침례회의 전신인 동아기독교회의 설립자인 캐나다 출신의 독립선교사인 그의 생애와 신학을 오순절 은사주의 입장에서 재조명," 『오순절신학논단』 13 (2015. 12), 113; 선교사들의 연합기도회가 성경공부 모임이었음에도 불구하고 선교사들은 죄의 두려움과 신앙의 빛을 체험했다. 이 모임에 참여했던 치과의사 한(D. E. Hahn)은 다음과 같이 증언했다. "하나님께서 죄를 속속들이 파헤쳐 전에는 볼 수 없었던 빛을 보게 되었다. 죄를 이기신 하나님께 영광을 돌린다. 모든 참석자들의 단 한 가지 소원이 있다면 그것은 하나님께서 이처럼 우리에게 죄의 무서운 모습을 보이시고 또한 죄 없으신 그리스도에게 환한 빛을 보이셨으니 우리 모두가 하나님의 부르심에 합당하게 쓰임 받을 수 있도록 준비하는 것 뿐이었다." Ibid.

성론에 의한 계몽적 저항이었다. 의병운동이 유교사상에 근거한 직접적 투쟁이었다면, 실력양성론은 사회진화론에 근거한 간접적 투쟁이었다.[418]

한편, 내한선교사들은 1898년 12월 대한제국의 독립협회 해산 이후 기독교가 정부와 마찰을 빚는 것을 매우 우려했다. 그리하여 조선예수교장로회공의회는 정부와의 불필요한 충돌을 피하고, 교회의 지속적 유지와 선교를 위하여 기독교의 정치적 불간섭을 골자로 한 '비정치화 선언'(5가지 조항)을 1901년 9월에 했다. 그 내용은 다음과 같다.[419]

"각처에 있는 지교회와 교우의게 편지하노라" ①우리 목사들은 대한나라 일과 정부 일과 관원 일에 대하여 도무지 그 일에 간섭하지 아니하기를 작정한 것이오. ②대한국과 우리나라들과 서로 약조가 있는데 그 약조대로 정사를 받되 교회 일과 나라 일은 같은 일 아니라 또 우리가 교우를 가르치기를 교회가 나라 일 보는 회가 아니요, 또한 나라 일은 간섭할 것도 아니오. ③대한 백성들이 예수교회에 들어와서 교인이 될지라도 그 전과 같이 백성인데 우리 가르치기를 하나님 말씀 거슬림 없이 황제를 충성으로 섬기며 관원을 복종하며 나라 법을 다 순종할 것이오. ④교회가 교인이 사사로이 나라 일 편당에 참여하는 것을 시킬 것 아니요, 금할 것도 아니요, 또 만일 교인이 나라 일에 실수하거나 범죄하거나 그 가운데 당한 일은 교회가 담당할 것 아니요, 가리울 것도 아니오. ⑤교회는 성신에 붙인 교회

---

418) 윤경로, "105인 事件과 基督敎 受難,"『한국 기독교와 민족운동』(서울: 보성, 1986), 287-88.
419) 가독성을 위해 현대문으로 옮겼음. 이만열,『한국 기독교 수용사 연구』(서울: 두레시대, 1998), 494.

요 나라 일 보는 교회 아닌데 예배당이나 교회학당이나 교회 일을 위하여 쓸 집이요, 나라 일 의논하는 집은 아니오. 그 집에서 나라 일 공론하러 모일 것도 아니요, 또한 누구든지 교인이 되어서 다른 데 공론하지 못할 나라 일을 목사의 사랑에서 더울 못할 것이오.

이어 북감리회도 해리스(M. C. Harris) 감독의 명령에 따라 비정치화를 선언했는데, 당시 한국 선교를 이끌던 두 주류 선교회의 비정치화 선언은 다른 선교사들에게도 영향을 주었다. 본국 정부의 정치 불간섭 훈령과 정교분리(政敎分離)에 입각한 선교사들의 정치적 중립은 민족지도자들 입장에서 볼 때 친일로 비쳐져 시선이 곱지 않았고, 일부 선교사들의 노골적인 친일은 때때로 한국인 신자들과 충돌을 빚었다.

나라 잃은 설움에서 시작된 당시의 애국적 국권회복운동이 무력에 의한 의병운동과 계몽적 성격의 실력양성론으로 양분되어 전개되고 있을 때, 대부분의 기독교인들은 선교사들의 지도에 따라 신앙의 범주 안에서 항일운동을 펼쳤는데, 그것이 곧 '위국기도회'였다. 을사늑약 직후 서울의 기독교인들은 장로교, 침례교, 감리교를 중심으로 '서울지역 연합 위국기도회'를 개최하여 일제에 저항했다. 이 때의 모습을 1905년 11월 19일자 『대한매일신보』는 다음과 같이 보도했다.[420]

성문우천

대한 전국에 기독교인의 경향에 있는 신도가 모두 십만에 달했는데,

---

420) 가독성을 위해 현대문로 옮겼음. "聲聞于天," 『大韓每日申報』 1905. 11. 19.

그 국가가 침륜 멸망하는 지경에 빠져 들어감을 슬퍼하고 애통하며 사회가 영락하고 쓰러지는 것을 근심하고 두려워하여 장로회와 침례회와 감리회에서 공동으로 연합회로 단결하여 영원한 생명의 하늘에 기도하자는 주지로 독일무이하시고 전지전능 하옵신 조물주 대주재 상제 여호와께 위국기도를 경건히 지성으로 드린다 한다는데 그 매일 기도하는 전문은 다음과 같다.

위국기도문

지금 우리 대한이 고난 중에 있는 형편을 우리 동포가 다 아는 바이거니와 예수를 믿는 형제자매 중에도 혹은 자기가 잘못하여 이 지경에 이른 줄은 깨닫지 못하고 다른 사람만 원망하니 이는 덜 생각함이요, 혹은 말하기를 우리의 영적 나라가 하늘에 있은즉 육신의 나라는 별로히 상관없다 하니 이도 덜 생각함이요, 혹은 말하기를 이런 고난을 당하여 어찌 가만히 앉아 있으리오 하고 혈기를 참지 못하여 급히 나아가자 하니 이도 덜 생각함인 즉, 다 하나님의 뜻에 합당치 못한 것이라. 그런즉 이 고난에 든 허물이 어디 있다 하리오. 다른 데 있지 않고 다 하나님을 믿고 구하지 아니하는데 있나니, 대저 우리나라 사람이 사신 우상을 숭봉하고, 악독한 일만 행하며, 하나님의 주신 바 기름진 땅과 광산과 일용 만물을 감사한 마음으로 받아 적당히 쓰지 아니하고, 또 하나님 앞에 복을 구하지 아니한 까닭인 즉, 주를 믿는 우리는 구약 때에 선지자 예레미야와 이사야와 다니엘이 기도로 이스라엘과 유대국이 구원 얻은 것 같이 대한도 구원 얻기를 하나님 앞에 기도합시다. 기도 시간은 매일 신시(오후 2-4

시)요. 기도문은 다음과 같으니,
만왕의 왕이신 하나님이시여 우리 한국이 죄악으로 침륜에 들었으매 오직 하나님밖에 빌 데 없사와 우리가 일시에 기도하오니 한국을 불쌍히 여기사 예레미야와 이사야와 다니엘이 자기 나라를 위하여 간구함을 들으심 같이 한국을 구원하사 전국 인민으로 자기 죄를 회개하고, 다 천국 백성이 되어 나라가 하나님의 영원한 보호를 받아 지구상에 독립국이 확실케 하여 주심을 예수의 이름으로 비옵나이다.

1900년대 초 일본이 한국을 식민지화 하려는 야욕(을사늑약)에 맞서 기독교인들 중심의 저항에서 위국기도회가 탄생했고, 서울 연동교회 청년회 주축의 국민교육회를 통해 전국적인 운동으로 발전했다. 국민교육회는 위국기도문 1만 장을 인쇄하여 전국에 반포하고 매일 하오 3-4시까지 하나님께 기도하는 구국기도회 운동을 개시했다.[421] 1905년 11월 9일 서울에 이토 히로부미가 도착하자 그 이튿날부터 상동교회 엡윗청년회 회원들을 중심으로 서울 지역 감리교, 장로교, 침례교 연합 위국기도회가 열렸다.

위국 기도문은 대한의 위기 극복 비결은 오직 하나님께 기도하는데 있음을 천명하면서, 먼저 하나님 앞에 바로 서는 기도자의 모습을 제시했다. 무엇보다 난국의 원인이 먼저 기독교인에게 있다고 보았고, 과거 조상과 현재 국민과 기독교인 전체 공동체의 죄를 회개하는 공동기도운동으로 승화시킨 성숙한 신앙을 보였다. 대부흥운동이 한참 전개되던 시점에서 기독교는 전 국민이 천국 백성이 되기를 원하는 전도운동을 벌이는 동시에 나라를 위한

---

[421] "論說: 讀蓮洞耶蘇敎會爲國祈禱文,"『皇城新聞』, 1905. 8. 2.

애국적인 기도운동도 함께 병행하여 국민으로서의 책임을 다했다.[422]

『대한매일신보』 기사를 통해 우리는 침례교와 관련된 다음 몇 가지 사실을 알 수 있다. 먼저는 1905년 당시 서울에 침례교가 존재했다는 것, 다음은 서울의 침례교가 기울어가는 국가의 존망(存亡)을 외면하지 않았다는 것, 마지막으로 기독교인으로 할 수 있는 가장 최선의 방법인 기도를 통해 항일운동을 했다는 것이다.『대한매일신보』 기사만으로 당시 서울의 침례교에 대해 살핀다는 것은 사실상 불가능하다. 즉 언제, 어디서, 어떻게 설립됐고, 신앙적 지도자와 교인들은 누구였는지 알 수 없다. 다만 침례교와 교인의 존재 여부, 항일운동에 적극적으로 참여했다는 정보만 알 수 있을 뿐이다. 그럼에도 불구하고 이것은 큰 발견이다. 왜냐하면 지금껏 침례교가 펜윅이 활동했던 원산과 신명균이 관할한 충청지역에만 있었지 서울에도 있었는지에 대한 그 존재여부를 알 수 없었기 때문이다. 더욱이 침례교가 기도를 통한 기독교적 항일운동에 참여했다는 것은 더욱 놀라울 따름이다. 이들의 신앙이 복음주의적 성격과 더불어 민족주의적 성격도 함께 지니고 있었음을 보여주는 것을 볼 때, 위 사료는 한국 침례교회사적으로 매우 의미 있는 것이라고 할 수 있다.

한편, 펜윅도 역사적인 암울함 속에서 한국민족이 무엇보다도 먼저 주님께로 돌아가야 함을 다음과 같이 노래하였다.[423]

대한노릭

一. 우리 대한 나라 대한국을 위히 노릭합세

---

422) 옥성득, 『첫 사건으로 본 초대 한국 교회사』(서울: 도서출판 짓다, 2016), 358-359.
423) M. C. F. "My Country Tai Han," *Korea Review*(August, 1906), 320.

열셩조 나신데 쏘 도라가셧네 모든 산 겻혜셔 노릭합세

二. 우리 대한 일흠 헛지스랑홀가
우리 대한 그 산과 골이나 그 강과 슈풀 다 스랑ᄒᆞ는 우리 노릭합세

三. 걱정ᄒᆞ지 말고 하ᄂᆞ님만 의지 셩즈 밋셰
구쥬 밋는 빅셩 셩경을 조츠면 아모 나라던지 핍박 업네

四. 맘 먹고 니러나 하ᄂᆞ님 앞헤셔 긔도합셰
잘못된 일 ᄌᆞ복 죄 사홈을 밧어 긔독의 의지로 나라 셰오

五. 긔즈 셰운 나라 엇지 니즐소냐 만셰만셰
대한의 사름 다 힝실 뉘쳐 곳처 힘써셔 나라를 다시 셰오

이 가사는 『Korea Review』 1906년 8월호에 게재된 "대한노릭"로, 1905년 일제의 을사늑약으로 인한 외교권 강탈과 이듬해 통감부 설치 등으로, 내일을 기약할 수 없는 민족적 암울함이 더해가고 있을 때, 펜윅은 오직 기독교만이 나라와 민족을 구할 수 있음을 노래하였다. 우리는 이 가사를 통해 펜윅이 당시 국가적 위기를 외면하지 않고 뜨거운 열정으로 이 민족이 가야 할 분명한 길을 제시했다는 측면에서 기독교적 민족운동의 한 모습을 보여주었다고 할 수 있다.

1900년 초 일본의 제국주의적 침략의 야욕으로 점차 국권이 기울어가는

암울함 속에서 1903-4년에 원산의 침례교가 부흥운동에 가담함으로 영적 생명력을 불어넣었다면, 1905년 서울의 침례교는 위국기도회를 통해 기독교적 항일운동을 전개함으로 기독교적 민족운동에 기여했다. 이는 모두 새롭게 발견한 사료를 통해 밝혀졌다. 앞으로 한국 침례교와 관련된 1차 자료들을 더 많이 발굴하여 한국 침례교회사 연구가 더욱 발전하기를 기대한다.

7) 교단 결성

1900년 초는 한국 교회사에서 매우 의미 있는 시기였다. 그 이유는 한국에 복음이 전파된 지 불과 20년 남짓 되었음에도 불구하고, 한반도 각처에 교회가 설립되었고, 교단이 조직되는 등 괄목할만한 선교적인 성과가 나타났기 때문이다. 물론 이렇게 된 데는 선교사 내한 전에 이미 만주에서 활동하던 스코틀랜드 연합장로회 선교사 로스(John Ross)와 맥킨타이어(John McIntyre) 그리고 개종한 의주 상인들의 활약이 있었고,[424] 일본에서는 유학생에서 개종한 이수정(李樹廷)과 미북감리회 선교사 맥클레이(R. S. MacLay)의 활약이 그 토대가 되었다.[425] 이것을 바탕으로 대부흥운동이 발흥하면서 많은 사람들이 교회로 몰려듦에 따라 급격히 신자들의 수가 증가했고, 보다 효과적인 관리를 위해 교회의 조직과 정비가 시급히 요청되었다.

장로교의 경우, 1887년 9월 27일 미북장로회 선교사 언더우드(H. G.

---

[424] 중국 만주를 통한 선교를 흔히 '북방 선교루트'라고 하며, 상인, 민중계층 출신들이 경제적 목적(생계수단)으로 기독교에 접근했다가 개종했다. 성경을 번역하고 반포했으며, 초기의 한국교회 형성에 지대한 영향을 끼쳤다.

[425] 일본을 통한 선교는 '남방 선교루트'라고 하며, 양반관료, 지식인층 출신들이 정치적 목적으로 기독교에 접근했다가 개종했다. 성경 번역과 더불어 이수정이 미국에 선교사 파송을 요청함으로 선교사가 내한하는데 직접적인 요인이 되었다.

Underwood) 자택에서 로스 선교사와 한국인 신자 14명이 참석하여 최초의 장로교회인 정동교회(현 새문안교회)가 시작된 이래, 1901년 내한한 미북장로회 선교부 총무 브라운의 요청에 따라 같은 해 9월 20일 새문안교회에서 장로교공의회가 되었다. 이어 1907년 9월 17일 평양 장대현교회에서 한국인 장로 47명, 조사 160명이 모여 장로교 최초의 노회인 독노회(獨老會)를 결성했다. 이 때 12개 장로교 신조를 채택했다. 또한, 한국인 목회자 7인(서경조, 방기창, 한석진, 길선주, 이기풍, 송인서, 양전백)이 배출되었다.[426]

한편, 감리교는 1887년 10월 9일 미북감리회 선교사 아펜젤러(H. G. Appenzeller)가 성경공부를 위해 매입한 집(벧엘)에서 로스 선교사와 한국인 4명이 참석하여 최초의 감리교회인 정동교회(현 정동제일교회)가 시작된 이래, 1897년 서울구역회가 조직되었다. 서울구역회가 한국 선교회의 하부조직으로 활동하다가 1901년 서지방회(인천중심), 북지방회(평양중심), 남지방회(서울중심) 등 3개 지방회로 분립되어 연회조직의 기틀을 마련했다. 이어, 같은 해 5월 14일 한국인 최초로 김창식, 김기범이 목사 안수를 받았다. 1905년 6월 21일 한국 선교연회 조직, 1908년 3월 11일 한국연회가 조직되어 일본주재 감독 해리스(M. C. Harris)가 감독으로 취임했다. 한편, 미남감리회는 1897년 9월 10일 중국 연회에 소속된 지방회 조직으로 시작되어 같은 해 12월 8일 한국 선교회로 확대되었다.[427]

같은 시기 침례교도 엘라씽기념선교회 충청지역 선교지 인수를 기점으로 발전하기 시작했는데, 충청지역 선교지에 신명균을 책임자로 파송한 이후

---

426) 장로교는 1907년 독노회를 설립한 이후 1912년 7개 노회 총대 곧 선교사 포함 목사 96명, 장로 125명이 모여 조선예수교장로회 총회를 창립했다.
427) 감리교는 1908년에 조직된 미북감리회 한국연회와 1918년에 조직된 미남감리회 한국연회가 1930년에 합동하여 기독교조선감리회가 창립됐다.

날로 성장하여 그 혼자서 감당할 수 없을 지경이 되었다. 한편, 펜윅도 원산에서 활동하면서 교회가 성장함에 따라 지금까지 유지하던 한국순회선교회(CIM) 체제의 한계에 봉착했다. 그리하여 1906년 첫 대화회(총회)를 강경침례교회에서 개최함으로 '대한기독교회'라는 교단이 결성되었다. 침례교의 교단 결성은 다음 몇 가지 중요한 의미를 갖는다.

첫째, 지역 단위 선교회가 전국 단위 교단으로 발전했다. 펜윅의 제1차 한국 선교는 캐나다 실업인들이 설립한 한국연합선교회(Corea Union Mission, CUM)의 후원으로 시작되었다. 그러나 선교회와의 불화에 따른 선교비 중단과 평신도 선교사의 한계에 봉착하여 급거 귀국했다. 그는 이것을 거울삼아 자립선교를 지향하는 한국순회선교회(CIM)를 조직했고, 목사 안수도 받았다. 이후 다시 내한하여 이전의 후원선교사적 한계를 극복하는데 성공했으나, 이내 또 다른 한계에 봉착했다. 즉 지역 단위 중심 선교회의 한계였다. 펜윅의 한국순회선교회(CIM)는 사실상 원산 중심의 지역 단위 선교단체였다. 이는 장·감 중심의 선교지 분할정책과 오지선교를 지향하는 선교정책 때문이다. 물론 그는 간도와 시베리아 선교를 구상하고 있었으나 아직은 실현되지 않고 있었다. 이런 상황에서 펜윅은 엘라씽기념선교회의 선교지를 이양받았고, 신명균이라는 좋은 현지인 동역자를 얻었다. 신명균을 통해 엘라씽기념선교회의 충청지역 선교지가 부흥하자 펜윅이 관할할 영역이 원산을 넘어서기 시작했고, 양성한 현지인 사역자들이 전국적으로 활동하자 펜윅은 전국 단위의 교단을 구상하게 되었다. 이것의 구체적인 실현이 바로 '대한기독교회'라는 교단의 설립이다. 교단을 중심으로 전국의 침례교회와 교인을 하나로 묶고, 연결하는 구심점의 실현을 통해 선교의 영역이 한반도를 넘어 간도와 시베리아에까지 미치게 되었다. 결국 교단 결성을 통해 원산 중심의 지역 선교회가 전국 단위의 교단으로 발전했던 것이다.

둘째, 한국에서 두 번째로 이룬 교단 결성이다. 교파별로 한국에 도착한 선교사는 1884년 미북장로회의 알렌, 1895년 미북감리회의 스크랜턴, 1889년 한국연합선교회(CUM)의 펜윅(침례교) 순이었다. 장로교는 선교사를 제일 먼저 파송했고, 가장 많은 선교사를 보냈으므로 모든 면에서 한국 선교를 이끌었고, 괄목할만한 성장을 했다. 이에 비해 침례교(펜윅)는 장로교보다 5년 늦게 입국했고, 그조차도 뚜렷한 열매를 맺지 못한 채 약 4년 후 철수했다. 1895년에 입국한 엘라씽기념선교회 파송 선교사가 이듬해 강경침례교회를 설립했지만 장로교의 새문안교회와 감리교의 정동제일교회보다 약 11년이 늦었다. 그럼에도 불구하고 교단 결성은 감리교에 이어 두 번째가 되는 쾌거를 올렸다. 감리교가 1905년 6월 21일에 '한국 선교연회'를 결성하여 교단의 면모를 갖추었고, 침례교도 1906년 10월 6일 첫 대화회(총회)를 통해 '대한기독교회'라는 교단을 결성했다. 한편, 장로교는 그 이듬해인 1907년에 '독노회'가 결성되었다. 비록 선교사가 내한한 순서는 장로교, 감리교, 침례교 순이지만, 교단 결성에 있어서는 감리교, 침례교, 장로교 순이 되었다.

더불어 언급할 것은, 한국인 목사 배출에 대한 것으로, 감리교가 1901년 5월 14일에 김창식, 김기범에게 목사 안수를 함으로 한국인 최초의 목사가 배출되었고, 침례교는 신명균이 신학적 훈련을 거쳐 1905년 펜윅에게 목사 안수를 받은 후 신명균이 이듬해 대화회(총회)에서 목사로 인준 받음으로 교단 최초의 한국인 목사가 되었다.[428] 한편, 장로교는 1907년 독노회에서 평양신학교를 졸업한 7인에게 목사 안수함으로 교단 최초의 한국인 목사를

---

428) 이정수, 『한국 침례교회사』(서울: 침례회출판사, 1990), 65; 허긴, 『한국 침례교회사』(대전: 침례신학대학교출판부, 2000), 100.

배출했다. 이로써 침례교는 두 번째 교단 결성에 이어 두 번째 한국인 목사를 배출하는 교단이 되었다.

 셋째, 한국 최초로 초교파를 지향하는 복음주의 교단 결성이다. 19세기 말 북미 복음주의 선교사들은 초교파적인 성향이 강했는데, 이는 무디부흥운동의 영향 때문이었다. 비록 한국 선교가 교파 주도로 진행됐으나, 내한선교사들은 자기 교파를 확장하려는 교파주의보다 신속한 세계 복음화라는 공동의 목표를 갖고 있었다. 이것이 선교지 분할협정에 반영되었고, 대부흥운동이 한참이던 1905년 9월 11일 이화학당에서 장·감 선교사들이 모여 공개토론을 거친 후 '한국복음주의선교회연합공의회'를 결성하는 것으로 이어졌다. 공의회의 목적은 여러 연합 사업을 거쳐 한국에 단 하나의 개신교회를 세우는 것이며, 그 명칭을 '대한예수교회'로 채택했다. 연합사업은 찬송가·신문·잡지 등의 발간과 교육·의료·전도사업에서 신속하게 진행되는 가운데 1906년 1월 제1차 실행위원회에서 연합을 위해 교리적 검토를 시작했다. 거의 모든 한국인 교인들과 대다수 선교사들이 하나의 대한예수교회 설립에 동의했으나, 선교사들 중의 부정적인 견해를 가진 자들과 본국 선교부의 반대로 인해 교파를 초월한 하나의 교회 설립은 결국 무산되고 만다.[429]

 한편, 침례교는 펜윅의 초교파적 정신에 입각하여 선교 초기부터 초교파주의를 지향했다. 그의 제1차 한국 선교는 물론이요, 제2차 한국 선교에도 이것이 적극적으로 구현했다. 펜윅은 목사 안수를 받은 직후인 1894년에 캐나다 토론토에서 한국순회선교회(CIM)를 조직했다. 북침례교 소속 고든 목사에게 안수를 받았기에 침례교 목사였으나 초교파성을 지속할 목적으로 교파성을 지양(止揚)한 선교회를 설립했다. 다시 내한하여 활동하는 중에도

---

429) 옥성득, 『다시 쓰는 초대 한국 교회사』(서울: 새물결플러스, 2016), 333-344.

오직 복음전파라는 거시적인 목적을 달성하기 위해 초교파성을 계속 유지했다. 그의 이 같은 태도는 1906년 교단 창설에도 적극적으로 반영되어 교단 명칭을 '대한기독교회'라고 했다. 펜윅의 초교파적 교단 설립은 앞서 언급했듯이 장·감 양 교파가 지향하고자 했던 것이다. '장로교' 혹은 '감리교'가 아닌 '대한예수교회'라는 초교파적인 단일교회를 실현하고자 했지만 여러 장애로 결국 실현하지 못한 반면, 비슷한 시기에 펜윅은 '대한기독교회'를 설립함으로 한국에 초교파적인 교단을 설립하는데 성공했다.

혹자는 장·감의 '대한예수교회' 설립과 펜윅의 '대한기독교회' 설립은 그 성격이 다른 것이라고 문제제기를 할 것이다. 예를 들면, 전자가 장·감 양 교파 간의 연합 시도였다면 후자는 그렇지 않았다는 것, 전자가 장·감의 많은 선교사들 간의 복잡한 이해관계 속에서의 연합 시도였던 반면 후자는 펜윅과 소수의 교회들에 의해 단순하고 손쉽게 이루어졌다는 것, 전자가 후원하는 본국 선교부의 절대적인 영향을 받았다면 후자는 자립선교로 인해 이것들로부터 자유로웠다는 것 등을 들어 양자 간의 단순한 비교는 부적절하다고 주장할 수도 있다. 물론 필자도 이에 어느 정도는 동의한다. 그러나 연합의 크고 적음, 연합을 위한 환경적 조건 등을 떠나서 1900년대 초 대부흥운동이 한참 진행되고 있었을 당시 장·감이 이루지 못한 초교파적 교회설립을 펜윅이 해냈다는 것은 분명 높이 평가되어야 할 것이다. 더불어 그 명칭에 있어서도 장·감의 '대한예수교회'와 펜윅의 '대한기독교회'는 사실상 동일한 것으로, 모두 초교파성을 지향하고 있다. 결과적으로 장·감의 선교사들은 연합에 힘썼음에도 불구하고 이루지 못한 반면, 펜윅은 이를 이루었으므로 한국 교회사적 의의가 있다.

8) 평가

1896년 다시 내한하면서 시작된 펜윅의 제2차 한국 선교는 20대의 제1차 한국 선교와 달리 30대 선교사로서의 성숙한 모습을 보여주었고, 이전의 시행착오를 거울삼아 많은 선교적인 열매를 맺었다. 첫 번째 내한에서 한국연합선교회(CUM) 선교사였던 그가 귀국 후 한국순회선교회(CIM)를 설립하고 스스로 이 선교회의 첫 선교사로 다시금 내한하여 1906년 교단이 설립될 때까지 약 10년간의 활동을 어떻게 평가할 수 있을까? 다음 몇 가지로 정리된다.

첫째, 재입국을 통해 많은 선교적 결실을 맺었다. 주지하는 바와 같이 펜윅의 제1차 선교에서는 뚜렷한 선교적 열매가 없었다. 약 4년 간 세 곳(서울, 소래, 원산)에서 활동했음에도 불구하고 그를 통해 신앙 공동체 혹은 예배처소는 형성됐을지 몰라도 가시적인 교회가 설립되지는 못했다. 그랬기에 펜윅이 떠난 후 이들은 뿔뿔이 흩어졌고, 그 흔적을 찾을 수 없었다. 하지만 이후 그가 다시 원산에 돌아왔을 때, 예전의 사람들이 그를 반겨 맞아 줌으로 다시 시작할 수 있는 구심점이 되었다. 이후 펜윅은 엘라씽기념선교회 선교지를 인수하고, 신명균을 동역자로 맞이함으로 성장의 발판을 마련할 수 있었다. 이처럼 펜윅은 제2차 한국 선교를 통해 이전에 이루지 못했던 선교적 결실을 맺음으로 한국에서의 장기 선교를 위한 기반을 조성할 수 있었다.

둘째, 한국교회 대부흥운동에 기여했다. 펜윅이 정착하고 사역했던 원산은 공교롭게도 1900년대 초 대부흥운동의 출발지였다. 원산에 있던 두 여선교사로부터 시작된 기도회가 하디 선교사를 강사로 초청함으로 사경회로 발전했다. 그러나 이것이 원산부흥운동이 될 수 있었던 것은 장로교, 감리교, 침례교가 연합한 초교파 사경회 때문이었다. 1903년 10월과 1904년 1월 세 교파는 의기투합하여 초교파 연합사경회를 개최했는데, 이로 인해 원산 지역에 성령의 불길이 타올랐다. 이렇게 원산부흥운동이 발흥하는데 펜윅도 한 몫을 했다. 일찍이 그는 무디부흥운동의 영향을 강하게 받았기에, 다시 내한했을 때 소래에서 부흥회를 인도하여 많은 청중들에게 놀라운 영적인 영향력을 끼쳤다. 그는 원산에 정착한 이후 평소 친분이 있던 미남감리회 선교사 하디의 사경회에 성령의 놀라운 역사가 일어나는 것을 보았다. 이에 그는 원산에서 활동하던 캐나다 장로회, 미남감리회 선교사들과 손잡고 초교파 부흥운동을 일으켰다. 이 모임은 훗날 평양대부흥운동의 시발점이 되었다. 이처럼 펜윅은 원산부흥운동 발흥에 협력함으로 한국의 대부흥운동에 기여했던 것이다.

셋째, 교단을 결성했다. 펜윅은 가장 적절한 시기에 교단을 결성했다. 먼저 내적으로는 엘라씽기념선교회로부터 충청지역 선교지를 인수하여 이곳에 신명균이라는 한국인 사역자를 파송함으로 이곳이 날로 부흥함에 따라 이곳의 교회를 관리하기 위한 조직의 필요성이 대두되었다. 외적으로는 1903년 원산부흥운동으로 촉발된 한국의 대부흥운동이 점차 전국적으로 영향이 확대되어 부흥운동의 여파가 펜윅의 한국순회선교회(CIM)에도 영향을 끼쳤다. 이런 배경에서 펜윅과 신명균이 훈련시킨 한국인 순회전도자들이 전국적으로 활동하면서 이들에 의해 생겨난 교회를 관리하기 위해서 교단이 결성되었다.

4. 나오는 말

하나님만 의지하는 신앙의 열정으로 시작된 펜윅의 제1차 한국 선교는 결국 한국연합선교회(CUM)와의 불화와 선교비 지원 중단으로 막을 내렸다. 이후 펜윅은 귀국하여 나이아가라 사경회 참석을 통해 신앙적 재충전을 했고, 보스턴선교사훈련학교 수학을 통해 목사 안수를 받았다. 그리고 이전의 선교회와 결별한 후 한국순회선교회(CIM)을 설립했다. 이 단체의 회장이요 첫 선교사로 다시 내한한 펜윅은 원산을 거쳐 소래에 당도하여 이곳 신자들과 함께한 기도회에서 놀라운 부흥의 역사를 일으켰다. 이후 원산에 정착하여 선교를 모색하면서 동시에 넓은 땅을 구입하여 농장경영을 통해 자립선교의 기반을 구축했다.

펜윅의 제2차 한국선교도 1차와 마찬가지로 그의 열정에 비해 뚜렷한 선교적 성과가 없었다. 이로 인해 그의 마음이 초조해지고 있을 때 두 가지의 놀라운 일이 일어났다. 먼저는 엘라씽기념선교회 선교지의 인수요, 다음은 한국인 사역자 신명균과의 조우였다. 엘라씽기념선교회 선교지 인수로 펜윅의 사역 영역이 원산을 벗어나 확장되었다. 한국인 사역자 신명균을 만남으로 선교의 동역자를 얻었다. 특히 신명균에게 충청도 선교지를 관리하게 함으로 선교의 효과를 극대화했다. 펜윅은 1903년 평생의 동반자를 만나 결혼하고, 원산성경학원을 설립했으며, 원산부흥운동에 참여함으로 그 사역이 탄탄해졌다. 충청도 선교지에 파송된 신명균의 놀라운 사역으로 새로운 교회가 설립되고 부흥하자 펜윅은 지역단위의 선교회 체제에서 전국단위의 교단체제를 구상했고, 1906년 대한기독교회를 설립함으로 이를 실현했다.

펜윅의 대한기독교회 교단 설립은 이후 한국 선교를 장기화할 수 있는 중요한 토대가 되었다. 그의 지휘 아래 대한기독교회는 이후 동아기독교로 명칭을 변경했으며 일제의 박해와 탄압 속에서도 굴복하지 않았고, 분연히 그 명맥을 유지했다.

맺음말

　우리는 지금까지 펜윅이 처음으로 내한한 1889년부터 교단이 설립된 1906년까지 약 17년 간의 초기 한국 침례교 역사에 대해 살펴보았다. 그는 1889년 한국연합선교회(CUM)의 후원으로 내한하여 서울, 황해도 소래, 함경남도 원산에서 활동했다. 펜윅은 불우한 가정환경으로 인해 공교육을 받지 못했을 뿐만 아니라 체계적인 신학교육 없이 나이아가라 사경회에서 신앙훈련을 받은 후 오직 하나님의 부름에 믿음으로 응답하여 내한했다. 약 4년간의 활동을 통해 비록 가시적으로 교회를 세우지는 못했으나 몇몇 사람들의 기독교 개종과 신앙 공동체를 형성하는 데에 기여했다. 본국 선교회의 선교비 중단과 평신도 선교사라는 한계를 극복하지 못하고 결국 1893년에 급거 귀국했다.

　펜윅의 귀국 후 2년이 지난 1895년, 그에게 영향을 받은 이들이 내한했으니 바로 엘라씽기념선교회 선교사들이다. 고든이 목회하던 클래런던 스트리트 침례교회 내에 설립된 이 선교회는 사무엘 씽 집사의 외동딸 엘라의 상속금을 모체로 시작되었고, 폴링과 스테드맨을 주축으로 강경과 공주에 선교본부와 교회를 설립했다. 1896년 강경에 설립된 교회는 한국 최초의 침례교회가 되었고, 이내 공주와 칠산에도 교회가 설립되었다. 재정난으로 1901년 철수하기까지 금강 유역을 중심으로 각각의 고을에 23개 학습반이 운영되었다.

펜윅은 귀국하여 나이아가라 사경회에서 재충전했고, 보스턴선교사훈련학교 수학을 통해 목사 안수를 받았다. 그리고 이전에 후원하던 한국연합선교회(CUM)과 결별한 후 뜻있는 인사들을 모아 한국순회선교회(CIM)을 설립하고 스스로 이 선교회의 첫 선교사가 되어 1896년에 다시 내한했다. 소래에서 사경회 인도를 통해 큰 부흥을 경험한 그는 원산에 정착하여 본격적인 사역을 시작했고, 큰 대지를 구입하여 자립선교를 위한 토대를 구축하는 한편 산업선교를 시작했다. 약 5년여의 시간이 흐르는 동안 뚜렷한 선교적 성과가 없는 가운데 엘라씽기념선교회의 철수에 따라 이곳 선교지를 인계받았고, 한국인 사역자 신명균을 만났다. 그의 사역 영역이 원산에서 충청도 일대로 넓어진 가운데, 새로운 인수한 선교지에 신명균을 파송함으로 본격적인 협력사역에 돌입했다.

펜윅의 원산사역은 결혼과 더불어 더욱 날개를 달아 그의 부인과 함께 원산성경학원을 운영하면서 1903년 원산대부흥운동에도 적극적으로 참여했다. 한편, 충청도 선교지를 관할하던 신명균의 사역이 날로 성장하자 한국인 사역자 양성을 위한 성경학원이 공주에 마련되었다. 이곳에서 양성된 일군들이 전국을 다니며 복음을 전함에 따라 1906년 펜윅은 지역중심의 선교회 체제를 전국단위의 교단 체제로의 전환을 시도했다. 그리고 첫 대화회(총회)를 강경에서 갖고 '대한기독교회'라는 교단을 출범했다.

돌이켜보면, 캐나다의 한 청년 펜윅이 하나님의 부르심에 응답함으로 얼마나 놀라운 역사가 일어났는지 우리는 잘 안다. 과거 펜윅을 부르셨던 하나님은 오늘도 한 사람을 찾고 계신다. 현실이 아무리 어렵고, 자신이 아무리 부족하다 할지라도 하나님은 바로 그 사람을 통해 일하신다. 21세기를 사는 우리에게 펜윅의 삶이 도전이 되고 교훈이 되었다면, 지금! 그 분의 부르심에 응답하자. 그리고 주님이 원하는 곳으로 가든지, 아니면 보내는 사람이 되어야 할 것이다.

1. 단행본

곽안련. 『한국교회와 네비우스 선교정책』. 박용규, 김춘섭 공역. 서울: 대한기독교서회, 1994.

기독교한국침례회. 『역사연감』. 서울: 기독교한국침례회 총회, 1987.

김갑수. 『원당교회 100년사』. 서울: 도서출판 삼영사, 2005.

_____. 『은혜의 발자취』. 대전: 침례신학대학교출판부, 2013.

_____. 『한국 침례교인물사』. 서울: 요단출판사, 2007.

김권정. 『근대전환기 한국사회와 기독교 수용』. 서울: 북코리아, 2016.

김민영·김중규. 『금강 하구의 나루터·포구와 군산·강경지역 근대 상업의 변용』. 서울: 도서출판 선인, 2006.

김승태·박혜진. 『내한 선교사 총람(1884-1984)』. 서울: 한국 기독교역사연구소, 1994.

김용국. 『꿈의교회 120년사: 꿈의 사람, 꿈의 역사』. 서울: 요단출판사, 2016.

_____. 『한국 침례교사상사, 1889-1997』. 대전: 침례신학대학교출판부, 2005.

김용해. 『대한기독교침례회사』. n. p.: 성청사, 1964.

김인수. 『한국 기독교회의 역사上(개정판)』. 서울: 쿰란출판사, 2012.

김재현. 『한반도에 심겨진 복음의 씨앗: 한국에 생명을 전한 위대한 선교사 50인』. 서울: KIATS, 2014.

김학은. 『루이스 헨리 세브란스, 그의 생애와 시대』. 서울: 연세대학교출판부, 2008.

大韓예수敎長老會韓國敎會百周年準備委員會 史料分科委員會. 『大韓예수敎長老

會百年史』. 서울: 보진재, 1984.

로버트 그리어슨. 『조선을 향한 머나먼 여정: 로버트 그리어슨의 선교일화와 일기』. 연규홍 역. 오산: 한신대학교출판부, 2014.

목창균. 『종말론 논쟁』. 서울: 도서출판 두란노, 1998.

_____. 『현대 신학 논쟁』. 서울: 도서출판 두란노, 1995.

민경배. 『日帝下의 韓國基督敎 民族·信仰運動史』. 서울: 대한기독교서회, 1991.

_____. 『한국교회 사회사(개정판)』. 서울: 연세대학교출판부, 2008.

_____. 『한국 기독교회사(신개정판)』. 서울: 연세대학교출판부, 2007.

박명수. 『근대 복음주의의 주요 흐름』. 서울: 대한기독교서회, 2001.

박용규. 『대한예수교장로회 총회백년사』. 제1권. 서울: 대한예수교장로회 총회출판부, 2006.

_____. 『평양대부흥운동: 100주년 기념 개정판』. 서울: 생명의말씀사, 2007.

_____. 『한국 기독교회사1』. 서울: 생명의말씀사, 2004.

박창식. 『경북기독교회사』. 서울: 코람데오, 2001.

백낙준. 『한국개신교사』. 서울: 연세대학교출판부, 1998.

사무엘 A. 마펫. 『마포삼열 자료집 제1권: 1868-1894』. 옥성득 책임편역. 서울: 새물결플러스, 2017.

샤를 달레. 『조선교회사 서론: 벽안에 비친 조선국의 모든 것』. 정기수 역. 서울: 탐구당, 2015.

서정민. 『이동휘와 기독교』. 서울: 연세대학교출판부, 2007.

송길섭. 『韓國神學思想史』. 서울: 대한기독교출판사, 1987.

송현강. 『대전·충남 지역 교회사 연구』. 서울: 한국 기독교역사연구소, 2004.

_____. 『미국 남장로교의 한국 선교』. 서울: 한국 기독교역사연구소, 2018.

말콤 펜윅. 『말콤 펜윅 작품 선집』. KIATS 번역팀 역. 서울: 한국고등신학연구원, 2016.

안희열. 『시대를 앞서간 선교사 말콤 펜윅』. 대전: 하기서원, 2019.

에디스 커·조지 앤더슨. 『호주장로교 한국 선교 역사: 1889-1941』. 양명득 편역. 서울: 도서출판 동연, 2017.
오지원. 『칠산침례교회 120년사: 금강을 따라 전해진 복음의 여정』. 부여: 칠산침례교회, 2016.
옥성득. 『다시 쓰는 초대 한국 교회사』. 서울: 새물결플러스, 2016.
_____. 『첫 사건으로 본 초대 한국 교회사』. 서울: 도서출판 짓다, 2016.
_____. 『한국간호역사자료집 I: 1886-1911』. 서울: 대한간호협회, 2011.
_____. 『한반도 대부흥: 사진으로 보는 한국교회, 1900-1910』. 서울: 홍성사, 2009.
올리버 R. 에비슨. 『올리버 R. 에비슨이 지켜본 근대 한국 42년(1893-1935) 하권』. 박형우 편역. 서울: 청년의사, 2010.
울릉도목회자향우회역사편찬위원 편. 『울릉도 침례교 발전사』. 경북: 울릉도목회자향우회, 1999.
유영식. 『착흔목쟈: 게일의 삶과 선교1』. 서울: 진흥문화사, 2013.
_____. 『착흔목쟈: 게일의 삶과 선교2』. 서울: 진흥문화사, 2013.
유영식·이상규·존 브라운·탁지일. 『부산의 첫 선교사들』. 서울: 한국장로교출판사, 2007.
이덕주. 『로버트 하디 불꽃의 사람』. 서울: 신앙과지성사, 2013.
_____. 『초기 한국 기독교사 연구』. 서울: 한국 기독교역사연구소, 2002.
_____. 『한국 기독교 문화유산을 찾아서(4): 충청도 선비들의 믿음 이야기』. 서울: 도서출판 진흥, 2006.
_____. 『한국 토착교회 형성사 연구』. 서울: 한국 기독교역사연구소, 2001.
이덕주, 조이제. 『한국 그리스도인들의 신앙고백』. 서울: 한들출판사, 1997.
이만열. 『韓國基督教 文化運動史』. 서울: 대한기독교출판사, 1989.
_____. 『한국 기독교 수용사 연구』. 서울: 두레시대, 1998.
이만열 외 7인. 『한국 기독교와 민족운동』. 서울: 보성, 1986.

이만열 편.『아펜젤러: 한국에 온 첫 선교사』. 서울: 연세대학교출판부, 1985.

이만열·옥성득.『대한성서공회사 I: 조직·성장과 수난』. 서울: 대한성서공회사, 1993.

이만열·옥성득.『언더우드 자료집 I』. 서울: 연세대학교출판부, 2005.

_____.『언더우드 자료집 II』. 서울: 연세대학교출판부, 2006.

_____.『언더우드 자료집 III』. 서울: 연세대학교출판부, 2007.

이상규.『부산지방 기독교 전래사』. 부산: 글마당, 2001.

_____.『한국교회 역사와 신학』. 서울: 생명의 양식, 2007.

이정수.『한국 침례교회사』. 서울: 침례회출판사, 1994.

안희열.『시대를 앞서간 선교사 말콤 펜윅』. 대전: 침례신학대학교출판부, 2010.

전복희.『사회진화론과 국가사상: 구한말을 중심으로』. 서울: 한울아카데미, 2007.

전영철.『믿음, 그 위대한 유산을 찾아서 1: 한국 기독교 130년, 믿음의 명문가들』. 서울: 도서출판 선교횃불, 2013.

조병산.『용안침례교회 112년사』. 익산: 기독교한국침례회 용안교회, 2012.

조지 톰슨 브라운.『한국 선교 이야기: 미국 남장로교 한국 선교 역사(1892-1962)』. 천사무엘·김균태·오승재 공역. 서울: 도서출판 동연, 2010.

존 W. 헤론.『존 W. 헤론 자료집II: 1887-1890』. 박형우 편역. 서울: 도서출판 선인, 2017.

車載明.『朝鮮예수敎長老會史記』. 京城: 朝鮮예수敎長老會 總會, 1928.

최봉기·펜윅신학연구소 편.『말콤 C. 펜윅: 한국 기독교 토착화의 거보』. 서울: 요단출판사, 1996.

최선수 엮음.『부르심을 받아 땅끝까지: 내한 캐나다 선교사들의 삶과 신앙, 헌신의 발자취』. 서울: 홍성사, 2011.

침례신학대학교 50년사 편찬위원회.『침례신학대학교 50년사』. 대전: 침례신학대학교출판부, 2004.

하워드 테일러 부부. 『허드슨 테일러의 생애』. 오진관 역. 서울: 생명의말씀사, 1987.

한국 교회사학회·한국복음주의역사신학회편. 『내게 천 개의 목숨이 있다면1: 양화진 선교사들의 삶과 선교』. 서울: 한국장로교출판사, 2014.

한국 기독교역사학회. 『한국 기독교의 역사 I (개정판)』. 서울: 기독교문사, 2011.

해관오긍선선생 기념사업회편. 『海觀 吳兢善』. 서울: 연세대학교출판부, 1977.

허긴. 『한국 침례교회사』. 대전: 침례신학대학교출판부, 2000.

허명섭. 『해방 이후 한국교회의 재형성, 1945-1960』. 부천: 서울신학대학교 출판부/ 현대기독교역사연구소, 2009.

헬렌 F. 맥레. 『팔룡산 호랑이: 던간 M. 맥레 목사의 삶』. 오산: 한신대학교출판부, 2010.

Allen, H. N. 『조선견문기』. 신복룡역. 서울: 집문당, 1999.

Avison, Oliver R. 『고종의 서양인 전의 에비슨 박사의 눈에 비친 구한말 40여년의 풍경』. 황용수 책임번역. 대구: 대구대학교출판부, 2006.

Brown, G. T. 『한국 선교 이야기: 미국 남장로교 한국 선교 역사(1892-1962)』. 천사무엘·김균태·오승재 공역. 서울: 도서출판 동연, 2010.

Federal Council of Missions in Korea, *The Korea Mission Year Book*. Seoul: Christian Literature Society of Korea, 1928.

Fenwick, Malcolm C. *The Church of Christ in corea, A Pioneer Missionary's Own Story*. New York: H. Doran Company, 1911.

Gifford, D. L. *Every Day Life in Korea: A Collection of Studies and Stories*. Chicago: Student Missionary Campaign Library, 1898.

Gale, James S. 『선구자: 한국 초대교인들의 이야기』. 심현녀 역. 서울: 대한기독교서회, 1993.

_____. 『한국의 마태오 리치 제임스 게일』. KIATS 엮음. 권혁일 역. 서울:

KIATS, 2012.

_____. *Korean Sketches*. New York: F. H. Revell, 1898.

Gordon, Emest B. *Adoniram Judson Gordon*. New York: Fleming H. Revell Company, 1896.

Griffis, William E. 『은자의 나라 한국』. 신복룡 역. 서울: 탐구당, 1999.

H. G. 언더우드. 『언더우드 목사의 선교편지』. 김인수 역. 서울: 장로회신학대학교출판부, 2002.

Hall, Rosetta S. 『로제타 홀 일기 2』, 김현수·강현희 공역. 서울: 홍성사, 2016.

McCully, Elizabeth. 『케이프 브레튼에서 소래까지: 윌리엄 존 매켄지 선교사의 생애와 황해도 선교기』. 유영식 역. 서울: 대한기독교서회, 2002.

Rhodes, H. A. 『미국 북장로교 한국 선교회사』. 최재건 역. 서울: 연세대학교출판부, 2009.

Savage-Landor, A. Henry. 『고요한 아침의 나라 조선』. 신복룡·장우영 역주. 서울: 집문당, 1999.

Scott, William. 『한국에 온 캐나다인들』. 연규홍 역. 서울: 한국 기독교장로회출판사, 2009.

Underwood, H. G. 『언더우드 목사의 선교편지』. 김인수 역. 서울: 장로회신학대학교출판부, 2002.

Underwood, Lillias H. 『언더우드』. 이만열 역. 서울: IVP, 2015.

Young Sik, Yoo. *Earlier Canadian Missionaries in Korea: A Study in History, 1888-1895*. Ontario: The Society for Korean and Related Studies, 1987.

2. 정기간행물

김남수. "『복음찬미』(1904) 연구." 『복음과실천』. 제28집 (2001. 가을호), 413-436.

김정동. "세브란스 병원을 세운 건축가들-캐나다인 고든과 미국인 보리스를 중심으로."『연세대학교 창립 110주년 기념 학술강연회지』(1995. 9. 28), 19-33.

김흥경. "교회통신."『그리스도신문』1901. 8. 8.

김흥수. "강경지역의 기독교: 초기 역사와 교파별 특성."『한국 기독교와 역사』제31호 (2009. 9), 69-93.

"論說: 讀蓮洞耶穌敎會爲國祈禱文."『皇城新聞』1905. 8. 2.

델라반 L. 피어선.『아더 피어선의 생애와 사상』. 편집부 역. 서울: 보이스사, 1986.

도한호. "한국 침례교 선교의 미래."『복음과실천』제10집 (1987), 116-139.

류대영. "초기 한국교회에서의 'evangelical'의 의미와 현대적 해석의 문제."『한국 기독교와 역사』제15호 (2001, 8), 117-193.

문영석. "한국 근대화 과정에서 캐나다 선교사들이 끼친 공헌과 평가."『캐나다 연구』10 (2002), 115-130.

민경배. "말콤 펜윅의 한국 선교."『현대와신학』제17호 (1993), 59-81.

_____. "韓國基督敎 農村社會運動: 1925~1938년을 중심으로."『동방학지』제38호 (1983), 179-220.

민영진, "펜위크가 改正한『요한복음전』(1891)의 性格,"『솔내 민경배교수 회갑기념 한국 교회사논총』(서울: 민경배교수회갑기념논문집간행위원회, 1994), 571-590.

박창근. "한국 최초의 안수집사."『성광』제35권 9호 (1992. 10), 49-53.

_____. "한국 최초의 침례가문: 강경침례교회-지병석 총장."『성광』제35권 7호 (1992. 7), 37-40.

徐景祚. "徐景祚의 信道와 傳道와 松川敎會 設立歷史."『神學指南』제7권 4호 (1925. 10), 103-22.

"聲聞于天."『大韓每日申報』1905. 11. 19.

송현강. "강경침례교회 초기 역사(1896-1945)." 『한국 기독교와 역사』 제42호 (2015. 3), 5-44.
_____. "충남지방 장로교의 전래와 수용." 『한국 기독교와 역사』 제17호 (2002), 29-193.
"역사의 흔적을 간직한 도시 강경." 『열린 충남』 제35호 (2006), 174-177.
안희열. "종교 신학적 관점에서 본 말콤 펜윅의 구원론과 초기 한국교회의 선교적 성과." 『성경과신학』 제55권 (2010), 135-163.
_____. "펜윅(M. C. Fenwick)의 신학사상과 초기 한국 선교에 관한 연구." 한국 교회사학연구원 엮음. 『내한 선교사 연구』 (서울: 대한기독교서회, 2011), 201-227.
_____. "펜윅의 영성." 허긴박사 은퇴논문집 발간위원회. 『한국 침례교회와 역사: 회고와 성찰』 (대전: 침례신학대학교출판부, 2010), 131-160.
오지원. "한국 기독교 전래의 독특성(1)." 『뱁티스트』 131 (2014. 11·12), 72-79.
_____. "한국 기독교 전래의 독특성(2)." 『뱁티스트』 132 (2015. 01·02), 67-74.
_____. "한국 기독교 전래의 독특성(3)." 『뱁티스트』 133 (2015. 03·04), 58-66.
_____. "한국의 초기 기독교 수용 특성." 『뱁티스트』 136 (2015. 09·10), 84-90.
"爲國祈禱文." 『대한매일신보』 1905. 11. 19.
유근재. "은사주의자 Malcolm C. Famwick: 기독교한국침례회의 전신인 동아기독교의 설립자인 캐나다 출신의 독립선교사인 그의 생애와 오순절 은사주의 입장에서 재조명." 『오순절신학논단』 13 (2015. 12), 107-122.
윤경로. "105인 事件과 基督敎 受難." 『한국 기독교와 민족운동』(서울: 보성, 1986), 285-334.
이선호·박형우, "올리버 알 에비슨(Oliver R. Avison)의 의료선교사 지원과 내한 과정." 『역사와경계』 제84호 (2012. 9), 147-170.
이만열. "勸書에 관한 연구." 『동방학지』 제65집 (1990. 6), 77-173.
이명희. "펜윅의 선교교육 정책." 『복음과실천』 제16집 (1993), 175-201.

_____. "Malcolm C. Fenwick의 전도사역." 허긴박사 은퇴논문집 발간위원회, 『한국 침례교회와 역사: 회고와 성찰』(대전: 침례신학대학교출판부, 2010), 161-185.

이호우. "무디의 부흥운동과 학생자발운동이 초기 내한선교사들의 선교활동에 끼친 영향 연구." 『역사신학논총』 제14집 (2007), 272-304.

장수한. " '문화'로 읽는 Malcolm C. Famwick의 선교." 『복음과실천』 제45집 (2010. 봄호), 207-236.

최봉기. "펜윅과 한국 침례교 관계 연구를 위한 제안." 『복음과실천』 제17집 (1994), 473-488.

탁지일. ""어머니의 백성이 나의 백성이 되고" 캐나다 교회의 한국 선교, 1889-1935: 윌리엄 맥켄지와 말콤 펜윅의 선교를 중심으로." 『교회사학』 2 (2003), 207-216.

허 긴. "격식 없이 자유로운 체험 신앙." 『기독교사상』 제277호 (1981. 7), 63-69.

_____. "대한기독교회와 만주 선교사업." 『복음과실천』 제12집 (1989), 351-372.

_____. "대한기독교회와 펜윅 선교사(펜윅 선교사역의 功過)." 허긴박사 은퇴논문집 발간위원회. 『한국 침례교회와 역사: 회고와 성찰』(대전: 침례신학대학교출판부, 2010), 223-234.

_____. "펜윅과 대한기독교회의 오지선교." 『복음과실천』 제21집 (1998. 봄호), 163-187.

_____. "한국 침례교회 성장의 역사적 고찰." 『복음과실천』 제2집 (1979), 7-31.

Campbell, J. P. "A Condenced Report of the Woman's Work of 1898 and 1899," *Minutes of the Annual Meeting of the Korea Mission of the Methodist Episcopal Church, South* (1901), 34-35.

_____. "The Remoral of Pai Hwa to its New Site," *Korea Mission Field* (Mar. 1915), 90.

Carroll's H. K. letter to W. B. Scranton, Apr. 4, 1901

Chapell, F. L. "Gordon Training School," *The Watchwood* 17 (Oct. 1895), 203.

Dr. Drew, "Tidings form Seoul." *The Missionary* (Jun. 1895), 277.

Dr. Drew, "Korea." *The Missionary* (Jun. 1896), 34-36.

Editor, "Our Field in Korea." *The Missionary* (Jun. 1896), 9.

Fenwick, Malcolm C. "Korean Bronze." *The Korea Review* (Oct, 1905), 384-385.

_____. "Korean Farming," *The Korean Repository* (Aug, 1898), 288-293.

Harrison, W. B. "A Letter from Kunsan, Korea," *The Missionary* (Jun, 1905), 300-301.

_____. "Journal William Butler Harrison,"『한국 기독교와 역사』제37호 (2012. 9), 215-269.

Harrison, Rev. W. B. Journal-1897. 5. 6.

Johnson, Cameron. "Beneath our vine and fig free," *The Missionary* (May. 1900), 221.

Leonard's A. B. letter to W. B. Scranton, Jan. 30, 1901.

"Missionary Personals," *The Missionary* (Feb. 1900), 92.

"Missions," *Christian Observer* (Nov. 1900).

Moose, J. R. "The City of Wonsan," *The Korea Mission Field*, Vol 2 (1907), 174.

Pauling, E. C. "Our Work in Korea," *The Baptist Missionary Magazine* 84 (Oct. 1905), 388.

Reports of the Southern Presbyterian Mission in Korea(1903), 11.

Reports to the Thirteenth Annual Meeting of the Southern Presbyterian Mission in Korea(1904), 28.

Scranton's W. B. letter to Dr. Leonard, Fed. 1, 1901.

Steadman, F. W. "Baptists in Korea." *The Baptist Missionary Magazine* (March. 1904), 102.

_____. "Korea-Her People and Mission." *The Baptist Missionary Magazine* (Nov. 1901), 674.

_____. "Out Work in Korea." *The Baptist Missionary Magezine* (Oct. 1905), 388.

_____. "War and Missions in Korea: Must the latter give way for the former?" *The Baptist Missionary Magazine* (Apr. 1904), 132-133.

"The Ella Thing Memorial Mission," *The Korean Repository* (July, 1896), 299-300.

The Missionary Review of the World, (1894), 460.

3. 미간행물

남주희, 『강경침례교회 자료집』 (2007).

Cho, Timothy Hyo-Hoon "A History of the Korea Baptist Convention: 1889-1969," Th.D. diss., Southern Baptist Theological Seminary, 1970.

Willocks, R. Max. "Christian Missions in Korea, with special Reference to the Work of Southern Baptist." A Thesis Presented to the Committee on Graduate Studies Golden Gate Baptist Theological Seminary, Degree Master of Theology, 1962.

4. 기타자료

정희량. "펜윅 선교사의 생애." 『제임스 펜윅의 가계도』. MARKHAM MUSEUM 소장.

『토지대장 및 등기부 등본-충청남도 논산시 강경읍 북옥리 124, 135-1, 135-2, 136, 137, 138, 139-1, 139-2』(충청남도 논산시, 1998)

http://db.history.go.kr/id/tcmd_1894_10_29_0010, 2019년 1월 28일 접속.

http://search.i815.or.kr/subContent.do?initPageSetting=do&readDetailId=3-008785-148, 2019년 1월 28일 접속.

부록

초기 한국 침례교 연표(1889-1906)

해방 전 한국 침례교 관련 자료

부록(1)
초기 한국 침례교 연표(1889-1906)

연도	주요 사건과 내용
1889년	12월 11일, 펜윅이 한국연합선교회(CUM)의 후원을 받아 부산으로 내한 연말에 내륙을 통해 상경, 서울 정동에 거주하면서 어학공부
1890년	가을에 펜윅은 서경조를 만나 그와 함께 황해도 소래로 이주 소래의 안제경(안대벽 부친) 집에 기거하며 어학공부 한국성서번역위원회 위원으로 위촉받아 성경번역 시작
1891년	서경조의 도움을 받아 한글과 한문 겸용 『約翰福音傳 요한복음젼』 번역, 출판 가을에 함경남도 원산으로 이주하여 선교본부 구축 원산에 농장을 구입하여 산업선교 시작
1893년	펜윅은 이전 출판한 『約翰福音傳 요한복음젼』을 수정 『약한의 긔록흔 대로 복음』 출판 5월 전후 한국 선교를 접고 귀국하여 나이아가라 사경회 참석(1893, 1894, 1895) 보스턴선교사훈련학교 수학(약 1년 미만)
1894년	고든과 피어선 목사를 통해 펜윅과 폴링이 목사 안수를 받음 펜윅은 한국연합선교회(CUM)와 관계를 정리, 한국순회선교회(CIM) 조직 11월, 폴링이 내한하여 한국 선교 타진, 연말에 일본으로 돌아감
1895년	2월 14일 폴링 결혼, 2월 말경 폴링부부와 가델린 양이 함께 내한 클래런던 스트리트 침례교회 내에 엘라씽기념선교회 설립 이미 내한한 폴링부부와 가델린 양이 엘라씽기념선교회 선교사로 허입 폴링이 충청도 선교지를 미남장로회로부터 넘겨받음 폴링과 지병석의 조우, 가을에 두 사람이 충청도 선교지 방문(강경)

연도	주요 사건과 내용
1896년	1월, 폴링부부와 지병석부부가 강경에 선교선교본부와 강경침례교회 설립 폴링에 의해 한국 침례교 최초의 신자 지병석이 침례받음 엘라씽기념선교회 제2차 선교사로 스테드맨, 에클스, 엘머 양 임명, 내한 5월, 스테드맨 일행이 공주로 이주하여 선교선교본부, 공주침례교회 설립 폴링의 금강유역 전도 시작, 칠산에 신앙 공동체 형성(칠산침례교회). 펜윅이 한국순회선교회(CIM) 선교사로 다시 내한
1897년	폴링과 가델린 양이 금강 유역을 중심으로 순회전도, 학습반 형성 스테드맨의 전도로 홍봉춘 개종, 거주지를 부여로 옮겨 칠산침례교회 출석 펜윅이 소래에서 사경회 인도하여 큰 역사를 이룸 펜윅이 원산에 10만 평의 정도의 땅을 구입하여 농장 경영
1898년	8월, 펜윅이 The Korean Repository에 '한국의 농사법' 기고
1899년	펜윅은 『복음찬미』 14곡, 전도용소책자 『만민됴흔긔별』 발간 12월, 엘라씽기념선교회 재정난으로 폴링부부 귀국 스테드맨은 공주선교본부에서 강경선교본부로 이주 스테드맨은 정부의 수배로 쫓기던 오긍선 조우
1900년	폴링의 부재로 인해 강경침례교회 일부 교인들이 이탈 오긍선이 스테드맨의 조사로 활동 8월, 남장로회 선교사 윌리엄 불(부위렴)에게 12명이 침례받음(장교환, 김치화, 김도정, 최준명, 홍봉춘, 고내수 등) 스테드맨 선교사가 철수를 위해 빈번하게 서울을 왕래
1901년	4월, 엘라씽기념선교회의 재정난으로 스테드맨 귀국 엘라씽기념선교회 선교지가 펜윅에게 이양 펜윅은 엘라씽기념선교회 선교지를 인수받아 한국순회선교회에 합병 펜윅이 신명균과 조우 9-10월, 펜윅과 신명균의 제1차 충청지역 선교지 순회 12월, 펜윅은 신명균을 충청지역 선교지 책임자로 임명, 파송

연도	주요 사건과 내용
1902년	신명균이 공주로 이주하여 충청지역 선교지 돌봄 연초에 펜윅과 신명균의 제2차 충청지역 선교지 순회 칠산침례교회 내 고내수, 김치화가 일부 교인들과 함께 이탈하여 미남장로교회 출석하기 시작 3월, 일본에서 활동하던 스테드맨이 내한하여 칠산의 교인들에게 침례를 베풂(장기영, 김한나, 정석천, 이화춘, 이화실 등) 10월, 펜윅, 신명균, 황상필이 제3차 충청지역 선교지 순회
1903년	2월, 펜윅은 신명균과 황상필을 교사로 임명, 공주성경학원 개원 공주성경학원에 손필환 가담 펜윅이 하인즈와 결혼, 원산성경학원 개원 10월, 원산의 창천교회에서 장로교, 감리교, 침례교가 연합하여 초교파 연합사경회 개최
1904년	1월, 원산 남산동교회에서 장로교, 감리교, 침례교가 연합하여 초교파 연합사경회 개최
1905년	스테드맨 선교사의 제3차 내한 신명균이 펜윅으로부터 목사 안수를 받음 10월, 펜윅이 The Korea Review에 '한국의 청동' 기고 11월, 상동교회 엡윗청년회 회원들을 중심으로 서울 지역 감리교, 장로교, 침례교 연합 위국기도회 개최
1906년	8월, 제3회 원산지방 사경회에서 펜윅이 아침 경건회 인도 강경침례교회에서 열린 첫 대화회(총회)에서 '대한기독교회' 교단 결성

부록(2)
해방 전 한국 침례교 관련 자료

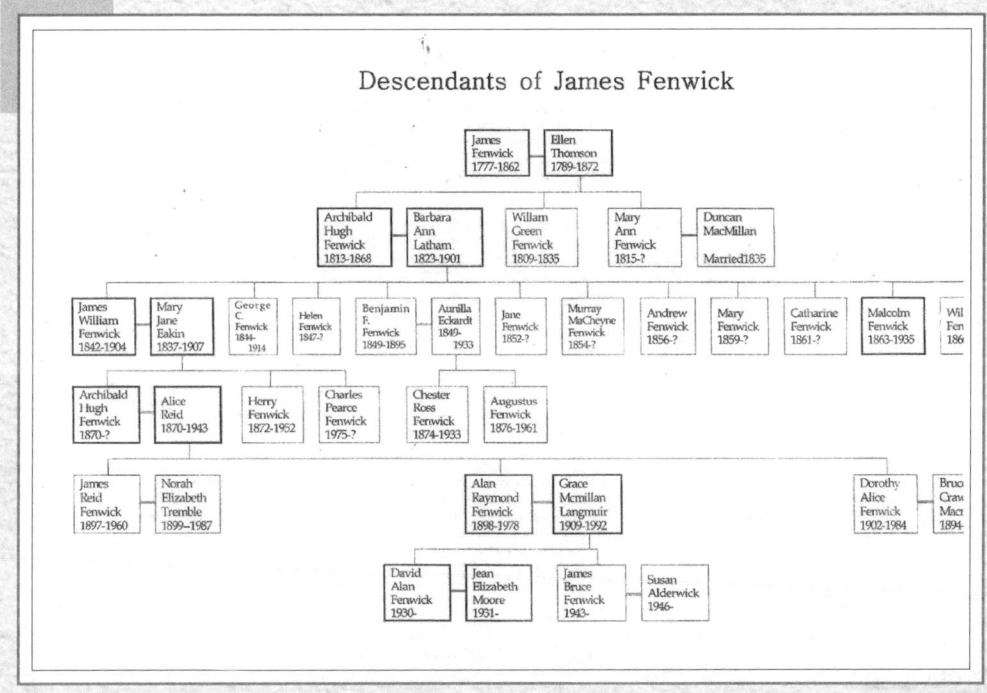

펜윅의 가계도
펜윅의 할아버지와 할머니로 시작하여 그와 관련된 총 6대에 걸친 가계도이다.

Family Group Sheet

Husband:	**Archibald Hugh Fenwick**
Born:	February 10, 1813
in:	Markham, Ontario
Died:	August 4, 1868
in:	Cashel, Markham Twp
Relationship with Father:	James Fenwick - Natural
Relationship with Mother:	Ellen Thomson - Natural
Fact 1:	February 24, 1814 Baptized--see notes
Fact 2:	buried in Cashel Cemetery

Notes
Baptized Feb 24, 1814 Registers of Baptisms 1807-1908 The Cathedral Church of St. James (Anglican), Toronto 1-151 [Fiche NYPL]

Buried in the Cashel Cemetery north of Unionville

Obituary from The Markham Economist, Thursday August 6, 1868

DIED
At Cashel, township of Markham, on the morning of Tuesday, 4th inst., of apoplexy, Archibald Hugh Fenwick, a highly respectable and wealthy farmer, in the 55th year of his age. His death was sudden and unexpected. He had been out at Richmond Hill to see Dr. [illegible] with his wife and yougest child   [word illiegible] somewhat delicate; returning to his home after sundown in apparent good health, he retired at his usual hour, about half-past four o'clock; in less than half an hour he had breathed his last without a struggle. He leaves a large family of twelve children, who, with his widow, and a large circle of friends and acquaintances mourn his sudden demise.

from the diary of George Bruce, Carrick Mills, Markham Twp.
"7th Aug't 1868
To day attended the Funeral of Archibald Fenwick, who died of Apoplexy, one of my oldest acquaintances in this land....

Wife:	**Barbara Ann Latham**
Born:	1823
in:	Markham, Ontario
Died:	June 1, 1901
in:	Toronto

Notes
Obituary from the Markham Economist Thursday June 6 1901

Mrs Fenwick Dead
  Until Monday the 27th ult., Mrs. Barbara Fenwick was in splendid health. On that day she was stricken with apoplexy and lingered until Saturday when death occurred. She was not conscious after the stroke. Mrs. Fenwick was born in Markham 78 years ago, and resided on the 6th concession until 15 years ago when she went to Toronto to live with her son James. She leaves four daughters and four sons. [She had 11 children]. They are:- Mrs. John Lambert, Mrs. James L Ross, Misses Jennie and Mary, James Fenwick, of the Parkdale Furnace Co; Geo. Fenwick, Detroit; Malcolm Fenwick,now in China, and Murray M. Fenwick of Toronto.
[Ed. note--The comment that Malcolm Fenwick is now in China may be inaccurate since apparently he was primarily involved in Korea]

{Benjamin Latham and Harry Latham are buried in Bethesda Lutheran Cemetery}

Child:	James William Fenwick

펜윅 호적등본1
총 6쪽으로 되어 있으며, 펜윅의 부모(아치발트, 바바라)와 형제들이 먼저 나오고, 펜윅은 4쪽 하단에 나온다.

Family Group Sheet

Born:	March 7, 1842
in:	Markham, Ont
Died:	October 24, 1904
in:	224 Dunn Ave., Parkdale, Toronto
Relationship with Father:	Archibald Hugh Fenwick - Natural
Relationship with Mother:	Barbara Ann Latham - Natural
Fact 1:	buried in Prospect Cemetery, Toronto

Notes
from Helen Schwab notes, Richmond Hill Public Library

James Wm. Fenwick was born in Markham Twp; died in Toronto; was educated in Markham Twp & began his business life as a merchant at Cashel from which place he removed to Unionville where he was a general merchant for about 5 years.* He next became bookkeeper for Patterson (sic) Bros., with whom he remained 8 years. In 1885 he removed to Toronto & went into business for himself, in which he continued until his death, since which event, the business has been conducted by his son. James was a Reformer. He was a member of the A.O.U.W. [The Ancient Order of United Workmen - a Fraternal organization for the mutual benefit of its members and their families - no political, religious or labour affiliation]. In religious matters he was a Presbyterian.
**CBR, 1907- page 570
(Paterson Bros was a prominent manufacturer of farm equipment about 2 miles west of Yonge St in what is now Richmond Hill. They were subsequently bought out by Massey-Harris. There are considerable records in the Richmond Hill Library regarding Paterson Bros.)

*1871 George Eakin was postmaster and ran a store, in addition, and in competition with Mark Braithwaite, John Fairless, James W. Fenwick, Jas. Keller and Wm. Lamond [Tweedsmuir Papers, Unionville Public Llbrary]

Child:	George C. Fenwick
Born:	1844
in:	Markham, Ontario
Died:	March 11, 1914
in:	Detroit, Michigan
Relationship with Father:	Archibald Hugh Fenwick - Natural
Relationship with Mother:	Barbara Ann Latham - Natural

Notes
Obituary from The Markham Economist, Thursday, March 19, 1914

GEORGE C FENWICK
Another well-known Markham boy has gone to his long rest. George C. Fenwick died in Detroit, Mich. on March 11, in his 70th year. Mr. Fenwick was born on the old Fenwick homestead, about a mile north of Unionville, in 1844, and went to Detroit twenty-three years ago and opened a restaurant on Woodward Ave between Larded[spelling?] and Jefferson, which he ran up to the time of his death. Mr. Fenwick's restaurant was one of the best conducted in the city and few from Markham ever visited Detroit without calling on and receiving a hearty welcome from George Fenwick who had a very warm spot in his heart for his birthplace. Out of a family of thirteen , four sisters and one brother survive. They are Mrs. Jas L Ross, Mrs Helen Lambert, and Miss Jennie Fenwick of Toronto; Miss Mary Stovell of Peterboro, and Malcolm C. Fenwick, a missionary to Monsar, Corea, Asia. The deceased was a bachelor and lived with Mr. and Mrs. Menro Eby at 245 Summit St. He died after an illness of a few days.
The Economist is indebted for particulars of Mr. Fenwick's death to Mr. George W. Patterson, another well- known Markham old boy who went with Mr. Fenwick to Detroit.

Child:	Helen Fenwick
Born:	April 10, 1847
in:	Markham, Ontario
Died:	February 15, 1934
Relationship with Father:	Archibald Hugh Fenwick - Natural
Relationship with Mother:	Barbara Ann Latham - Natural

Family Group Sheet

| Fact 1: | buried in Prospect Cemetery, Toronto |

Notes

Child:	Benjamin F. Fenwick
Born:	1849
in:	Markham, Ontario
Died:	November 26, 1895
in:	Toronto
Relationship with Father:	Archibald Hugh Fenwick - Natural
Relationship with Mother:	Barbara Ann Latham - Natural
Fact 1:	buried in Bethesda Cem Lot 17-6-M

Notes
In the Bethesda Lutheran Cemetery, Markham, Ontario,

Aisle C1 4 west side
In loving memory of Benjamin Fenwick 1849-1895,
his beloved wife Aurilla Eckhardt 1849-1933
Augustus Fenwick, son 1876-1961

flat Chester Ross Fenwick eldest son 1874-1967

footstones father mother grandfather grandmother-Augustus
4 cornerstones

MARKHAM MUSEUM
This copy is made at the request of _____
for the purpose of research or private study only and not for further
reproduction. Compliance with copyright in the use of this copy is the
responsibility of the recipient.
Reference: _____

Child:	Jennie Fenwick
Born:	April 12, 1852
in:	Markham, Ontario
Died:	May 2, 1922
in:	Erindale, Ontario
Relationship with Father:	Archibald Hugh Fenwick - Natural
Relationship with Mother:	Barbara Ann Latham - Natural
Fact 1:	buried in Prospect Cemetery, Toronto

Notes

Child:	Murray McCheyne Fenwick
Born:	May 13, 1854
in:	Markham, Ontario
Died:	November 30, 1905
Relationship with Father:	Archibald Hugh Fenwick - Natural
Relationship with Mother:	Barbara Ann Latham - Natural

Notes
Copied from Helen Schwab notes, Richmond Hill Public Library

In the death of Murray McCheyne Fenwick in Toronto, there passed away one whose life had been almost wholly devoted to the cause of education, & whose years of successful teaching had offered continual opportunities for exerting a vital influence for good over the young people entrusted to his charge. Mr. Fenwick was a native of County York, born in Markham Twp., May 13, 1854. Murray was first sent to the public schools of Markham Twp., & there continued his studies in high school. On completing that course he went to the University of Toronto, & in 1878 was graduated therefrom with a degree of B. A. For some time he cherished an intention of making teaching his profession, & after graduation he began his work in Rockwood Academy, where he remained 2 years. Following that he taught in Welland, Ingersoll & Fergus, staying 2 years in the last place. From Fergus Mr. Fenwick went

3

펜윅 호적등본3

Family Group Sheet

years. Following that he taught in Welland, Ingersoll & Fergus, staying 2 years in the last place. From Fergus Mr. Fenwick went to Niagara Falls as head of the high school, next to Athens for a year, & then accepted the position of Head Master of the Bowmanville Collegiate Institute where he taught 9 years. He was also connected with the Collegiate Institute at Ottawa for a short time. Mr. Fenwick possessed many of the qualities of the ideal teacher, & was highly successful in his work.
In 1896 Mr. Fenwick decided to abandon the field of teaching & embark in a publishing business. He located in Toronto & did general publishing work at first, while later he published "The Moon" for a time. He gave this up after some years, however, & turned his attention toward politics with such success that had it not been for his untimely death he would undoubtedly have received an appointment to a position connected with the educational interest of the province. His adherence was always given to the man he thought best suited for the office, regardless of party lines. In religious faith he was a Presbyterian, & socially he belonged to the A. O. U. W. & the Sons of Scotland.

Child:	**Andrew Fenwick**
Born:	1856
in:	Markham, Ontario
Relationship with Father:	Archibald Hugh Fenwick - Natural
Relationship with Mother:	Barbara Ann Latham - Natural

Notes

Child:	**Mary Fenwick**
Born:	1859
in:	Markham, Ontario
Died:	November 20, 1915
Relationship with Father:	Archibald Hugh Fenwick - Natural
Relationship with Mother:	Barbara Ann Latham - Natural
Fact 1:	buried in Prospect Cemetery, Toronto
Fact 2:	stone reads "fell asleep" Nov. 20, 1915

Notes

Child:	**Catharine Fenwick**
Born:	1861
in:	Markham, Ontario
Relationship with Father:	Archibald Hugh Fenwick - Natural
Relationship with Mother:	Barbara Ann Latham - Natural

Notes

Child:	**Malcolm Fenwick**
Born:	1863
in:	Markham, Ontario
Died:	1935
in:	Wonsan, Korea
Relationship with Father:	Archibald Hugh Fenwick - Natural
Relationship with Mother:	Barbara Ann Latham - Natural

Notes
A missionary to Monsar, Corea, Asia [see Geo C Fenwick obit] [Rather than "Monsar" this is thought to be Moonsan, Korea]

From 1889 to 1893, Malcolm made his first trip to Korea as a missionary and during that time established the first Baptist church in Korea. From 1893 to 1901 he was in the Boston Missionary College for training after which he returned to Korea as the head of the mission. He died in Wonsan. Since this is now part of North Korea, it is not currently accessible by visitors due to hostilities. There is no marked gravesite.

MARKHAM MUSEUM
This copy is made at the request of _____ for the purpose of research or private study only and not for further reproduction. Compliance with copyright in the use of this copy is the responsibility of the recipient.

4

Family Group Sheet

He married an American woman who was also a missionary. They had no children.

Child:	William Fenwick
Born:	1866
in:	Markham, Ontario
Relationship with Father:	Archibald Hugh Fenwick - Natural
Relationship with Mother:	Barbara Ann Latham - Natural

Notes

MARKHAM MUSEUM
This copy is made at the request of _____
for the purpose of research or private study only and not for further reproduction. Compliance with copyright in the use of this copy is the responsibility of the recipient.
Reference: _____

펜윅 호적등본5

Family Group Sheet

Husband: Archibald Hugh Fenwick

Born: February 10, 1813	in: Markham, Ontario
Married: March 26, 1840	in: Markham Twp
Died: August 4, 1868	in: Cashel, Markham Twp
Father: James Fenwick	
Mother: Ellen Thomson	

Wife: Barbara Ann Latham

Born: 1823	in: Markham, Ontario
Died: June 1, 1901	in: Toronto

CHILDREN

#			
1 M	Name: James William Fenwick Born: March 7, 1842 Married: March 4, 1868 Died: October 24, 1904 Spouse: Mary Jane Margaret Eakin	in: Markham, Ont in: 224 Dunn Ave., Parkdale, Toronto	
2 M	Name: George C. Fenwick Born: 1844 Died: March 11, 1914	in: Markham, Ontario in: Detroit, Michigan	
3 F	Name: Helen Fenwick Born: April 10, 1847 Died: February 15, 1934 Spouse: John Lambert	in: Markham, Ontario	
4 M	Name: Benjamin F. Fenwick Born: 1849 Died: November 26, 1895 Spouse: Aurilla Eckardt	in: Markham, Ontario in: Toronto	
5 F	Name: Jennie Fenwick Born: April 12, 1852 Died: May 2, 1922	in: Markham, Ontario in: Erindale, Ontario	
6 M	Name: Murray McCheyne Fenwick Born: May 13, 1854 Married: February 10, 1880 Died: November 30, 1905 Spouse: Margaret I. Coulson	in: Markham, Ontario	
7 M	Name: Andrew Fenwick Born: 1856	in: Markham, Ontario	
8 F	Name: Mary Fenwick Born: 1859 Died: November 20, 1915 Spouse: Mr. Stovell	in: Markham, Ontario	
9 F	Name: Catharine Fenwick Born: 1861 Married: March 1890 Spouse: James Ross	in: Markham, Ontario	
10 M	Name: Malcolm Fenwick Born: 1863 Died: 1935	in: Markham, Ontario in: Wonsan, Korea	
11 M	Name: William Fenwick Born: 1866	in: Markham, Ontario	

Prepared By:

펜윅 호적등본6

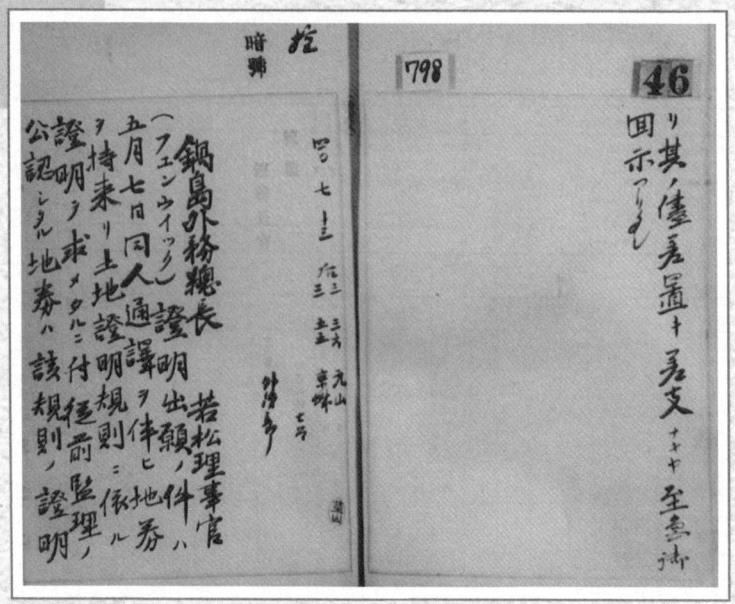

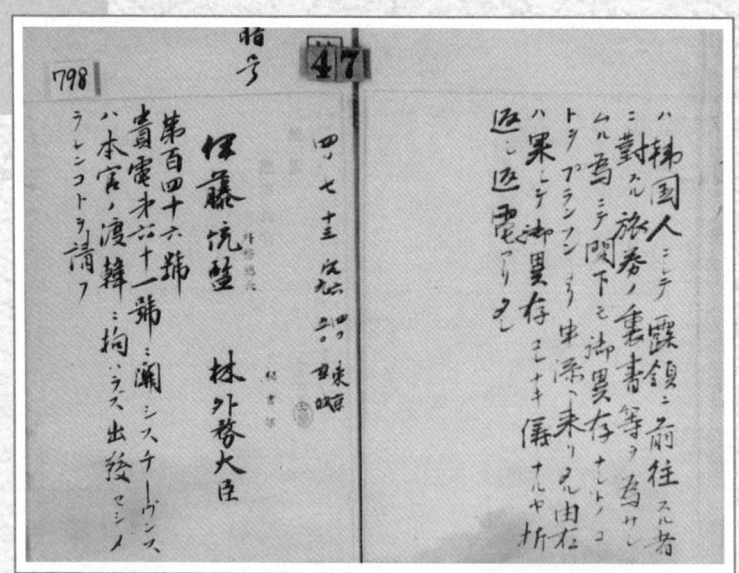

펜윅의 지권증명 출원(1907)
5월 7일 펜윅이 통역과 함께 지권을 가지고 와서 토지증명 규정에 따른 증명교부를 청구했으나 종전에 감리가 공인한 지권은 그 규칙에 의한 증명으로, 한국인이 러시아령에 이미 간 자에 대한 여권에 배서(背書) 등을 위해 한 것이므로 각하도 이의가 없다는 것을 프란손으로 부터 덧붙여 말해왔기 때문에 이의가 없는 것인지 즉시 회신 바람이란 내용이다.

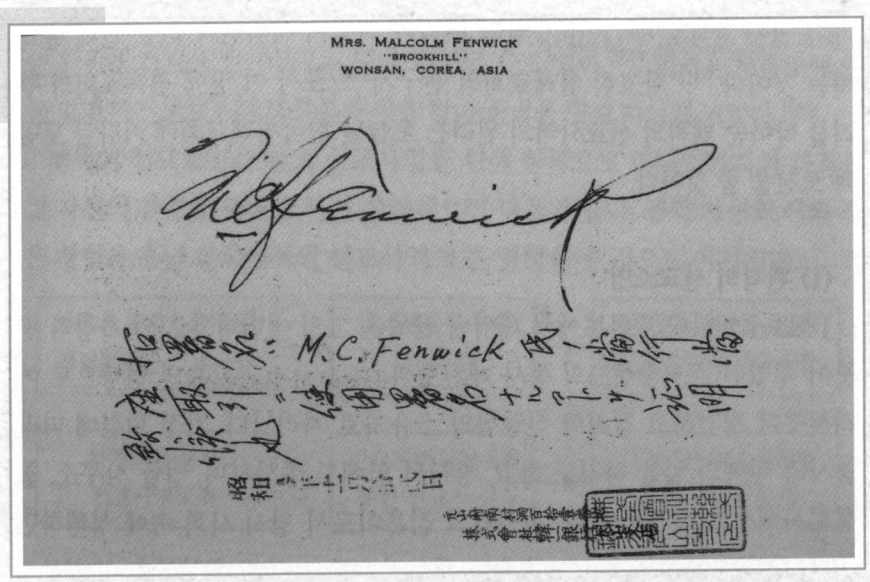

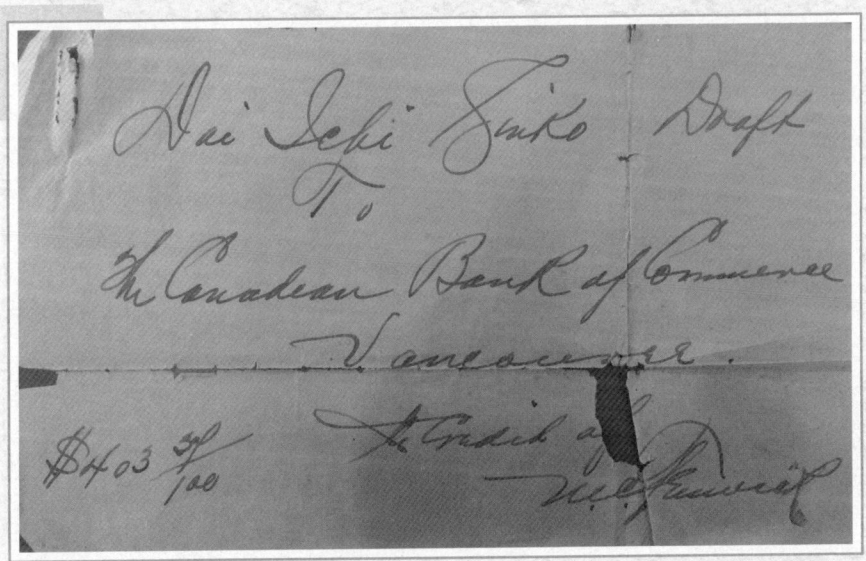

펜윅의 친필사인

Power of Attorney

Know all men by these present that I Malcolm C. Fenwick the Director of the Church of Christ in East Asia do hereby appoint Mr. David Ahn of Wonsan Corea to be my attorney and on my behalf and in my name to manage superintend and administer all or any of the lands and tenements of which I am possessed at the port of Wonsan(元山府) Kongju,(公州郡) Kangkeying,(江景邑) Chilsan,(七山) Corea and also to sell my said lands and tenements to convey assign transfer or make over the same respectively unto the purchaser or purchasers thereof and I hereby agree and covenant for myself my heirs executors and administrators to ratify and confirm whatsoever my said attorney shall do or cause to be done in and about the premises by virtue of there presents.

In witness where of I the said Malcolm C. Fenwick have hereunto set my hand and seal the twenty eight day of March One Thousand Nine Hundred and Thirty-four.

M. C. Fenwick

M. C. Fenwick.

The above, M. C. Fenwick, being personally known to us, has signed this document in our presence.

S. A. Stewart
R. D. Swinney

Wonsan, Corea
Mar. 28, 1934.

펜윅의 유언장 원본
펜윅이 별세하기 전인 1934년 3월 28일에 작성된 유언장이다.

訃告

東亞共濟隊 功傅片爲益氏께서 以宿患으로 本月六日午後九時에 別世하셨기 茲以訃告を合

侍奉人　安　李　大關
　　　　順　道
　　　　安　李　喜
　　　　德　加
　　　　金　田　光　澤
　　　　順　銅

葬式　本月九日(月曜)年後二時
主后一千九百三十五年十二月七日

醫師　徐英丙在
友人代表　李　鍾澤
任員及　白金田　榮珏
教會代表　盧南基德
　　　　　朴載陽
護喪　申成天
　　　　崔鴻權
　　　　金重生

펜윅의 부고장
1935년 12월 6일 오후 9시에 펜윅이 별세했음을 알리는 부고장이다.

片爲益牧師永眠
宣敎事業四十餘年
반생을 조선에 바첫다

조선에와서 四十여년간 선로마슴내별세하얏든데 향년이 七十五세다 긔사업을하야 긔독교인즉 조선긔독교의 아버지처럼 역여오든 예수교침례회(浸禮會) 선교사편위익(片爲益)목사는지난 六일오후아홉시경에 원산부명석동(元山府銘石洞) 一百四十四번지자택에서 뇌鑑혈(腦溢血)

펜윅의 영면 기사
『조선중앙일보』1935. 12. 10.

펜윅의 장례식

펜윅의 묘지에서

기념선교회(신명균) 「매일신보」 1912. 3. 22.

신명균 목사가 공주에서 이상두, 신보균 등과 함께 순종황제 즉위 대례식 5주년을 기념하여 '기념선교회'를 조직했다는 신문기사로, 신명균이 대한기독교회 목사로 활동하면서 공주에서 활약한 내용을 담고 있다는 측면에서 한국침례교회사적으로 귀중한 사료이다.

공주의 호평판(신명균) 「매일신보」 1915. 9. 8.

1915년 9월 신명균 목사가 공주제일감리교회 안창호 목사, 공주영명학교 김관희 교사와 함께 공주의 지역사회에서 호평판을 받으며 이곳의 종교계를 이끄는 인사였다는 신문기사로, 1914년 대한기독교회 내 교권파동 이후 교단을 이탈한 신명균 목사의 행적을 보여주고 있다는 측면에서 한국침례교회사적으로 귀중한 사료이다.

목사배척결의서(신명균) 「매일신보」 1923. 12. 4.

신명균 목사가 교회에 부임한 이후 목회에 소홀한 것에 대해 신자들이 불신하자 본 교회의 총본부인 조선회중기독교회 경성본부가 나서서 중재했으나 신목사가 반성하지 않고 오히려 더 악행을 저지른 것에 대해 신자들이 신목사에 대한 배척선언서를 발표했고, 이에 신목사가 할 수 없이 퇴직한다는 선언을 하였다는 내용이다.

을敎會에 盡付하니라

安邊邑敎會의 女徒金毋尼哥와 金羅得은 臨終時에 所有財產은 敎會에 盡付하니라

六、振 興

一千九百三年(癸卯)冬에 쉬덴 牧師 프란스가 南監理會 宣敎師 河鯉泳家에 來하야 一週間을 祈禱한 後 元山에 잇는 長監兩敎派와 沈禮會사 聯合하야 會前禮拜堂에서 一週間 每夜集會하야 祈禱하는 中 河鯉泳이 特恩을 特受하야고 翌年 春正月에 右三派 敎會가 聯合査經 中 長老會 宣敎師 鄭亞力이 恩惠를 特受하야 多日間 禁食痛悔하며 街路上 에서도 懇求不絕함으로 信者 等은 誹笑하고 不信者 等은 醉酒者라 指稱하얏느니라 越 二年 夏 諸職 査經會 中에 特別한 復興이 起하야 或者는 四十日間 時間을 定하고 祈禱하 난 中 異像을 보기도 하얏고 當席에서 鄭亞力 私第에서 三四人이 祈禱하는 中 痛悔하는 哭聲이 喪家와 同하야 宣敎師 高요 한은 方言을 不通하나 中國 楊子江 沿岸에 셔 傳道하던 宣敎師 高요 한은 傍系하야고 坐平壤에 至하야 章 驚覩敎會에서셔 大復興됨을 目睹하고 其國에 歸하야 有名한 復興會 引導者가 되얏고 元 山 諸職 査經會는 復興會로 變하게 되야 亞力이 引導하난 中 悔改哀痛하는 者도 多하

朝鮮예수敎長老會史記

一七九

"聲聞于天." 「대한매일신보」 1905. 11. 19.

1905년 을사늑약 이후 같은 해 11월 9일 서울에 이토 히로부미가 도착하자 그 이튿 날부터 상동교회 엡윗청년회 회원들을 중심으로 서울 지역의 감리교, 장로교, 침례교 연합 위국기도회를 했다는 기사로, 당시 서울의 침례교가 신앙적 차원에서 항일운동을 했다는 것을 보여주는 중요한 사료이다.

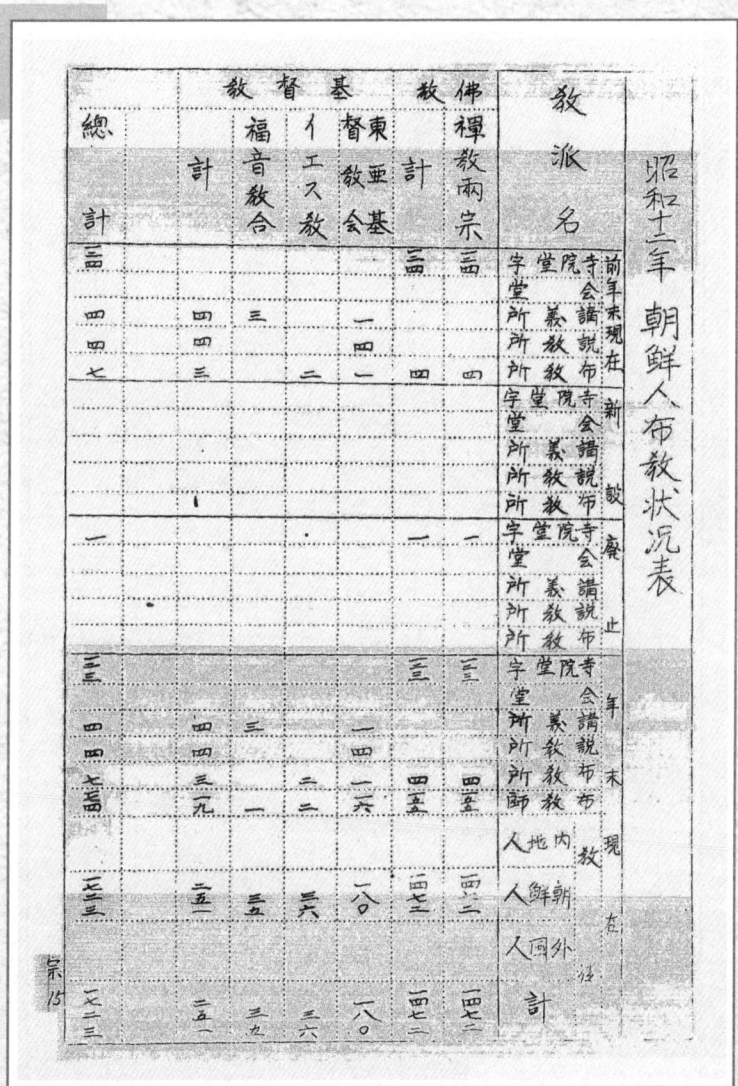

조선인포교상황표(1937)1
조선총독부에서 작성한 기독교 각 교단별 조선인 포교 상황을 기록한 문서이다.

조선인포교상황표(1937)2

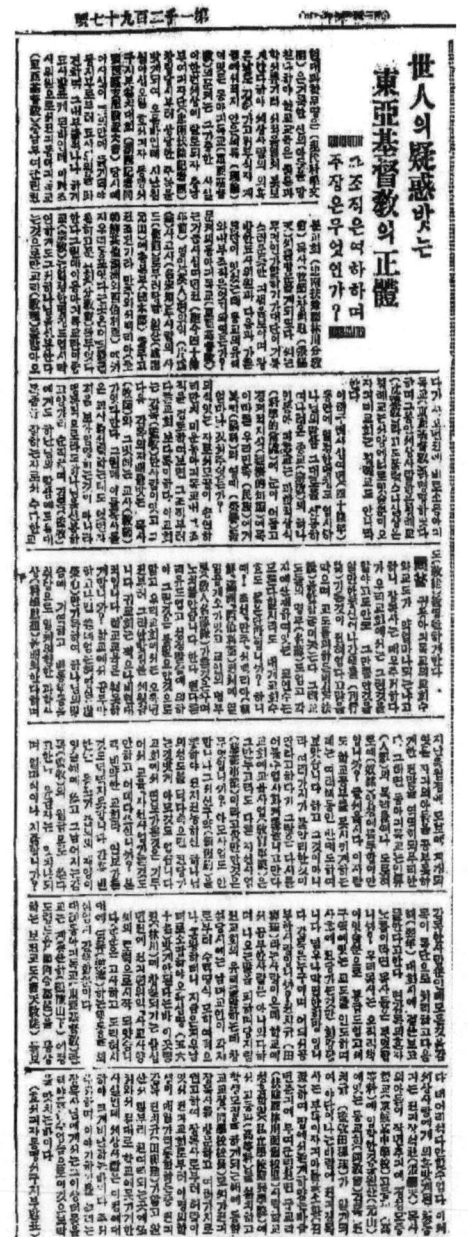

세인의 의혹을 받는 동아기독교의 정체
「중외일보」 1930. 8. 7.
펜윅이 동아기독교 내 모든 교역자와 교인들에게 내린 학교교육 폐지령은 당시 사람들에게 많은 호기심을 갖게 했는데, 이에 호서기자동맹(서구지구) 부여기자단이 칠산침례교회를 담임하던 장석천 목사를 방문하여 인터뷰한 것을 기사화한 것이다. 당시 동아기독교에 대한 정보를 주고 있다는 측면에서 사료적 가치가 높다.

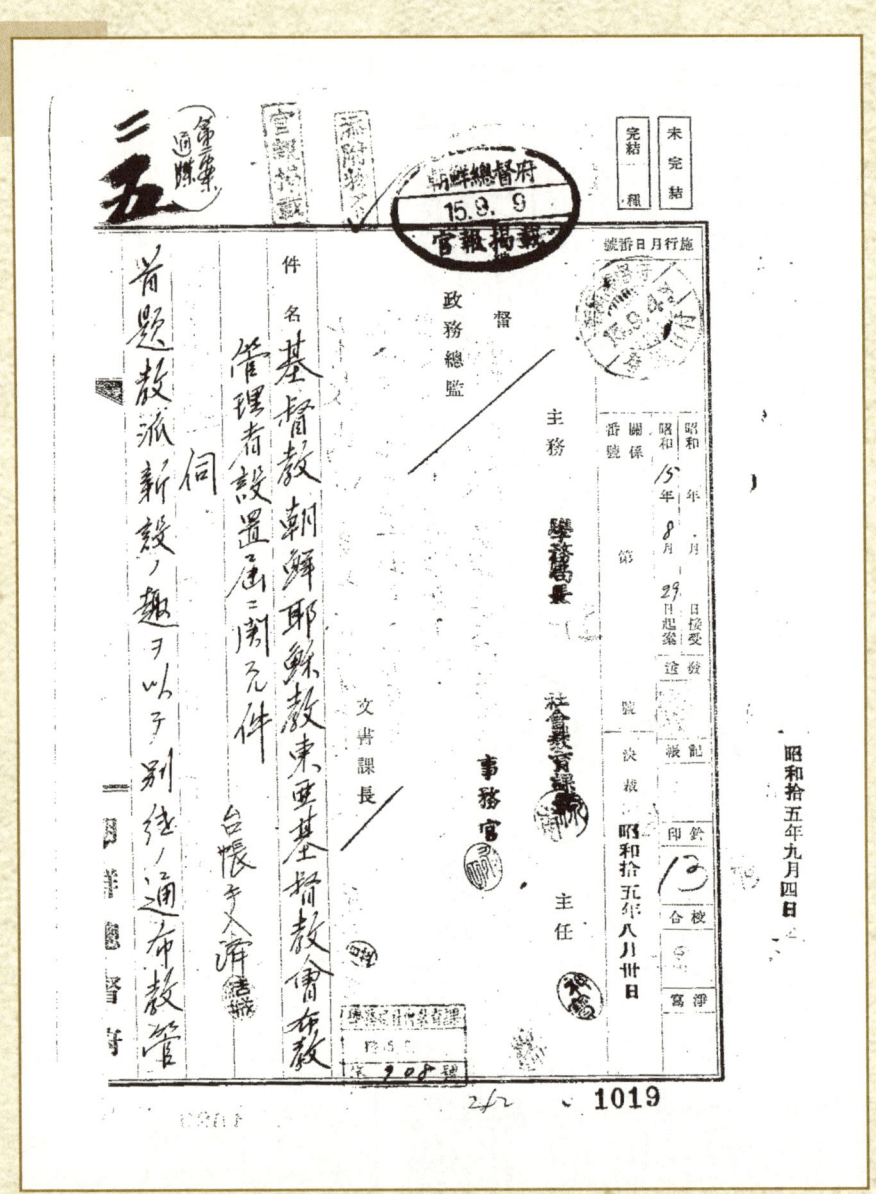

기독교 조선 야소교 동아기독교회 포교관리자 설치에 관한 건(1940. 9)
1940년 일제가 동아기독교에 교규와 신조를 일본어로 작성해 제출토록 원산총부에 통보하였다. 1906년 교단을 창설할 때 제14장 46조의 교규가 있었으나 펜윅 말년에 사람이 만든 규약은 소용없고 오직 성경대로 행할 것을 강조하면서 모두 파기되었다. 펜윅 사후 일제의 명령에 의해 제출된 동아기독교회 포교계는 제15장 36조로 구성되어 있다.

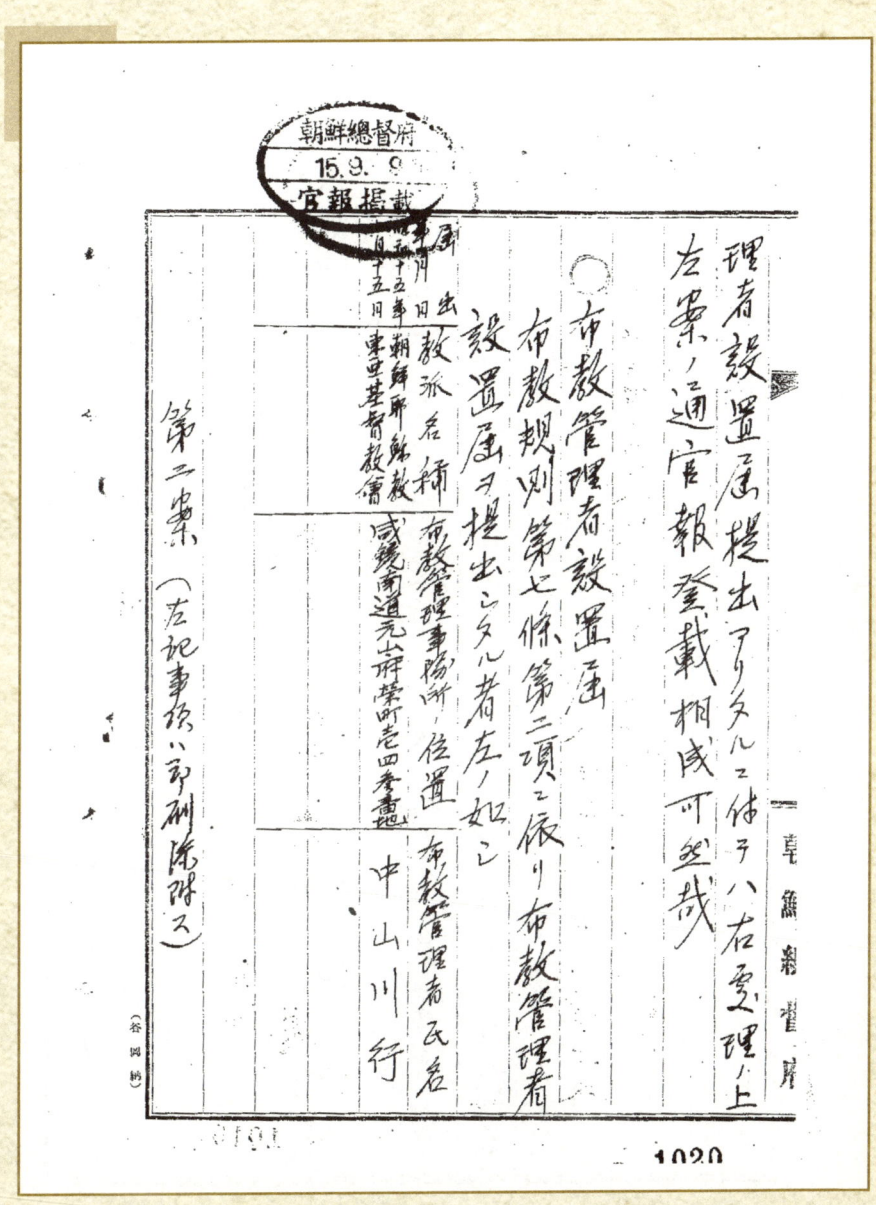

기독교 조선 야소교 동아기독교회 포교관리자 설치에 관한 건(1940. 9)

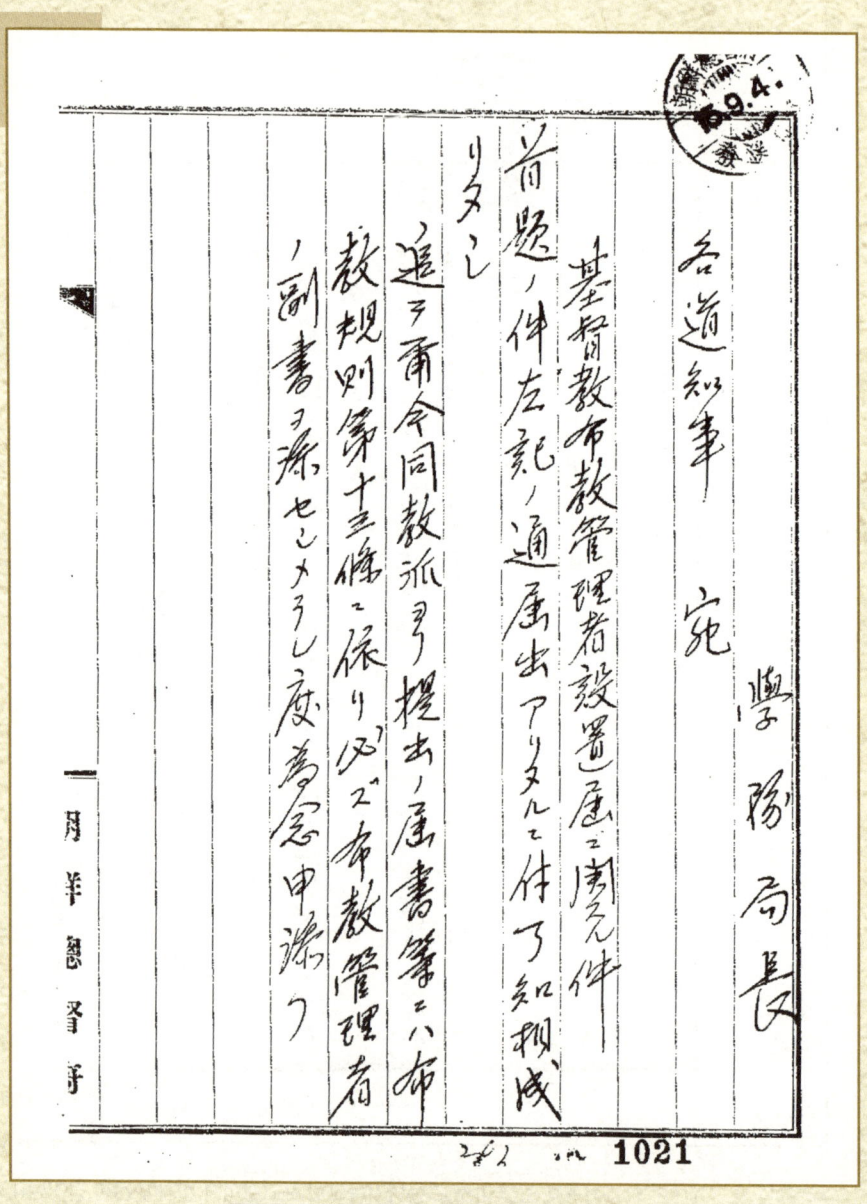

기독교 조선 야소교 동아기독교회 포교관리자 설치에 관한 건(1940. 9)

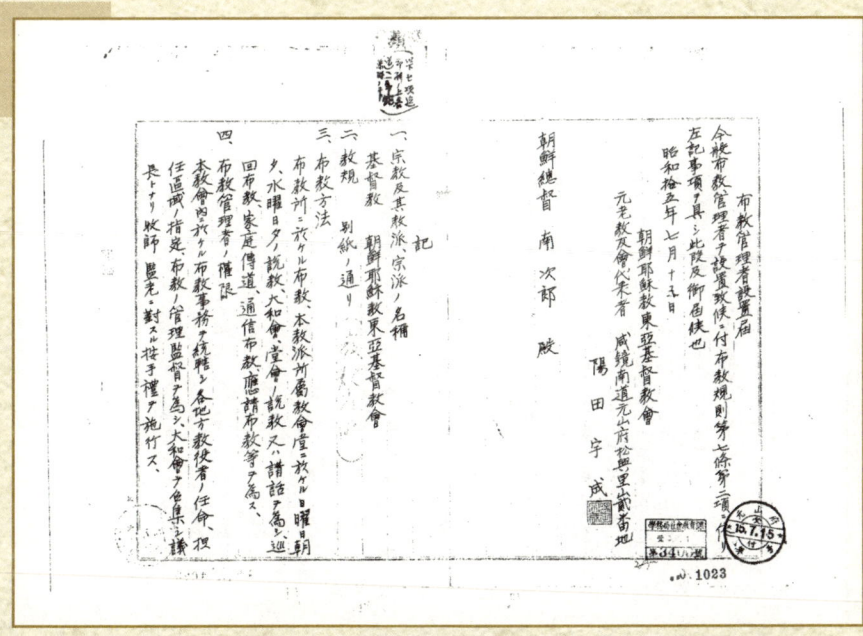

기독교 조선 야소교 동아기독교회 포교관리자 설치에 관한 건(1940. 9)

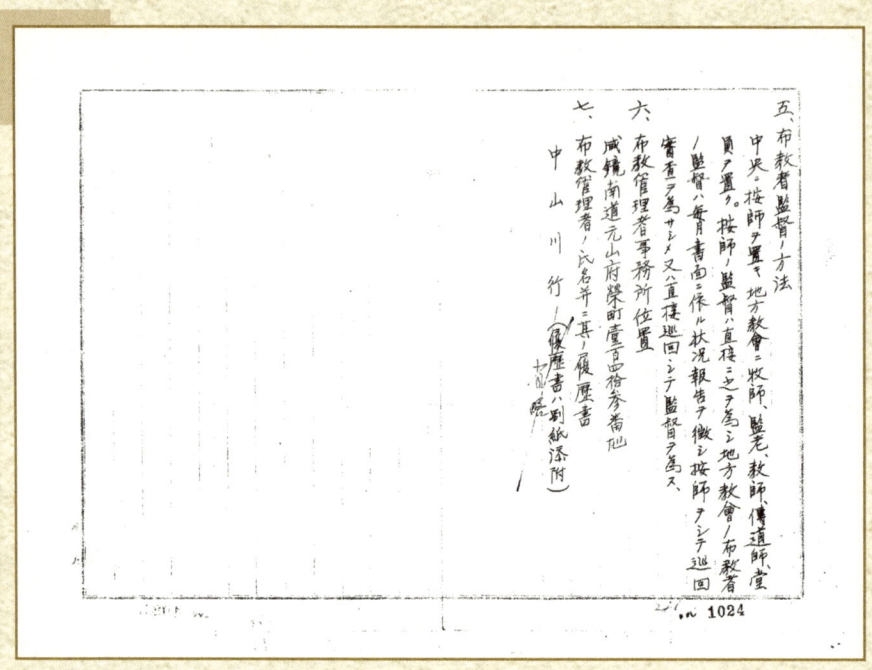

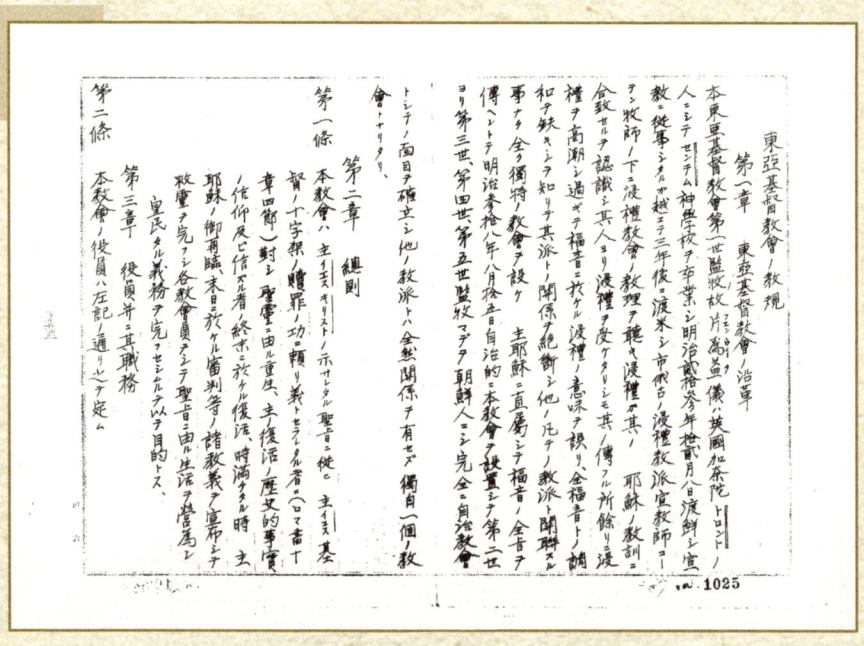

기독교 조선 야소교 동아기독교회 포교관리자 설치에 관한 건(1940. 9)

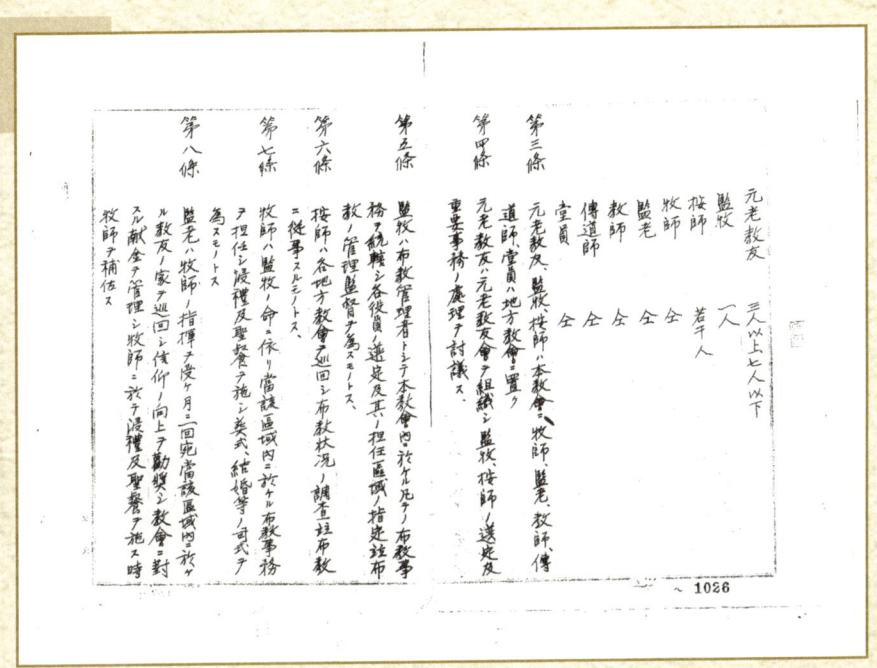

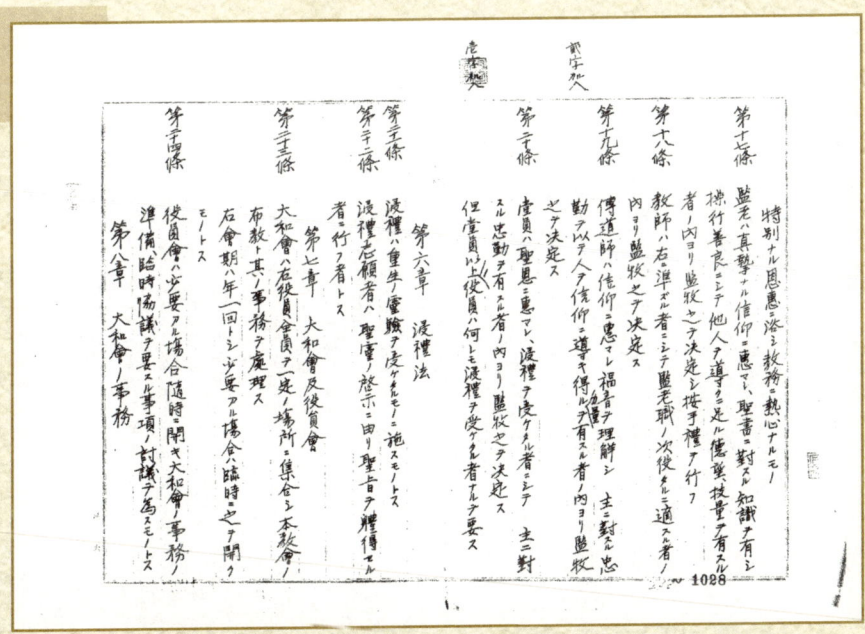

기독교 조선 야소교 동아기독교회 포교관리사 설치에 관한 건(1940. 9)

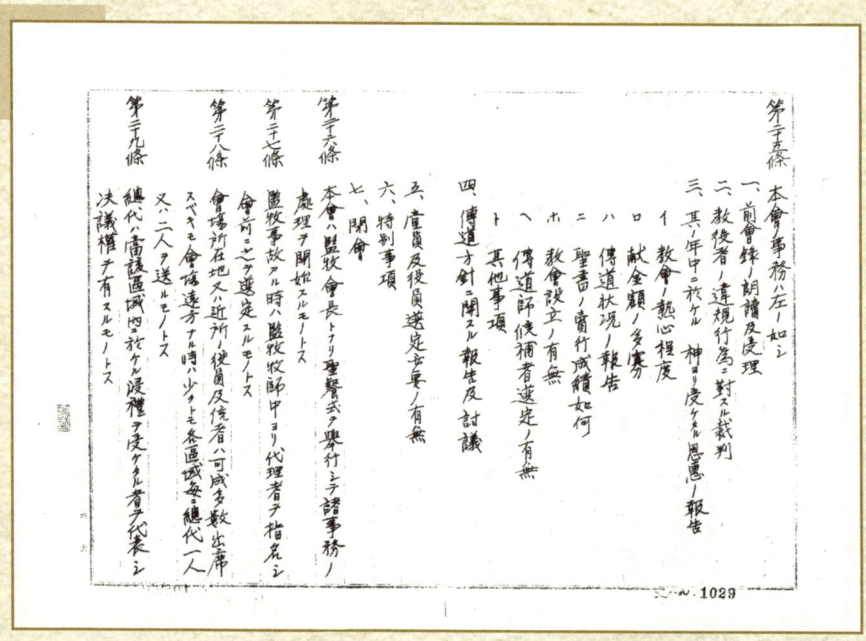

기독교 조선 야소교 동아기독교회 포교관리자 설치에 관한 건(1940. 9)

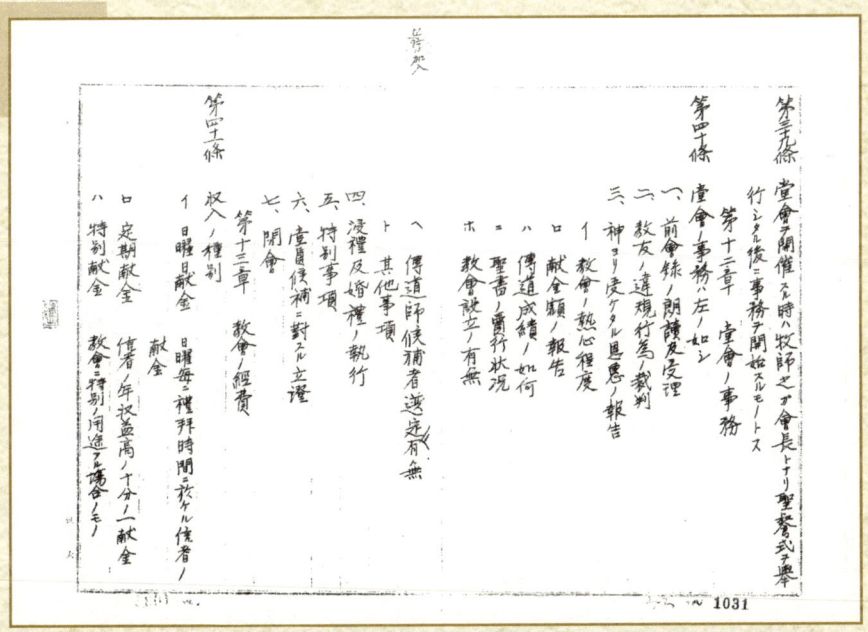

기독교 조선 야소교 동아기독교회 포교관리자 설치에 관한 건(1940. 9)

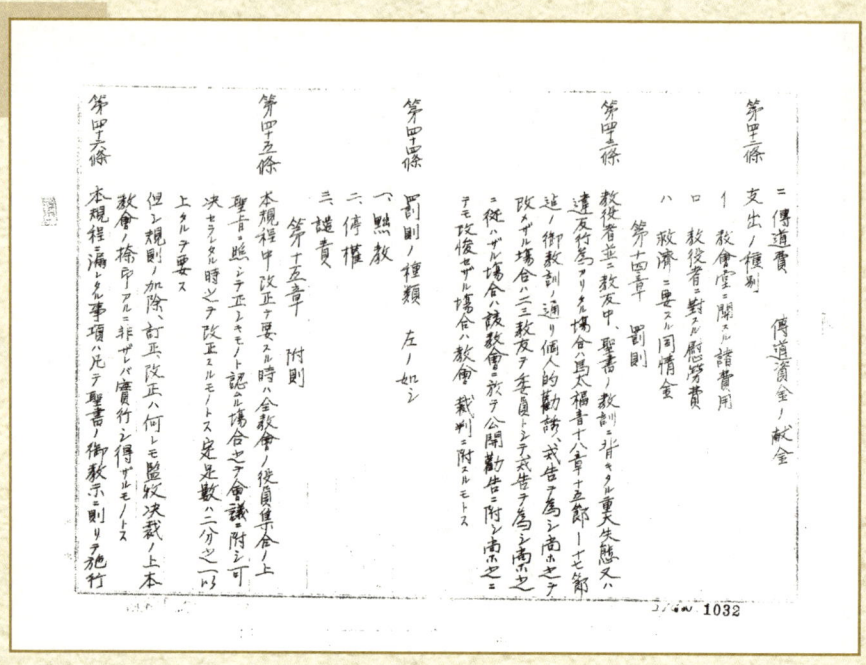

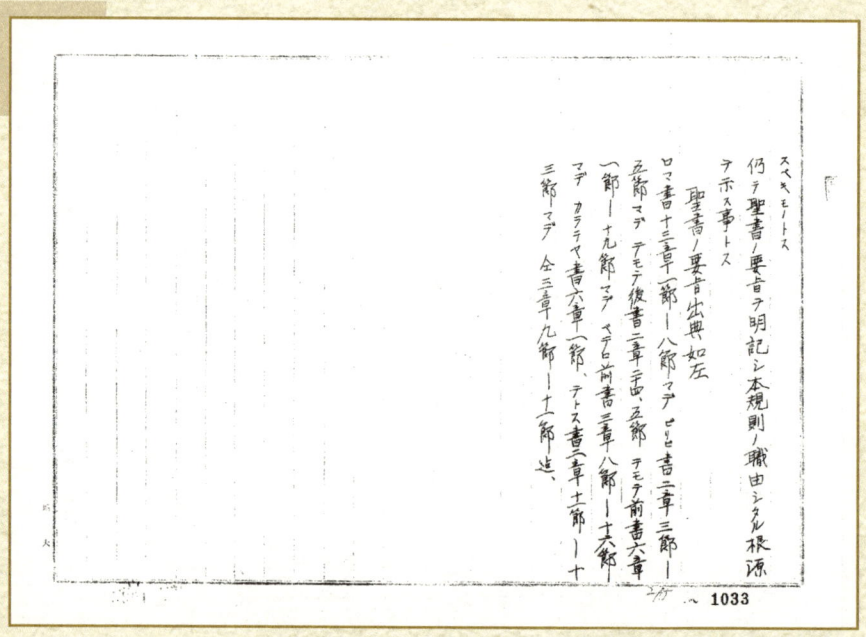

기독교 조선 야소교 동아기독교회 포교관리자 설치에 관한 건(1940. 9)

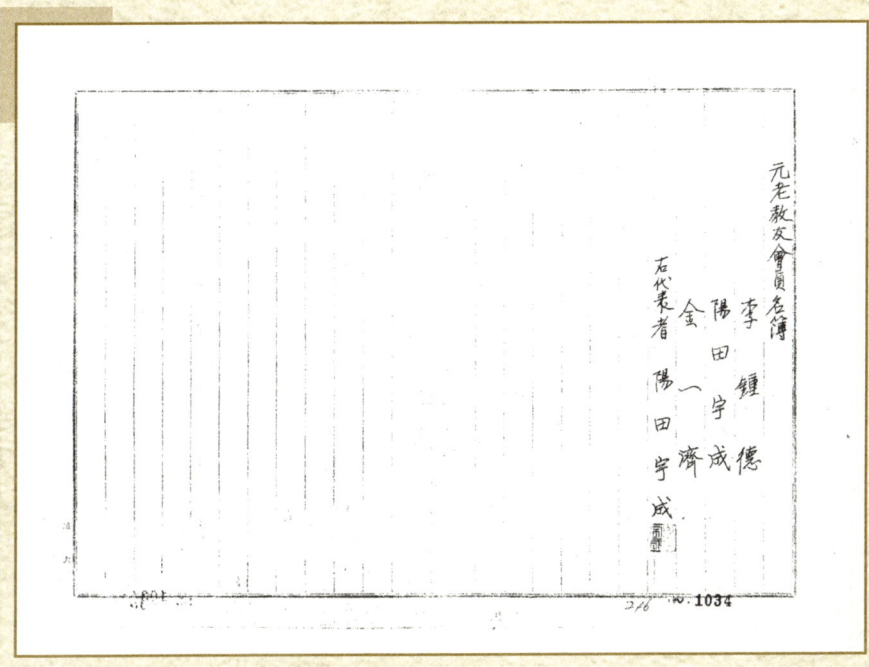

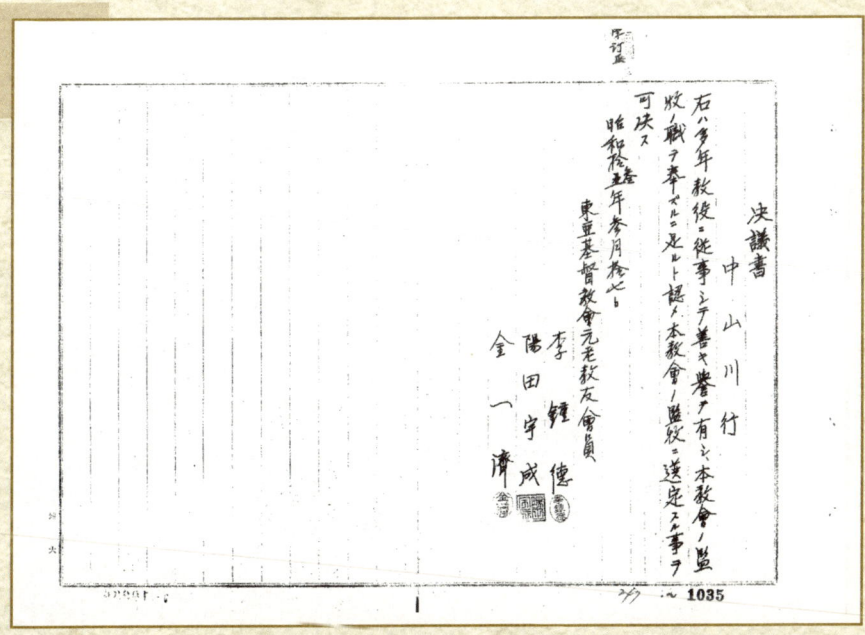

기독교 조선 야소교 동아기독교회 포교관리자 설치에 관한 건(1940. 9)

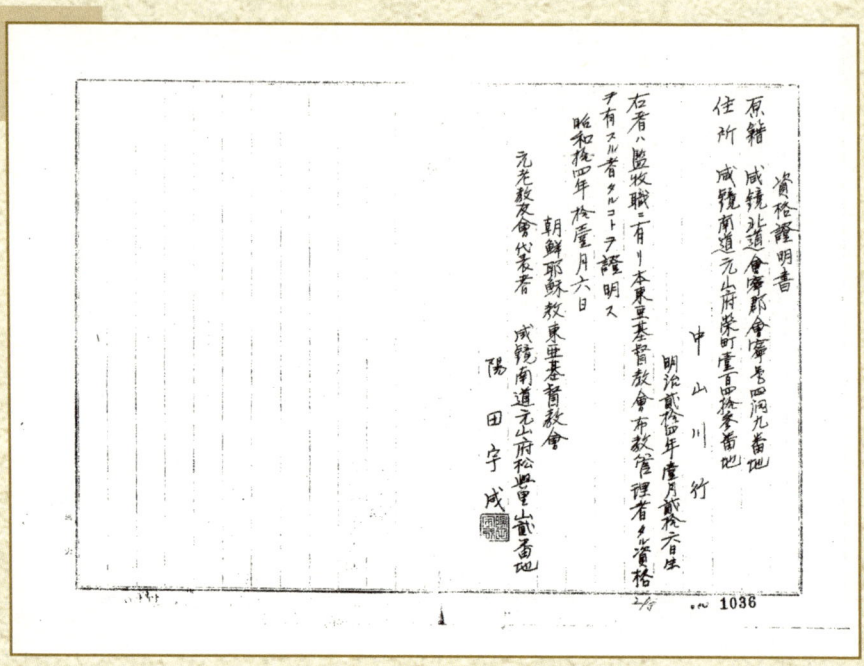

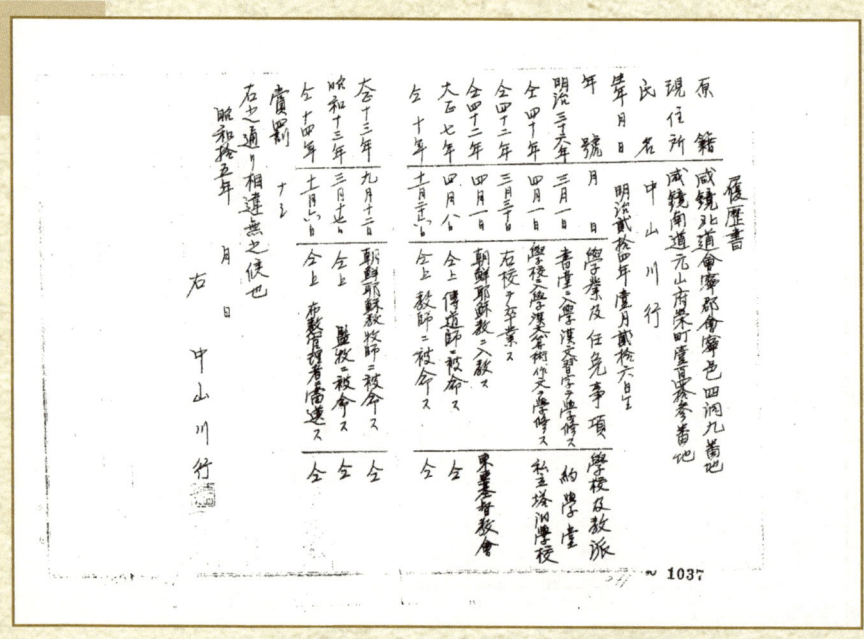

기독교 조선 야소교 동아기독교회 포교관리자 설치에 관한 건(1940. 9)

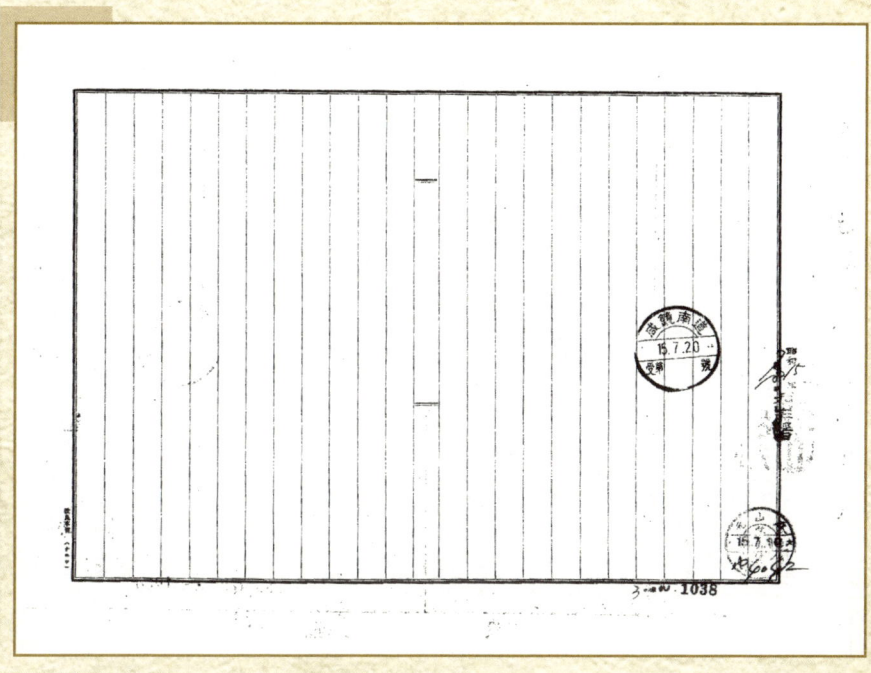

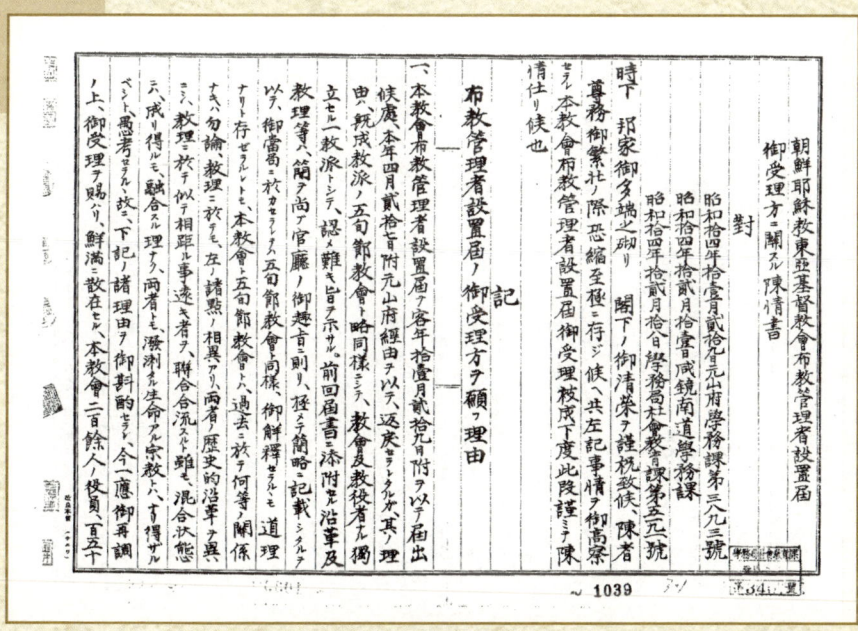

기독교 조선 야소교 동아기독교회 포교관리자 설치에 관한 건(1940. 9)

기독교 조선 야소교 동아기독교회 포교관리자 설치에 관한 건(1940. 9)

第八項　本教會ノ教理ニ五旬節教會ノ教理上ノ相違點

第一項、基督教會何レモ共通ノ信條ニテ異ナル所ナシ
第二項、是ト右ト同ジキモノ
第三項、是亦同ジ
第四項、悔改ト赦罪トヲ信ズルト雖モ本教會ハ重生ヲ信ズル事ト水ノ洗禮ニ由ルニ非ザレバ不可能ナリト信ズ
第五項乃至第七項、五旬節教會ニテハ重生ヲ信ズル事ト水ノ洗禮ハ、聖靈ニ洗禮ヲ別ニ信ズルガ如ク記載シアルモ、本教會ニテハ聖靈ノ洗禮ヲ由ニ信ズル者ニ對シ、生死ト死ト合ヒ、キリストノ復活ヲ已ニ信ゼル象徵トシテ水ノ洗禮ヲ行フモノニシテ、三個事實ヲ別ニ分析的顯的ニ信ズルニ非ズ。故ニ是ハ、順序ノ前後ニ由リテ、異議トハナルモ
第九項　聖晩餐ハ重大ナル儀式ニシテ、本教會ニテハ異議ヲ有セズ、童重ニ週毎ニ行フ如ク、卻テ鄭重ニテ減少シ憂ナントセルモノハ童重ナル儀式ヲ行ハズ。
神癒ハ、聖靈ノ御惠ニ由ル事ニシテ、本教會ノ信者ニ祈願スルニ非ザルハ、信者ノ要請ニ由リテ、何時モ與フルニ斟シテ取ラザル信条ニシテ、醫療ヲ怠リテノ命ヲ失フカ如キ愚ハ断ジテ取ラザル所ナリ故ニ本教會ニテハ信條トシテハ揚ゲザルモノナリ。

第十項　基督ノ再臨ハ基督教ノ希望ノ最大柱礎ナルモ、日ヲ指定シ、民衆ヲシテ不安ナラシメ、自己ヲ臆測スヲ以テ經綸ヲ千與セシメズスルハ、却テ深ク戒懼ス。

第十一項　善人ハ永生ト惡人ノ永罰トノ公審判ニ大義トシモ人ハ永生トナリ、惡人ハ永罰ヲ高潮スルモ、コレヲクルモノノ永生ヲ高潮シ、惡人ノ永罰ハ副トシテ説クニ止ムルモノナリ。

附記
　復活ト敎義
五旬節敎會ニテハ復活ヲ信ズルト云フ條項アキモ、本敎會ニテハ主人ノ復活ノ事實ト信ズル者ニ未日ニ復活スト云フ條項ヲモ確信ス。

三、本敎會ノ敎會ヲ創始者タル故英國人片劍益氏明治貳拾貳年（西暦一八九〇年）英國ヨリ渡鮮シ、忠南公州及江景ニ敎會ヲ設立シ、大韓基督敎會ヲ補ヒ爰シリシ、明治四拾參年日韓合併ヲ以當初ノ御指示ニ依リ、東亞基督敎會ニ改稱シ現在ニ至リ、忠淸南北、全北、慶北、江原、里安南北、咸鏡南北、滿洲國ノ間島省、牡丹江省、安東省ノ吉林省ノ各地ニ亘リテ百五十ニ近キ敎會ト二百餘人ノ役員ト一萬ニ近キ信徒ヲ有スルニ至レリ。
其間ニ枚ケ敎派ノ維持費ハ、右片師ノ私有財産ノ全部ヲ奉獻シ、信者ノ義務獻金及片師ノ故國ノ友人等ノ高貴ナル友情ヨリ、寄來シ同情金ニ由リテ、支辦シ、牧師以下ハ

後記
條個所ニハ萬ニ近キ全信徒アシテ、當局ノ御賢治ニ感謝シ、安心以テ布敎ニ從事シ、信仰ニ安立ヲ得、内靈的ニハ皇國臣民トシテ、盡忠報國ノ誠ヲ致サルル度、個願テ已ム男ハ、皇國民トシテ信徒ノ義務止マザル次第ナリ。

1940. 9　기독교 조선 야소교 동아기독교회 포교관리자 설치에 관한 건

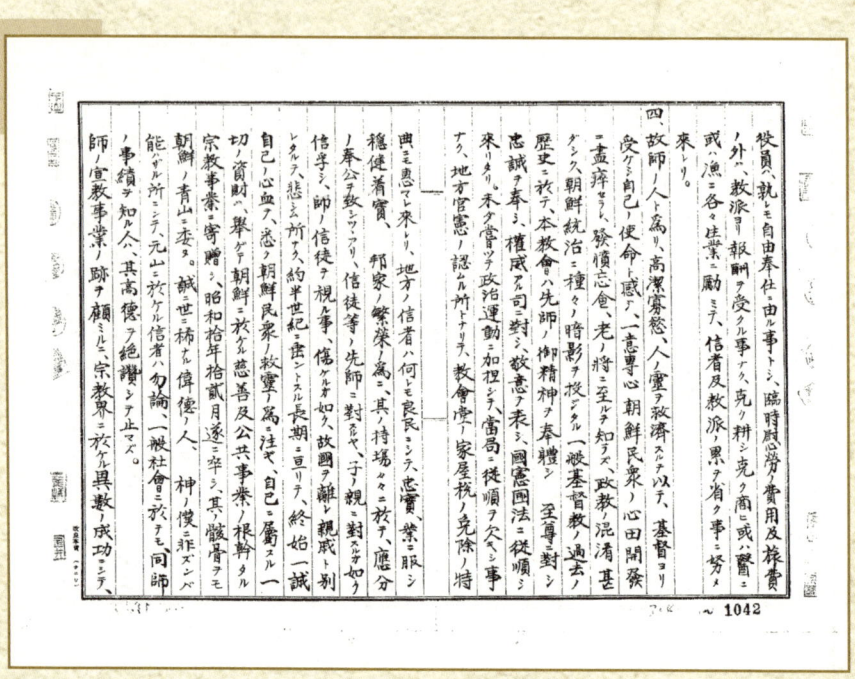

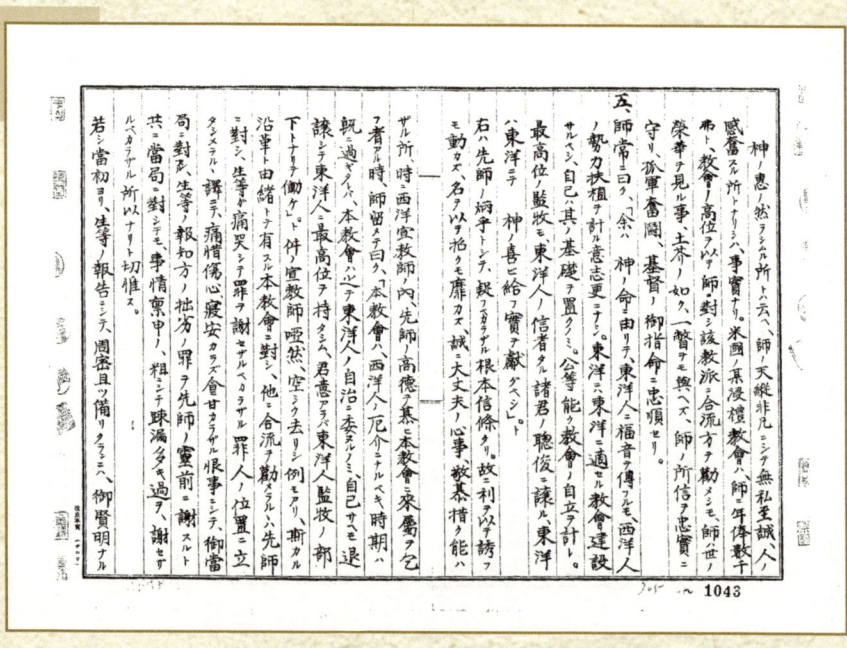

기독교 조선 야소교 동아기독교회 포교관리자 설치에 관한 건(1940. 9)

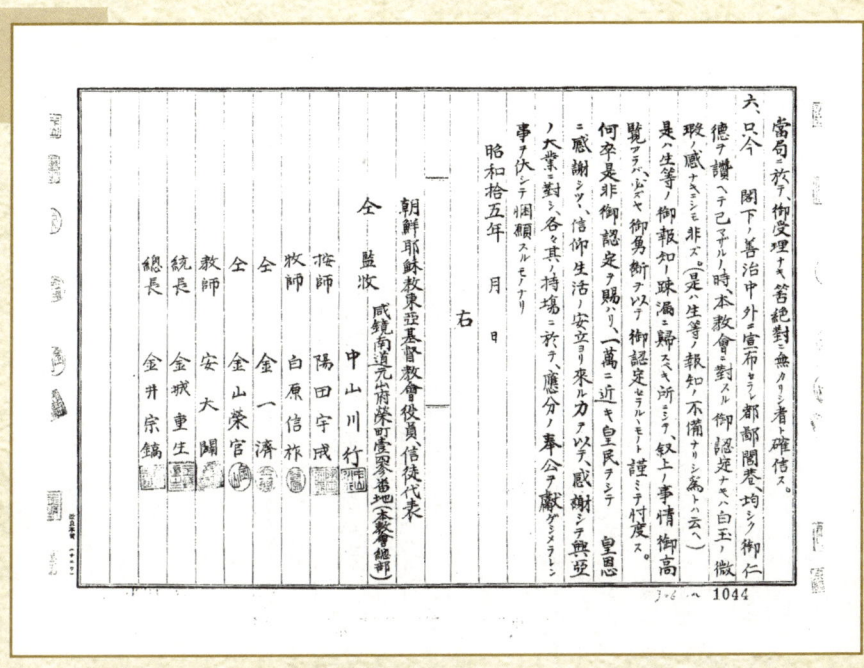

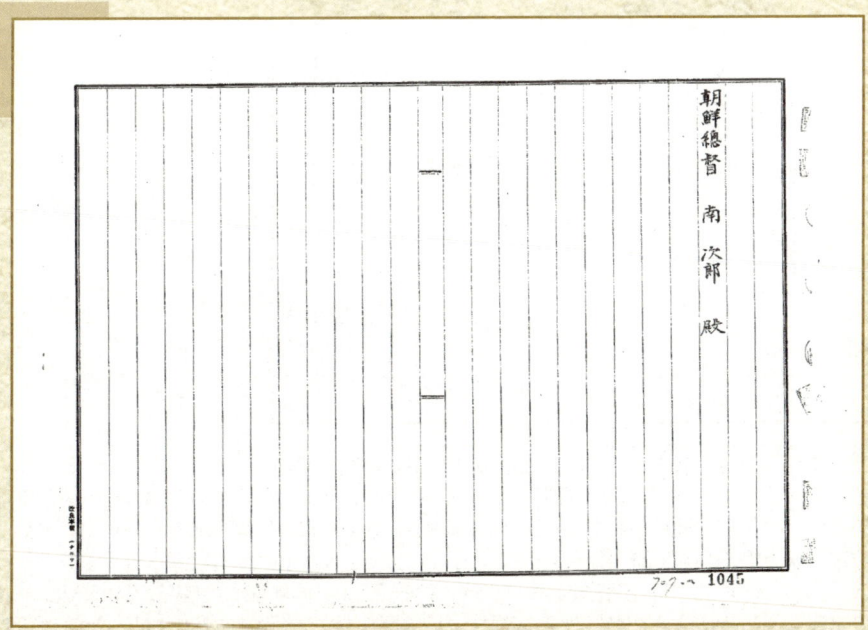

기독교 조선 야소교 동아기독교회 포교관리자 설치에 관한 건(1940. 9)

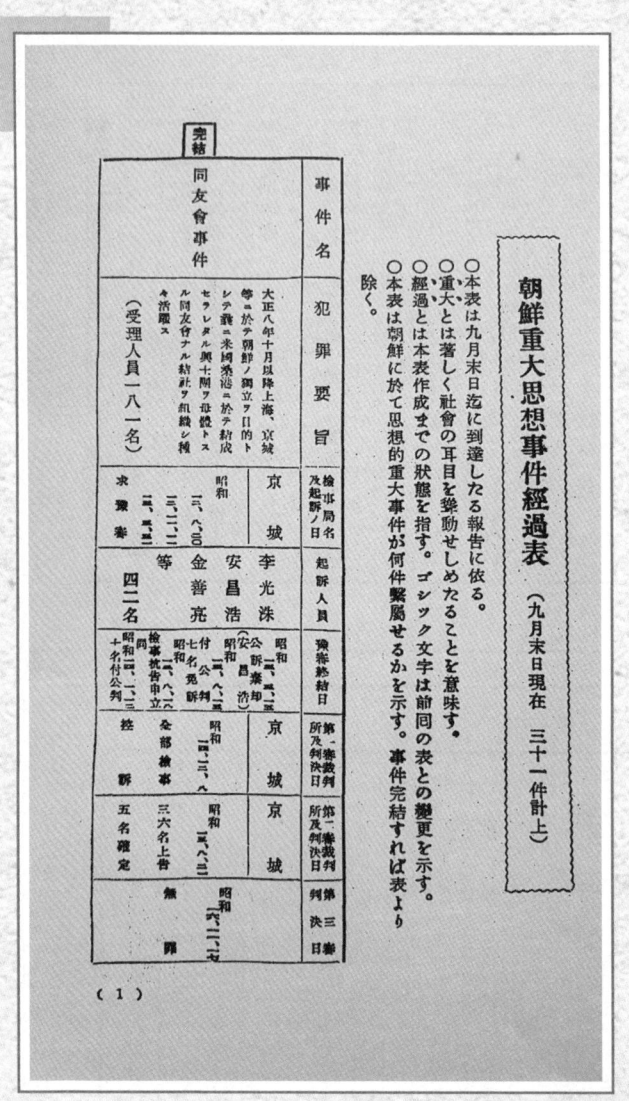

조선 중대 사상사건 경과표「조선검찰요보」제1호 (1944. 3), 39-45.
총 13쪽으로 구성되어 있으며, 그 중 12쪽에 동아기독교 관련 자료가 수록되어 있다. 1938년 9월 일제의 강압에 의해 장로교 총회에서 신사참배가 가결된 이후 일제는 동아기독교에 눈을 돌렸다. 1940년 동아기독교의 교규와 신조를 제출하도록 강요했고, 1942년 6월 불시에 원산총부를 수색한 후 이종근 감목을 구속한 이후 같은 해 9월 전국에 있는 동아기독교 지도자들에게 구인장이 발부되어 32명이 검거되었다. 1943년 5월 1일 이들은 모든 서류와 함께 함흥형무소로 이감되었고, 15일 간의 재판 결과 32명 가운데 이종근 감목을 비롯한 노재천, 전치규, 김영관, 백남조, 장석천, 박기양, 신성균, 박성도 등 9명은 예심에 회부되어 투옥되었고, 나머지 23명은 기소유예로 1943년 5월 15일 석방되었다. 조선 중대 사상사건 경과표는 32명의 교단 지도자들과 관련있는 중요한 사료이다.

事件名	犯罪要旨	檢事局名及起訴ノ日	起訴人員	豫審終結日	第一審裁判所及判決日	第二審裁判所及判決日	第三審判決日
東亞基督敎會事件	（受理人員三二名）基督敎會ナル結社ニ加入シ右結社ノ役員信徒トシテ共ノ目的ノ遂行ノ爲種々活躍ス布スルコトヲ目的トスル東亞ヲ掃滅セヘキ事項ヲ流テ我國體ヲ否定シ延イテ皇室年王國ノ實現ヲ期シ窮極ニ於論ニ基キ基督ノ再臨ニ依リ千無二ノ權威者ト崇メ所謂末世成ノ府元山府ニ於テ基督ヲ絶對	咸興 昭和一六、一、一一 求豫審	中山川行等 九名				
中央大學生ヲ中心トスル〔事件〕	昭和十五年十月以降東京ニ於テ朝鮮獨立ヲ希望シ日本ノ支那事變遂行ノ爲國力疲弊シ居ルカ又ハ米英ト戰ヒヲ開クニ至リシニ於テハ日本ノ敗戰必至ナリトナシ此ノ時コソ朝鮮	全州 昭和	西原元圭等				

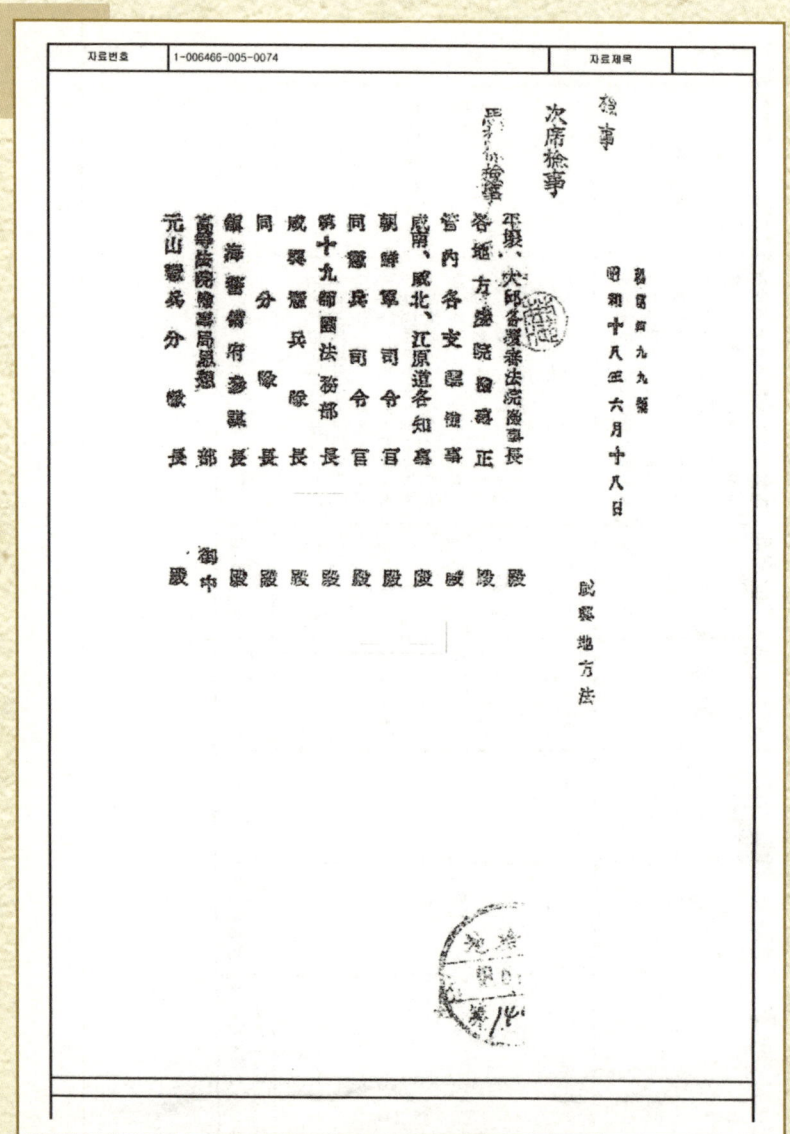

치안유지법위반_동아기독교회(소화 18년 6월 18일)_1943년 함흥지방법원
1943년 5월 24일 치안유지법 위반으로 피고가 된 9명의 동아기독교 지도자들의 범죄 사실에 대해 함흥지방법원검사국이 함흥지방법원예심계에 제출한 청구서이다. 먼저 동아기독교회의 범죄사실에 대해 언급한 후 이종근, 전치규, 김영관, 장석천, 노재천, 박기양, 백남조, 신성균, 박성도에 대해 진술하고 있다. 1943년 당시 동아기독교와 9명의 지도자들에 대한 정보를 주고 있다는 측면에서 사료적 가치가 높다.

予審請求書

罪 名	治安維持法違反
被告人	中山川行　木村方春 暘田宇成　白原信祚 金山榮官　平山豊均 張田錫天　竹山成道 盧山光石

右者ニ對スル左記犯罪事實ニ付豫審請求候也

昭和十八年五月二十四日

咸興地方法院檢事局
朝鮮總督府檢事　渡邊　禮之助

咸興地方法院豫審掛　御中

치안유지법위반_동아기독교회(소화 18년 6월 18일) 1943년 함흥지방법원

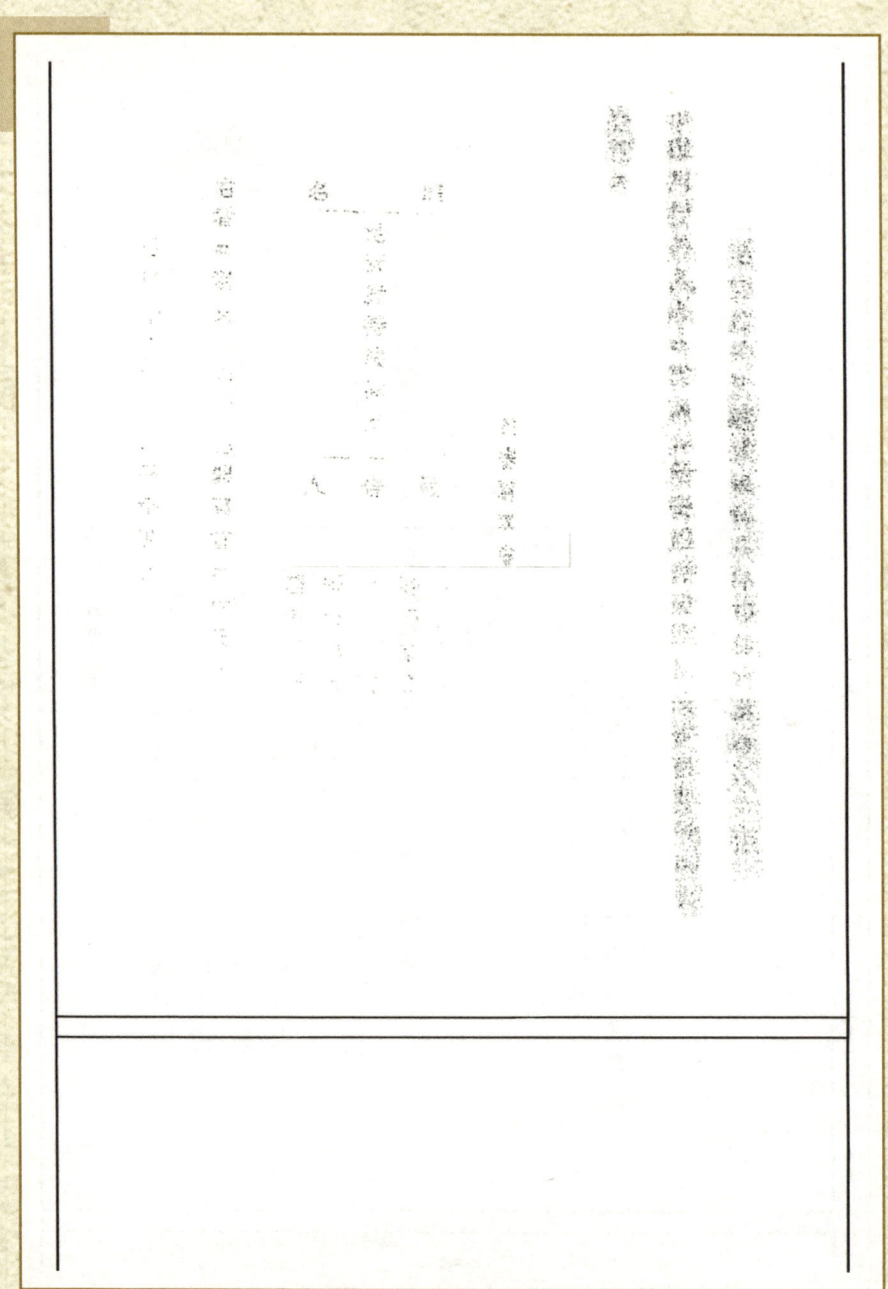

치안유지법위반_동아기독교회(소화 18년 6월 18일)_1943년 함흥지방법원

犯罪事實

東亞基督教會ハ明治三十九年頃猶太系加奈陀人宣教師故マルコム、シー、ヘンウイック（朝鮮名片爲益）カ忠清南道江景ニ於テ愛之個人的傳道ニ依リ獲得シタル信者甲明均外數名及浸禮派基督教徒約二百名トノ協議創設ニ係リ右片爲益カ新舊約聖書ニ獨自ノ解明ヲ試ミテ講義シタル敎理信條ヲ信奉スル者ヲ以テ組織シタル宗敎團體ニシテ總部（本部）ヲ咸鏡南道元山府築町ニ設キ元老及敎友ナル者ヲ以テ組織シタル元老敎友會ニ依リ最高幹部タル監牧原接師ノ選任、布敎方針ノ審議決定ヲ爲サシメ監牧ハ敎事務一切ヲ統轄シテ敎師以下ノ役職員ヲ任発指揮シ接師ハ監牧ヲ補佐スルト共ニ地方敎會ヲ巡回シテ布敎狀況ノ關查等ニ從事シ牧師ハ監牧ノ命ヲ承ケテ擔任地區（區域ト稱ス）内敎會ノ賁ニ任シ監老及敎師ハ牧師ノ指揮ニ從ヒ傳道其ノ他ノ巳ヲ務メ總部ヨリ東亞基督敎會編纂ニ係ル獨特ノ新約全書、調老禮儀其ノ他ノ印刷物ニ依リ有敎ニ努メタル結果昭和十三年頃ヨリ咸鏡南道江原道平安化黃海將羅道全羅北道慶尚北道平壤ノ十二區域地方敎會證九十四敎

치안유지법위반_동아기독교회(소화 18년 6월 18일)_1943년 함흥지방법원

치안유지법위반_동아기독교회(소회 18년 6월 18일)_1943년 함흥지방법원

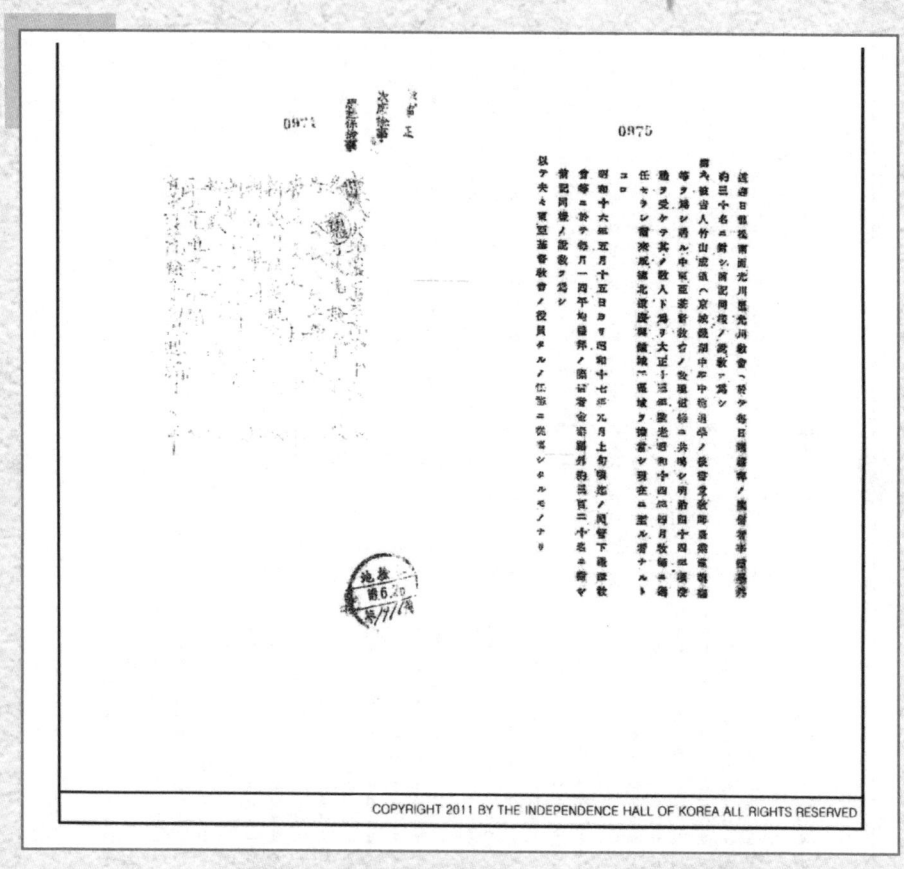

치안유지법위반_동아기독교회(소화 18년 6월 18일)_1943년 함흥지방법원